卓 越

教师专业成长的向上力量

孙立春 ◎著

·长 春·

图书在版编目（CIP）数据

卓越：教师专业成长的向上力量 / 孙立春著.
长春：东北师范大学出版社，2025.6. -- ISBN 978-7
-5771-2576-3

Ⅰ.G451.2

中国国家版本馆 CIP 数据核字第 2025NB2713 号

□责任编辑：贾　颖　　□封面设计：张　英
□责任校对：黄　敏　　□责任印制：侯建军

东北师范大学出版社出版发行
长春净月经济开发区金宝街 118 号（邮政编码：130117）
电话：0431—84568164
网址：http://www.nenup.com
东北师范大学音像出版社制版
吉林市海阔工贸有限公司印装
吉林市恒山西路花园小区 6 号楼（邮政编码：132013）
2025 年 6 月第 1 版　2025 年 6 月第 1 次印刷
幅面尺寸：170mm×240mm　印张：15.75　字数：270 千
定价：99.00 元

目 录

绪 论 ··· 001
 第一节 研究缘起 ··· 003
 第二节 研究意义 ··· 006
 第三节 研究问题 ··· 009
 第四节 文献综述 ··· 011
 第五节 研究思路 ··· 027
 第六节 可能的创新点 ·· 028

第一章 卓越教师专业成长的理论阐释 ······························· 031
 第一节 走向卓越：教师专业成长的时代趋向 ··················· 033
 第二节 何为卓越：卓越教师专业成长的理论解读 ············· 039
 第三节 何以卓越：卓越教师专业成长的理论支撑 ············· 055

第二章 研究设计 ··· 061
 第一节 研究对象 ··· 063
 第二节 研究方法 ··· 067
 第三节 研究地点 ··· 074
 第四节 研究过程 ··· 076
 第五节 研究伦理 ··· 083

第三章 何谓卓越教师：深圳市"年度教师"评审的背景与政策 ········ 085
 第一节 行动背景 ··· 087
 第二节 政策设计 ··· 090

第三节　影响辐射 …………………………………………… 106

第四章　卓越教师是谁：深圳市"年度教师"群像素描 ………… 113
　　第一节　理想信念的坚守者 …………………………………… 116
　　第二节　仁爱无私的育人者 …………………………………… 123
　　第三节　勇立潮头的授业者 …………………………………… 131
　　第四节　使命担当的肩负者 …………………………………… 139
　　第五节　未来教育的践行者 …………………………………… 145

第五章　卓越教师个案：深圳市"年度教师"典例深掘 ………… 149
　　第一节　S 教师：怎样做一名时代的"科学+" …………… 151
　　第二节　X 教师：我要做一块"大国工匠"道路上的平凡基石 ……
　　　　　　…………………………………………………………… 159
　　第三节　D 教师：怎么成为跨学科"小院士"之母 ………… 164
　　第四节　Y 教师：人生为一大事来 …………………………… 170
　　第五节　C 教师：用爱舞育人生 ……………………………… 175

第六章　卓越教师的典型特质 ……………………………………… 183
　　第一节　弘道追求 ……………………………………………… 185
　　第二节　知识更新 ……………………………………………… 192
　　第三节　能力独到 ……………………………………………… 197

第七章　卓越教师成长路径 ………………………………………… 209
　　第一节　文化滋养：卓越教师的成长根柢和价值引领 ……… 211
　　第二节　环境孵化：卓越教师的成长摇篮和支持保障 ……… 215
　　第三节　制度催生：卓越教师的成长阶梯和历练平台 ……… 220
　　第四节　专家引领：卓越教师的成长帮手和"重要他人" … 224
　　第五节　个体自觉：卓越教师的成长信念和内驱动力 ……… 227

参考文献 ……………………………………………………………… 232

致　　谢 ……………………………………………………………… 246

绪 论

第一节　研究缘起

在加速推进中国式现代化建设的今天,国家的发展、社会的转型、民众的需要,都对教育提出了更高水平的要求。在这一时代背景下,教师专业发展要积极回应"强国建设,教育何为"的时代呼唤。因此,笔者立足于国家对教育高质量发展的现实要求、区域对教育优质均衡发展的迫切需要和个人专业成长的经验思考这三方面,选定"卓越教师专业成长"为本书的研究主题,以求系统而深刻地阐明卓越教师成长之路,为基础教育阶段教师发展提供必要的理论支撑。

一、基于教育强国时代背景对卓越教师专业成长的迫切期待

教育是国之大计、党之大计,是关系民族昌盛的基石。建设教育强国,是党的二十大作出的重大战略部署,是全面建设社会主义现代化国家的重要基础工程。习近平总书记主持中共中央政治局第五次集体学习并就建设教育强国发表重要讲话,总书记指出:"要全面贯彻党的教育方针,坚持以人民为中心发展教育,主动超前布局、有力应对变局、奋力开拓新局,加快推进教育现代化,以教育之力厚植人民幸福之本,以教育之强夯实国家富强之基,为全面推进中华民族伟大复兴提供有力支撑。"

强国必先强教,强教必先强师。2022年,教育部、中央宣传部等八部门联合印发《新时代基础教育强师计划》(以下简称《强师计划》),提出要努力造就新时代高素质专业化创新型中小学教师队伍,为加快实现基础教育现代化提供强有力的师资保障。《强师计划》的目标之一就是"到2025年,建成一批国家师范教育基地,形成一批可复制可推广的教师队伍建设改革经验,培养一批硕士层次中小学教师和教育领军人才"[1]。只有拥有一支高素质专业化的教师队伍,才能推动各级各类教育高质量发展,才能从根本上推动教育强国这一宏大历史目标的实现,因此,加快推动教师队伍建设,特别是加快推动卓越教师队伍建设,是当今时代的迫切期待。基于此,本书聚焦于卓越

---

[1] 中华人民共和国教育部等八部门. 教育部等八部门关于印发《新时代基础教育强师计划》的通知[J]. 中华人民共和国教育部公报,2022(Z2):87-96.

教师群体，系统性阐述卓越教师专业成长路径，通过多案例深描的叙事研究，回应教育强国时代背景下的国家和人民的迫切期待。

二、基于深圳区域教育创新底色对教师专业成长的深入推进

深圳是中国改革开放的排头兵，创新是深圳发展的基因和灵魂。这一基因也深深地融入了深圳教育之中，成为挥之不去的底色。近些年，深圳市教育既立足当前，又着眼未来，既有大局意识，又有创新意识，大胆开拓，换道超车，推动教育规模和质量的"双提升"，形成了独具特色的"深圳模式"。深圳市政府不断加强区域的教育投入，并通过多渠道促进教育高质量发展，发布了一系列的政策法规推动教育创新，努力建设公平且有质量的基础教育服务体系。2019年9月，深圳市委、市政府召开全市教育大会，并发布《关于推进教育高质量发展的意见》，该意见旨在解决深圳市教育改革发展的重大问题，促进教育高质量发展，打造与城市地位相匹配、中国一流、世界先进的现代教育体系。后续，深圳又接连发布《深圳市建设中国特色社会主义先行示范区的行动方案（2019—2025年）》《深圳市教育发展"十四五"规划》《基于先行示范区的深圳基础教育信息化发展策略研究报告》《智慧教育"云端行动计划"（2020—2025年）》等深圳教育发展的纲领性文件，系统谋划今后一个时期深圳教育先行示范的思路、目标和举措，明确深圳教育改革与发展的路径。在区域强力推动、政策大力支持的基础上，深圳教育局大胆创新，借鉴美国"年度教师"的评选模式，创生本土化、中国式教师评选模式，2015年在全国率先开展了"年度教师"的评选表彰工作，引起了各方面的广泛关注。"年度教师"评选是深圳"教师队伍建设年"十大行动之一，该评选致力于在深圳教师队伍中富有创意地树立一个"形象代言人和职业标杆"。经过九年多的实践探索，此项工作的目标和评价体系不断发展完善，并在深圳教育界内外得到了越来越广泛的认可和好评，成为深圳教育的一张亮丽的名片。2015年、2016年，深圳市在全市14万教师中评选出深圳市唯一一位"年度教师"，同时授予另外五位教师"年度教师提名奖"。自2017年开始，深圳市每年选出五位"年度教师"，取消了提名奖。深圳教育从制度建设、活动推进两个方面不断推进教育高质量发展。"年度教师"评选活动作为一项区域内、全国甚至世界范围内有影响力的教育提质行动，聚焦于卓越教师的发现与发展，并以此为契机，发挥辐射引领作用，推动区域内中小学教师专业

能力的提升。鉴于此，本书立足于深圳"年度教师"评选这一真实、切实、扎实的评选活动，聚焦卓越教师专业成长的具体问题，力求通过科学的研究方法和具有前瞻性的研究视野生动刻画卓越教师的成长轨迹，凝练卓越教师的培育路径，以点带面，为深圳市乃至全国教师队伍建设提供系统性支持，为教育高质量发展奠定坚实的基础。

三、基于个人专业成长路径对卓越教师专业成长的真切思考

笔者自毕业起便扎根深圳南山区基础教育第一线，得益于特区这片热土，依托广东省教育强区、课改实验区——南山区这一高质量区域发展平台，踏上了教师成长的快车道。笔者跟随南山教育一起成长，先后参与南山名师工程、先锋计划、引领者计划等各项教师职后发展项目，有幸成长为一名教育领域的"技术熟练者"，并在2016年荣获深圳市14万教师中唯一的"年度教师"称号，被称为"深圳教师的标杆和代言人"。作为与深圳特区同龄的一代人，笔者从这座改革创新的城市获取了砥砺前行的无穷动力与建功立业的重大机遇，作为深圳教育跨越式发展的亲历者、建设者、见证者，一路从一名新手教师逐步成长为卓越教师，之后作为深圳卓越教师代表，在全国开展巡讲、支教活动120余场，用自己的教育故事及成长经历振奋和鼓舞了一批又一批青年奋发有为，影响更多的人以卓越为目标，走向卓越。

现阶段，笔者作为深圳教育的一线教师同时担任南山区一所九年一贯制学校的书记、校长，担子更重，责任更大，使命更强，一步步向前，一步步思考如何为更多孩子播下探索真理、创新未来的种子？如何培养和影响更多的青年教师成为卓越教师？当前青年教师的成长面临诸多的难题，如：1.教师培训不够系统完善，培训方式较为单一，侧重于简单的知识传授和教学技巧讲解，忽视了教师的全面发展。教师很难在这类培训中获得提升，从而解决日常教学中遇到的难题。2.教师的职业负担较重。因其在社会上的特殊身份，教师要面对家长、学生、学校的三方关系，同时要应对除教育教学之外的其他管理工作，这就导致教师在工作中感到疲惫和无力，难以保持积极的工作状态，更难以去追求个人的进步和发展。3.教师专业发展路径不清晰。目前，教师的专业成长没有明确的发展路径，这使得教师在职业发展过程中缺乏明确的目标和方向，即便有名师名家作为标杆，也难以找到模仿的途径，探索出适合自己的成长方式。

如何攻破这些难题，为新时代实现教育的高质量发展做出更有价值的贡献？卓越教师专业发展路径又是怎样的呢？二十余年扎根一线教学的经历、数十年的思考探索、攻读博士的潜思深学，让本人愈发坚信：卓越教师的专业成长有路可循，有法可依。如果能够在自身专业成长的支点上，依区域之特色，乘时代之东风，不断向更深、更广的层面去思考探究，相信一定可以为当代中小学卓越教师成长开拓出一条切实可行的路径，助力更多的新手教师走向卓越。

鉴于此，本书将笔者本人纳入研究对象之中，深刻剖析总结自我成长之路，通过与其他卓越教师成长经验的对比、归纳、分析，形成更具指导意义的实践路径，以更科学的研究方法、更系统的战略眼光、更本土的实践经验探索卓越教师的成长之路，以强师带动强教，继而为加快推动教育强国建设尽绵薄之力。

第二节　研究意义

本书以深圳市"年度教师"为研究对象，以解释主义为方法论指导，运用叙事研究为主要研究方法，力求科学而全面地绘制卓越教师的成长之路，以点带面，凝结出提升教师专业化水平的普适性成长路径。

一、理论意义

本书深耕"卓越教师专业成长路径"这一关键研究主题，通过系统、科学的研究方法，力图清晰、明确地勾勒出卓越教师的成长历程，阐述由新手教师向卓越教师成长进程中的关键性影响因素、必要的社会支持以及成长困境，以凝练出具有高度推广性和普遍意义的卓越教师培养路径。综合而言，本书理论贡献有三点。第一，本书将"卓越教师"这一特殊研究对象纳入研究范畴，补充了传统研究中抽样典型性不足的缺陷。卓越教师作为一线教育工作者，工作强度较高，很难全身心投入一项科学研究之中，因此学界对这一群体的研究多是脱离具象的个体，思辨性研究探索卓越教师的普遍性特征。同时，在多数研究中存在着因缺乏必要的卓越教师评选、遴选、抽样标准而导致的研究对象典型性不足等现实问题。本书则利用区域优势、市局支持以及名师间同台赛课的深厚情谊，联系到深圳市多位"年度教师"作为受访对象，通过个案研究、深度访谈等方法将这一经过标准化程序评选的卓越教师群体纳入研究之中，极大地补充了研究对象典型性不足方面的缺憾。

但短时间将几位卓越教师同时作为研究对象纳入研究场域之中加大了研究难度：一方面，由于卓越教师数量较少、工作较忙等一系列原因，延长了研究的时间跨度；另一方面，本书中抽样选取的各位卓越教师是专家型教师代表，他们拥有较强的理论功底和丰富的教学经验，这一优势为研究带来了丰富的资料，但也加大了研究资料处理的难度，对研究者自身的研究素养要求极高。因此，在后续研究中，笔者借助多样化、规范化的研究思路和方法避免因个人研究能力受限而导致的研究偏差。第二，勾勒出个人经验向理论转化的通路。由于研究者自身系深圳市"年度教师"领域"代言人"之一，故本书中除抽取部分2017年、2018年、2019年深圳市"年度教师"作为研究对象外，还将自身作为被研究者身份纳入研究之中，在自我反思中剖析卓越教师如何生成必要的成长经验，促进具身体验的抽象化转化与理论化概括，从自我出发，从经验出发，揭示教师与教育之间的反身性特征，关注教师成长进程中的心路历程和情感变化，细致入微地凝练出教师专业化成长的必要通路。第三，从多理论视角系统、全面地勾勒卓越教师的成长进程，凝结普适化教师专业成长路径。本书以叙事研究法为主要研究方法，借助关键事件理论、教师专业发展阶段理论和社会认同理论系统地探究了卓越教师在成长进程中的关键性问题，描绘出由新任教师向卓越教师发展的关键阶段和必经过程，以教师身份认同过程和专业化成长进程为脉络串联起多位卓越教师的成长之路。同时，借助教师专业发展阶段理论对卓越教师访谈材料进行了科学化编码，析出包括"信念""使命"等要素在内的关键性特征，为凝结普适化教师专业成长路径提供了理论支持。

二、实践意义

本书侧重于揭示卓越教师成长的关键阶段，通过关键事件法真实、清晰地刻画出卓越教师的成长历程，因此，本书具有三方面的实践意义。

第一，以强己推动强师，加快推动卓越教师培养进程。深圳市"年度教师"的评选，旨在在教师队伍中树立卓越的榜样，彰显深圳卓越教师的特质。因此，从某种意义上来讲，深圳市"年度教师"就是卓越教师的代表。这些"年度教师"不仅在教学上取得了卓越的成就，而且在师德师风、教育理念、科研能力等方面展现了过人的风采。他们不仅是学生们的良师益友，更是教育事业的中坚力量，他们用自己的行动诠释了卓越教师的标准。本书积极响应国家科教兴国战略和人才强国战略的要求，落实《中共中央 国务院关于全面深化新时代教师队伍建设改革的意见》和《新时代基础教育强师计划》文件精神，着力回应教育部决定实施新时代中小学学科领军教师示范性培训的号召，从个人成长路径出发，结合深圳市多位"年度教师"的成长经历，深入探究卓越教师的成长特质、成长路径，助力国家"培养造就数以百万计的骨干教师、数以十万计的卓越教师、数以万计的教育家型教师"[①]总体规划，不断加强自身素质，形成榜样示范效应。"年度教师"在促进自身走向"教育家型教师"的同时，通过深入研究卓越教师特质，带动区域教师逐渐成长为卓越教师，探索建设教师队伍梯次发展体系，继而推而广之，为带动更多的教师成为卓越教师而努力，为深圳市乃至全国重点培养一批中小学卓越教师，为国家建设"教育家型"名师队伍培养后备军和预备队。

第二，以强师推动强教，推动深圳教育高质量发展。更高质量的基础教育是教育强国建设的基础，高质量的教师队伍建设是教育强国建设的必要保障。实现中小学教育的高质量发展，培养更多面向未来的高素质人才，首要任务是提高教师专业水平，打造一支师德高尚、业务精湛、结构合理、充满活力的高素质专业化教师队伍。本书聚焦深圳教育系统在推进教师专业发展方面的改革活动，通过深入剖析深圳教育的发展目标，将加强教师个体的内在培养与深圳社会整体的外在支持相统一，形成推动教师队伍建设的强大合力，以此推动深圳乃至更大范围中小学教育的高质量发展。

第三，以强教推动强国，推动国家教育强国建设。教育兴则国家兴，教育强则国家强。卓越教师的培养是世界各国教师教育体系不断完善的必然趋势。全球化进程加剧世界各国的竞争，"以教育推动国家发展，以教师促进教育变革"成为现阶段世界公认的定律。因此，本书立足于世界各国教师教育体系全面变革的背景，吸纳中国教师培养问题的本土经验，解决中国教师在教学质量、育人实践和专业化成长方面的现实困境，凝练卓越教师专业特质，以形成多条具有高度普遍性、操作性和实用性的教师专业成长路径。

---

① 中华人民共和国教育部等八部门. 教育部等八部门关于印发《新时代基础教育强师计划》的通知［J］. 中华人民共和国教育部公报，2022（Z2）：87-96.

第三节　研究问题

通过对本书题目的分析和多次专业内部论证，本书设立了核心研究问题一项，即"教师如何走向卓越"，并设立与核心研究问题紧密相关的具体研究问题三项，即"卓越教师具有哪些典型特质""卓越教师成长路径如何"以及"如何有效促进教师走向卓越"。

一、核心问题

"教师如何走向卓越"是本书的核心研究问题。建设教育强国，首要任务是要牢牢把握教育高质量发展的时代精神。教育的高质量发展既要推动教育本身的高质量发展，坚持把高质量发展作为各级各类教育的生命线，推动义务教育优质均衡发展和城乡一体化，更要不断推动教育服务的高质量发展，把建设教育强国、科技强国、人才强国有机结合起来，一体统筹推进，形成推动高质量发展的倍增效应，加强拔尖创新人才自主培养，为我国关键核心技术攻关提供人才支撑。

在这一时代背景下，对于教育工作者来说，最迫切的问题就是如何有效促进自我走向卓越，如何推动基础教育的高质量发展，为"培养造就数以百万计的骨干教师、数以十万计的卓越教师、数以万计的教育家型教师"贡献力量。本书紧紧围绕这一核心问题，探究卓越教师成长路径，运用叙事研究方法梳理卓越教师的成长故事，探寻卓越教师成长的关键事件，凝练卓越教师培养策略，带动更多的中小学一线教师成为骨干教师、卓越教师乃至教育家型教师。

二、具体问题

本书充分分析核心研究问题后，结合所选择的研究方法共设立了三项相互联系的具体研究问题，即"卓越教师具有哪些典型特质""卓越教师成长路径如何"以及"如何有效促进教师走向卓越"。其中"卓越教师具有哪些典型特质"是对本书核心概念的学理性阐述，意在为后文探讨"卓越教师成长路径如何""如何有效促进教师走向卓越"两个基本问题奠定必要的学理性基础;"卓越教师成长路径如何"旨在揭示卓越教师成长历程,明确成长进程中的关键事件;"如何有效促进教师走向卓越"则是本书的最终实践旨归。

1. 卓越教师具有哪些典型特质

"卓越教师"作为一项代表政策话语和荣誉头衔的称号,在学术界尚未达成一致性概念,学界尚未从学理角度对其核心概念意涵、概念外延边界、概念要素特征作出清晰明了的阐释,致使当前对"卓越教师"群体的研究存在明显的边缘泛化、话语纷杂的现实困境。因此,本书将"卓越教师具有哪些典型特质"作为研究的首要子问题,希望通过详细的学理性阐述和科学的研究方法清晰明了地解决"卓越教师何以卓越?""卓越教师都具有哪些一般特质与个别特质?"等关键问题。

从现实角度而言,卓越教师的成功路径不尽相同,但这些不同的职业轨迹又在教育理念、职业道德、专业知识以及教育实践中存在着某种相似性,即卓越教师的共性特质,也是主要特质。因而,运用科学的研究方法将经验化的"个人品质"推演到普遍化的"教师特质"既是可能的,也是必要的。本书以深圳市自2015年至今评选出的八位"年度教师"为主要研究对象,运用质性研究的研究范式,采取叙事研究的研究框架,经过严密的访谈资料解析过程,深刻而系统地揭示出卓越教师的成长轨迹,析出卓越教师的典型特质,为更多的一线教师明确前进的方向、努力的目标,为教育管理者提供更多值得借鉴的路径参考。

2. 卓越教师成长路径如何

卓越教师的成长是一个连续的过程,在由新手教师逐渐成长为卓越教师的进程中,教师个人的师德践行、教学实践和综合育人能力等方面均处于不断成长并发生质变的过程中。从理论层面看,作为优秀教师代表的卓越教师,其成长过程表现出显著的阶段性特征。因此,深入发掘卓越教师成长路径,解释"卓越教师成长路径如何"这一关键性问题,对明确教师如何由新手教师走向专业化甚至专家化过程中的阶段性特征有着极为重要的意义。本书通过深入了解卓越教师的成长经历,锚定不同成长阶段的关键时间节点、关键人物及关键事件,深入探究卓越教师个人的成长路径,揭示卓越教师成长的阶段性特征,凝练各阶段关键性实践表征,深刻而系统地阐述"卓越教师成长路径如何"的研究问题,为后文探究卓越教师的培养提供对策及建议。

综合而言,从新手教师到卓越教师,中间还有很长的一段路要走,新手教师到底"如何才能逐步成长为卓越教师,如何将心向往之化为脚踏实地的步步前行",这些都是教育实践领域最重要也亟须解决的问题。因此,本书旨在揭示卓越教师特质的基础上进一步深入研究,探究卓越教师成长的关键事件、时间,进而总结其成长路径,让更多的一线教师明确自己前进的道路、努力的目标。

3. 如何有效促进教师走向卓越

在对上述问题展开深入研究的基础上,本书将"如何有效促进教师走向卓越"纳入研究问题范畴,旨在形成严密的实践问题研究链条,对教师专业化发展提供必要的学理支持。具体而言,成为卓越教师,除了要有明确的目标、清晰的成长道路,更需要科学的方法和可操作的路径。在教师成长路径的每一个关键点,如何帮助教师迎难而上、溯洄求之是每一个教育管理者需要深入思考的问题。"如何有效促进教师走向卓越"是对教师专业化成长路径和对策的深入研究,通过运用教师发展阶段理论、社会认同理论等国内外先进理论成果,笔者结合本书的前序研究结论开辟了科学性强、可操作度高、适用范围广的实践路径。

综合而言,教师成长不仅依赖于教师本人追求卓越的个人意愿与努力,还需要制度支持、文化熏陶、导师朋辈引导等各方面的助力与支持。因此,本书通过系统阐述各类要素在教师成长为卓越教师过程中的支持性作用,明确教师发展的各类关键性要素,探究引领教师走向卓越的实践对策,为更多的政策制定者提供坚实的理论依据,为众多教育管理者提供必要的管理变革理论支持,为广大一线教师提供所需的专业化成长策略,以理论研究推动实践变革,从根本上为教师队伍建设、教育强国建设提供路径支持。

第四节 文献综述

教师专业成长关涉着我国教师队伍建设质量和教育高质量发展的现实进程,培养卓越教师更是教师队伍建设的努力方向。笔者以中国知网(CNKI)、维普数据库、万方数据库为数据来源,以"卓越教师"为主题进行文献检索,检索时间为2023年10月24日,共获取非重复文献2533篇,剔除会议、年鉴、图书等相关度较低或主题偏离较大的文献后,共获取有效文献2504篇(如图1-1所示)。从发文趋势图来看,关于"卓越教师"的相关研究在2010

年开始呈现出明显的上涨趋势,并在 2019 年达到研究高潮,年发文量达到 295 篇。综合来看,学界自 2016 年起便对"卓越教师"这一主题呈现较高的研究热情,研究成果较多、应用研究占比较大、关注主题较为多元是这一研究领域的主要特点。卓越教师培养是这一领域的研究重点,将卓越教师培养纳入教师专业发展之中探讨是近期该领域研究的突出特色。

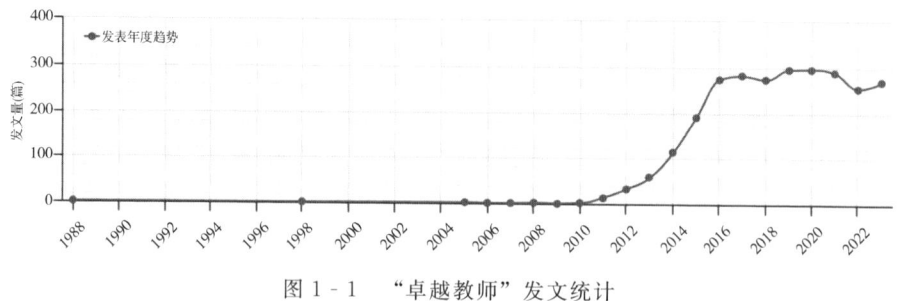

图 1-1 "卓越教师"发文统计

一、教师专业发展的相关研究

本书将中国知网(CNKI)作为文献主要来源数据库,以"教师专业成长""教师专业发展"为主题词进行检索,共得到有关教师专业发展的中文文献 37619 篇,其中主题词为"教师专业发展"的论文共 11369 篇。通过对这些论文的可视化分析发现:第一,自 2004 年之后,越来越多的专家学者、一线教师关注并投入对教师专业发展这一问题的研究;第二,28.89%的研究集中于教育理论与教育管理研究,其次是中等教育(22.67%)和高等教育(10.18%);第三,开发研究和应用研究是该领域研究的主要方向。进一步对文献主题进行聚类分析后发现,当前学界对"教师专业成长"这一主题的研究集中在"内涵厘清""发展阶段""影响因素"和"发展路径"四个基本方面。

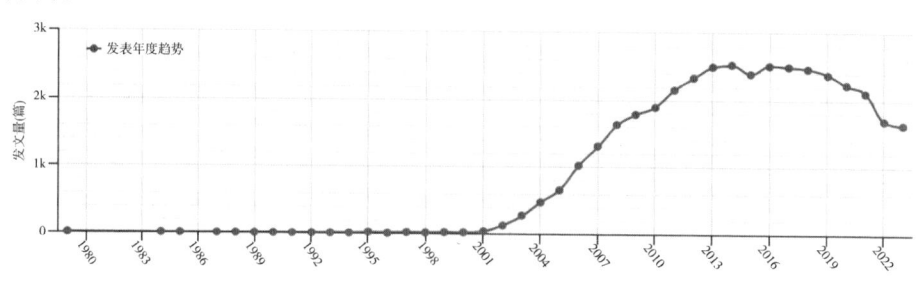

图 1-2 "教师专业发展"发文统计

1. 教师专业成长的内涵研究

教师专业成长具有个人和群体两个维度的深刻内涵。从个人层面来看，教师专业成长是教师专业性持续生长的过程，是一个非教师个体逐渐成为教师的过程，更是一个普通教师逐渐成为卓越教师的过程；从群体层面来看，教师专业成长是教师群体区别于非教师群体的特质不断突显的过程，也是教师群体的专业特质从"一般区隔"到"明显区隔"不断提升的过程。[①] 质言之，教师专业的核心本质在于与学生相处时所显现出来的教育智慧[②]，是教师在其职业生涯各个阶段中掌握专业性实践所必要的知识和技能的过程。

在概念使用过程中，学界普遍存在着将专业成长、专业发展和职业生涯等相近概念混用的现象。其中学界对"专业成长"与"专业发展"二词的混用不存在明显的分歧，只是在归因分析中更多地将专业成长看作是一种外部的牵引与内部的驱动共同作用的结果[③]，是教师在教育实践中表现出来的发展态势与潜能，是其应对未来教育工作与情境的潜在优势与专业爆发力[④]，将发展看作是内部自我驱动的结果。但学界对"专业成长"与"职业生涯"混用存在明显的分歧，一般认为专业成长与职业生涯是两个并非完全等同的概念，以前者作为研究的前置词，不仅因为专业成长体现了教师专业发展的基本要义，还涉及对职业生涯这一概念本身的认知，用教师专业成长替代教师职业生涯，不但反映了职业生涯所隐喻的应然指向，而且使得传统意义的教师职业生涯被赋予了更多实践而非仅仅时间意义。[⑤] 在此基础上，学界集中探讨了教师专业成长的构成要素，较早的研究将教师专业成长构成要素划分为专业精神、专业技能以及学科知识三个部分[⑥]。随着时代的发展，国家和社会对教师职业能力有了更加深刻和细致的要求，因此教师专业成长要素也进一步扩充细化为专业知识、专业能力、专业情感、专业态度和动机、自我发展需要

---

① 杜亚丽，丁娟. 优质均衡发展视域下城乡教师专业成长的三重困境与路径突破 [J]. 中国教育学刊，2021（2）：93-97.
② 何菊玲. 教师专业成长的现象学旨趣 [J]. 教育研究，2010（11）：88-94.
③ 尧新瑜，朱银萍. 自我发展力：教师专业成长的内核动力 [J]. 教育发展研究，2015，35（Z2）：113-116.
④ 龙宝新. 论教师专业成长力 [J]. 教育发展研究，2011，31（8）：39-46.
⑤ 崔杨，蒋亦华. 中小学教师专业成长的阶段划分及相应标准建构 [J]. 湖南师范大学教育科学学报，2020，19（3）：80-86.
⑥ 林瑞钦. 师范生任教职志之理论与实征研究 [M]. 高雄：复文图书出版社，1990：256.

和意识[1]五项相互关联的要素，教师也正是在不断促进这五项内容的发展进程中不断成长。

2. 关于教师专业发展阶段的研究

从新手教师成长为卓越教师，教师需要经历多个不同的发展阶段。对于这一问题的研究，学界成果已经比较丰富，但尚未形成一致性观点。国外对该问题的划分主要以富勒（Fuller）和费斯勒（Fessler）等学者的研究为代表。20世纪60年代末，美国学者富勒通过对其编制的《教师关注问卷》（Teacher Concerns Questionnaire）进行分析，提出了著名的关注阶段论，将教师专业成长分为四个阶段：职前关注、早期求生关注、教学情境关注、关注学生。1985年，费斯勒提出教师专业发展的八个阶段理论，即职前教育阶段、入职阶段、能力建立阶段、专业成长阶段、职业挫折阶段、稳定和停滞阶段、职业低落阶段和职业退出阶段[2]。伯林（Berline）根据个体教学知识和技能的掌握情况，认为教师发展需经历新手教师、熟练新手教师、胜任型教师、业务精干型教师、专家型教师等多个阶段[3]。国内对于这一主题的研究稍滞后于国外研究，2001年，叶澜教授等学者系统提出教师专业发展可以划分为五个阶段，分别是非关注、虚拟关注、生存关注、任务关注以及自我更新关注[4]等阶段。此后，相继有学者对此进行研究：申继亮认为，教师专业成长阶段可划分为学徒期、成长期、反思期和学者期[5]；陈永明以教龄为依据将教师专业成长划分为适应和发现期、稳定期、平静期和保守期、退出教职期[6]；连榕认为，教师成长需经历新手型、熟手型、专家型由低到高几个时期，同时提出应从认知、人格、工作动机、职业心理、学校情境心理等维度分析每个阶段教师的特征[7]。

3. 关于教师专业成长的影响因素研究

多样化、复杂性的专业发展因素对教师专业发展具有重要影响。国内外

---

[1] 叶澜，白益民，王枬，等. 教师角色与教师发展新探 [M]. 北京：教育科学出版社，2001：231.
[2] 朱旭东. 教师专业发展理论研究 [M]. 北京：北京师范大学出版社，2011：311-312.
[3] 崔杨，蒋亦华. 中小学教师专业成长的阶段划分及相应标准建构 [J]. 湖南师范大学教育科学学报，2020，19（3）：80-86.
[4] 叶澜，白益民，王枬，等. 教师角色与教师发展新探 [M]. 北京：教育科学出版社，2001：199-345.
[5] 申继亮，费广洪，李黎. 关于中学教师成长阶段的研究 [J]. 天津师范大学学报（基础教育版），2002，3（3）：1-4.
[6] 陈永明. 现代教师论 [M]. 上海：上海教育出版社，1999：186-188.
[7] 连榕. 教师教学专长发展的心理历程 [J]. 教育研究，2008（2）：15-20.

的学者都比较重视对教师专业发展影响因素的研究。费斯勒提出了教师生涯发展影响因素论,认为影响教师专业发展的因素有两个方面:一是包括家庭因素、积极的关键事件等因素的个人环境;二是包含学校规则、管理类型、公共信任、社会期望等因素的外部环境。国内研究者许雪梅等认为,影响教师专业发展的因素不仅包括教师自主的内部因素,也包括真实的学校教学情境的外部因素①。一项联合研究指出,影响教师成长为特级教师的主要因素包括良好的社会环境与成长空间、国家到地方的支持性政策措施、教师自身精神、个人能动性及重要他者的关键节点帮扶。②具体而言,外部因素强调教师与环境之间的互动关系,将教师视为学校教育生态系统中的重要生态因子,教师成长与发展既受其作为生态主体的内在因素的影响,又离不开各种生态环境因子的影响与支持③。内部因素则强调成长是有机体的自然倾向,指向成熟的阶段发展④,正是因为教师主体能动性或成长欲望的日趋旺盛与面对教育情境的乏力感的共同作用,才促使教师专业成长的发生,并集中表现为教师专业成长力的产生。⑤同时,影响教师专业成长的内部要素还包含教师自我更新过程展现出的自觉和自主,具体表现为专业发展的自主意识与能力,即能自觉地对专业发展负责,自觉地对过去、现在的状态进行反思,对未来的发展方向做出规划,且能自主地遵循自己专业发展的目标、计划并付诸实施,真正成为自身专业发展的主人。

4. 关于教师专业成长路径的研究

与教师专业成长影响因素相一致,学者研究认为,教师专业成长的途径虽多,但基本上可以从内部和外部两个方面进行阐述,即教师自主的自内而外的成长路径和外部支持的自外而内的专业成长路径。综合而言,教师专业成长是包含认同、养成、生发三种因素良性循环的逻辑过程,其中认同是教师在教育成长及教育实践过程中逐步形成的对教师职业的理解和情感态度;养成是指教师个体通过持续的、系统的专业体验与自省,逐渐形成好的专业习性和品行的过程;生发即教师专业素养的不断生成与发展。⑥一项以义务教

---

① 许雪梅,何善亮.教师专业发展的内在机制和有效途径[J].高等师范教育研究,2002,14(5):60-64.
② 胡艳,廖伟,刘佳,等.生命历程理论视角下特级教师成长路径及影响因素研究[J].教育学报,2023,19(3):126-139.
③ 高旺蓉.骨干教师成长的支持性因素:生态学分析[J].教育发展研究,2007(Z2):72-76.
④ 中国社会科学院语言研究所词典编辑室.现代汉语词典[Z].北京:商务印书馆,1996:160.
⑤ 龙宝新.论教师专业成长力[J].教育发展研究,2011,31(8):39-46.
⑥ 洪早清.教师专业成长:认同、养成、生发[J]课程·教材·教法,2013,33(12):99-105.

育阶段 5 位特级教师为对象探讨特级教师成长的路径及影响因素的研究显示，我国特级教师成长有一整套成熟的支持性制度和完整的路径，即学校选拔培养—区域选拔培养—省级选拔及省与国家培养，由此，个体教师能够获得更宽阔的学术视野，拥有更优秀的引领者和更多元、更宽广的发展平台，其教育教学能力、领导力、使命感迅速提升，从而成长为一名卓越教师。[①] 具体而言，董惠军认为教师合作交流可以促进教师成长，是教师专业发展的重要途径[②]。魏会廷认为教师学习共同体为教师提供了一个专业交流与专业学习的平台，不失为教师专业发展的一种途径[③]。乔虹皓认为反思性教学是教师进行专业发展的途径之一[④]。但是多种路径研究只揭示了相关性问题，并非表明所有路径都能达到理想的成长效果。一项针对北京市小学新任教师专业成长的问卷调查显示，新任教师专业成长的四种有效方式，按得分从高到低分别是样例观摩、组织支持、自我探索和理论学习。样例观摩被认为是最有效的方式，但不同学科差异显著；不同教龄教师在组织支持维度存在显著差异，对其认可程度先增后降，教龄 4～9 年的教师得分最高。[⑤] 该研究在一定程度上进一步验证了叶澜教授所提出的"自我专业发展意识"与"自我更新取向"是教师专业发展的根本[⑥]这一重要观点。换言之，实证研究结果在一定程度上总结揭示出无论教师处在哪个发展阶段，内因起着决定性作用，其他三种因素为自我探索提供范例、条件保障及继续发展的动力与勇气[⑦]，这是教师专业成长过程的规律。

二、卓越教师的相关研究

在新时代背景下，教师角色随着社会发展而被赋予新的时代内涵，教师

[①] 胡艳，廖伟，刘佳，等. 生命历程理论视角下特级教师成长路径及影响因素研究 [J]. 教育学报，2023，19 (3)：126-139.

[②] 董惠军. 基于教师合作的教师专业发展途径探索 [J]. 中国教育学刊，2018 (S1)：202-204.

[③] 魏会廷. 教师学习共同体：实现教师专业发展的有效途径 [J]. 继续教育研究，2015 (7)：83-85.

[④] 乔虹皓. 反思性教学：教师专业发展的重要途径 [J]. 榆林学院学报，2008 (1)：104-106.

[⑤] 马晓丹，刘加霞. 影响小学新任教师专业成长的数据分析及对策建议 [J]. 中小学管理，2020 (9)：36-39.

[⑥] 叶澜，白益民，王枬，等. 教师角色与教师发展新探 [M]. 北京：教育科学出版社，2001：240-272.

[⑦] 马晓丹，刘加霞. 影响小学新任教师专业成长的数据分析及对策建议 [J]. 中小学管理，2020 (9)：36-39.

角色定位在时代的发展中不断传承延伸。对教师角色定位的坚守植根于对角色价值的传承与赓续,从"先生"到"大先生",师道传承、匠心育人的教育终极指向一以贯之;教师角色定位的演变体现在对角色内涵的延伸与摒弃上,其超越了传统范畴的单一角色,衍生为"角色群"或"角色域"①。2010年,教育部启动卓越人才培养计划,以应对国家和社会对相关人才的旺盛需求,2014年又颁布《教育部关于实施卓越教师培养计划的意见》,将卓越教师培养纳入国家政策部署之中。综合而言,当前国内外对"卓越教师"这一主题的研究聚焦于阐述卓越教师概念内涵、描述卓越教师核心特质和指明卓越教师培养路径,同时将与卓越教师激励相关的教师荣誉制度研究纳入其中。

1. 卓越教师概念研究

2014年,教育部印发《关于实施卓越教师培养计划的意见》(以下简称《卓越教师意见》),意见虽未直接指明何为卓越教师,但是也在一定意义上揭示出新时代我国所需要的卓越教师的核心特征。《卓越教师意见》指出,基础教育阶段要培养一批信念坚定、基础扎实、能力突出,能够适应和引领中学教育教学改革的卓越中学教师;一批热爱小学教育事业、知识广博、能力全面,能够胜任小学多学科教育教学需要的卓越小学教师;一批热爱学前教育事业、综合素质全面、保教能力突出的卓越幼儿园教师②。教育部在后续的《关于实施卓越教师培养计划2.0的意见》中进一步指出,培养造就一批教育情怀深厚、专业基础扎实、勇于创新教学、善于综合育人和具有终身学习发展能力的高素质专业化创新型中小学(含幼儿园、中等职业学校、特殊教育学校)教师③。两份文件共同从政策层面对卓越教师进行了解释。从学理角度而言,有研究者认为卓越教师就是优秀突出、异于寻常的教师,其理想规格是"专业精神朴实高尚""专业知识融会贯通""专业能力卓著出色"④;同时还有研究者结合国家"四有教师"要求认为,卓越教师就是在教学岗位耕耘多年,有真诚的教育情怀,有先进的教育理念,有现代的教育思想,有一定

---

① 吕立杰,荆鹏. 以教师教育现代化培养卓越教师,助力人才强国[J]. 教育科学,2023,39(4):12-15+18.

② 中华人民共和国教育部. 教育部关于实施卓越教师培养计划的意见[EB/OL]. (2014-08-19)[2023-10-23]. http://www.moe.gov.cn/srcsite/A10/s7011/201408/t20140819_174307.html.

③ 中华人民共和国教育部. 教育部关于实施卓越教师培养计划2.0的意见[EB/OL]. (2018-10-11)[2023-10-23]. http://www.moe.gov.cn/jyb_xwfb/s5147/201810/t20181011_351107.html.

④ 柳海民,谢桂新. 质量工程框架下的卓越教师培养与课程设计[J]. 课程·教材·教法,2011,31(11):96-101.

的专业理论修养,有丰富的教育教学经验,有教书育人的卓著成绩,有丰硕的研究成果,在一定区域的同行中享有广泛美誉度和影响力的优秀教师。① 无论是何种定义,实际上都突出了教师在时间积累、专业精神、专业知识、专业能力、教学成效等方面卓越特性,因此,各种学理性定义看似表述不同但其核心观点实则相同。

2. 卓越教师特质研究

对于卓越教师特质的研究,国内外学者主要从一般特质和个别特质两个方面展开论述。国外学者的研究主要聚焦于个别特质上。20世纪中期,学者们逐步在教师教育中运用"个性和人格品质"理论来研究个性和人格品质在学生成长中的作用②,并发现个人特质与教学效果之间存在正相关效应③。卓越教师个人特质被视为教师优秀的个人内在品质或称教师教养水平,即研究者所谓的"教育天赋"。教育天赋在好教师的培养过程中起着十分重要的作用,瑞安斯(Ryans)提出"教师的热情与学生的成绩呈正相关"④。之后,拉什顿(Rushton)发现"在'成就取向、人际关系、魅力及组织才能'四个领域上表现良好,且得分高的教师,易被学生评为'优秀教师'"。

但事实上,"个性和人格品质"难以稳定而准确地预判教师行为与学生学习效果间的关系,这一特质不足以解释教育成效。而在班杜拉(Bandura)提出"自我效能感"之后,"教师教学效能感"这一概念应运而生。阿什顿(Ashton)等人的研究表明:教学效能水平高的教师,一般不是控制者,他们不试图去控制学生的行为,而是为学生提供行为的信息,以鼓励他们自我约束、自我建构;而教学效能水平低的教师,则多为控制定向者,习惯采用粗暴的、惩罚性的管理策略去控制学生行为。学界对于"课堂教学能力"的研究主要从两个方向展开:一方面将教师课堂教学能力视为教育评价的一种结构维度,并在这个结构维度下将不同层次的教师进行区分;另一方面则假设教师课堂教学能力与学生成绩相关⑤。

---

① 程红兵. 以卓越教师引领教师团队走向卓越 [J]. 中小学管理,2022 (10):60.
② 汪明帅. 发现"教育天赋":改进教师教育的另一种视角 [J]. 教育发展研究,2014 (15-16):61-67.
③ Dale P. Scannell. Models of Teacher Education [R]. Report to the American Council on Education Presidents'Task Force on Teacher Education,2005.
④ 李定仁,赵昌木. 教师及其成长研究:回顾与前瞻 [J]. 教育理论与实践,2003 (6):34-38.
⑤ 李定仁,赵昌木. 教师及其成长研究:回顾与前瞻 [J]. 教育理论与实践,2003 (6):34-38.

一项针对美国卓越教师利用自身特质营造积极课堂氛围的质性研究指出六项将普通教师与卓越教师区分开的关键性特征：第一，卓越教师会不断监测课堂上的情绪；第二，卓越教师在回应学生诉求时表现出更多的同情心；第三，卓越教师对其学科领域展现了更多的激情；第四，卓越教师采取更积极的情绪自我调节方法应对令人消极的课堂行为；第五，卓越教师较少运用负面课堂管理策略；第六，卓越教师使用以学生为中心的技术而不是自我启示来建立关系。

约翰·哈蒂（John Hattie）在《可见的学习：对800多项关于学业成就的元分析的综合报告》一书中提出卓越教师的10个心智框架：即评估自己对学生学习的影响力；运用评估结果指导下一步行动；与同事和学生合作，确定进步和影响力的标准；推动变革，相信所有学生都能进步；乐于迎接挑战而不仅仅是"尽力而为"；给予学生反馈并帮助他们理解，解读学生的反馈并以此作为行动依据；同等重视对话与独白；从一开始就清晰地告诉学生成功标准是什么；建立关系和信任，使学习发生在允许犯错和相互学习的环境中；关注学习如何发生，让学生理解学习。① 目前该领域的研究成果较多，但结构维度和能力指标设置之间有所差异，因此，结果的可推广性有限，只能作为教师培养路径的域外参考。

国内学者对卓越教师特质的研究方面则比较注重整个群体的一般特质，在对一般性特质的描述过程中对个性特质有所涉及。优秀教师在从"新手"到"专家"的整个发展历程中展现出理性的观念、较完整的知识结构、丰富的教学管理经验、以学生为本的教育情怀②等一系列重要特质。在美国"年度教师"项目所评选的教师特质分析中发现，被评为优秀或卓越的教师一般都具有优秀的个人内在品质、丰富的知识基础、良好的人际关系和充分挖掘每位学生最大潜能的学生观③。具体而言，他们普遍具有包容进取的教师德行，受教师文化熏陶的胸怀教育，坚持理想、从容淡定的教师气质，广博的知识素养和深厚的文化涵养，过硬的教育实践能力④。综合来看，卓越教师特质的

---

① 彭正梅，施芳婷，伍绍杨. 卓越教师的10个心智框架：《可见的学习》与《学记》的比较[J]. 湖南师范大学教育科学学报，2022，21（5）：23-31.
② 王峰. 从新手教师到优秀教师[D]. 济南：山东师范大学，2007.
③ 殷玉新，王德晓. 优秀教师的基本特质：透视美国"年度教师"的秘密[J]. 比较教育研究，2016，38（1）：45-51.
④ 刘湘溶. 高师院校卓越教师培养模式创新的探索与实践[J]. 湛江师范学报，2012（1）：8-11.

研究反映着"谁来培养人"的时代问题,关系着对卓越教师的认识的问题。卓越教师应该是"促变教学"的创变型教师、"独具个性"的人格型教师、"致中和"的关系型教师、"知识圆融"的专家型教师、"大先生式"的教育家型教师、"自助式"的终身学习型教师的复合体。因此,卓越教师应该在能力结构、品质特征、人际关系、知识体系、情意素养、自觉水平等方面呈现出稳定向上的特质(如图1-3所示)[①]。在普通教师不断向卓越教师发展的进程中,教育家型教师特质也被认为是卓越教师发展的终极目标,因此,教育家型教师特质在一定意义上投射出卓越教师的特质潜能。一项针对"教育家型教师"相关研究的分析,借助质性编码方法构建起教育家型教师的基本特质体系,涵盖立德树人、教育情怀、专业知识和能力、教育思想、教育实践以及教育改革创新六大维度(如图1-4所示)。这一研究成果对于进一步厘清卓越教师特质有着重要作用。[②]

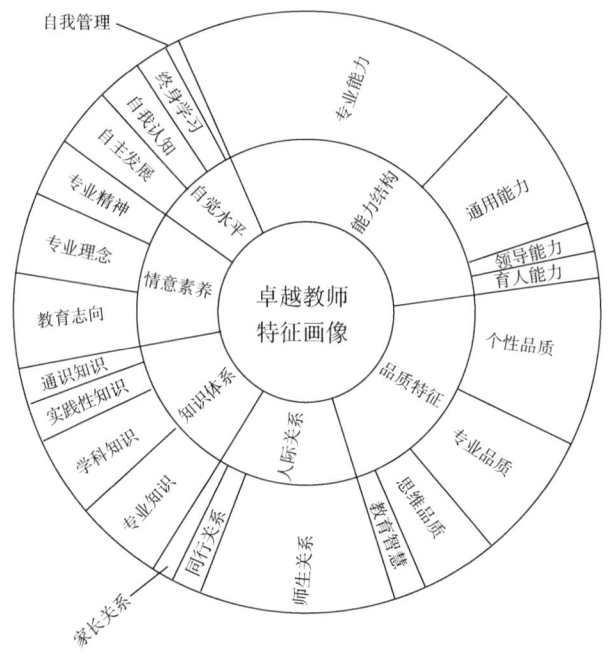

图1-3 卓越教师特征画像模型

---

① 邓祯钰,易凯谕,钟志贤.卓越教师特征画像研究:质性分析的视角[J].中国远程教育,2022(5):64-75.

② 李贵安,白玉.聚焦未来教育家型教师培养:基点、特质与路径[J].中国大学教学,2022(5):13-22.

绪 论

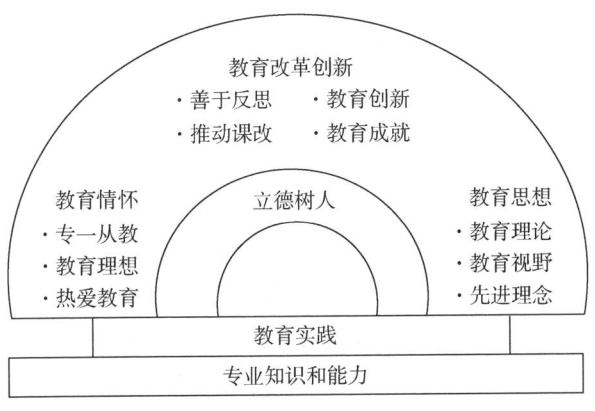

图 1-4 未来教育家型教师特质模型

3. 卓越教师培养路径研究

大致来看,卓越教师培养路径研究一般从政策制度调整和教师个人提升两方面展开,通过对宏观与微观要素的共同剖析,提出具有高度操作性的卓越教师培养路径。20 世纪 80 年代中后期,西方部分国家便开始积极探索"卓越教师"培育工作。统观世界,美国在 20 世纪 80 年代面临着严重的师资平庸化危机,因此,推进当时教育政策改革是以提升教师队伍质量为目的的。美国在 1987 年成立美国国家专业教学标准委员会(NBPTS)[1],旨在集中精力进行认证方面的探索,最终形成了一套认证标准与方案,该委员会设立后,对美国大约十万名教师进行了"卓越教师"的认证,并在后续文件中从学位、知识和能力三个方面对卓越教师进行了规定[2],并在《不让一个孩子掉队法案》中指出卓越教师必须取得认证资格证书,具有学士学位、丰富基础知识且教学能力突出。同样面对高质量教师缺乏、师资队伍老龄化、教师职业吸引力下降等诸多挑战的还有欧盟区的教育系统。针对此问题,欧盟推出一系列具有高度针对性的卓越教师培养政策,这些政策聚焦于以下几方面:追求卓越教师培养目标,发展包容、公平而优质的教育;创新教师教育课程理念,注重教师数字及语言能力培养;优化教师教育评价体系,激活教师内源性动力生成;倡导教师教育国际理解,促进师资培养无国界流动;提高教师职业

---

[1] 蒿孟丽. 精准投入:美国卓越教师专业成长的经验支持:基于《促进优秀教师走向卓越》报告的解读 [J]. 世界教育信息,2018,31 (20):55-59.

[2] 赵振红,于兰. 如何使教师卓越?美国的经验与启示 [J]. 教育科学,2021,37 (5):64-71.

社会声望，提供教师发展环境支持①。德国面对现代社会对职前教师教育领域需求的变化，开始对该体系进行改革，并提出了"精英教师教育方案"。2012年4月，德国科学联席会（GWK）对该方案初步达成共识，并宣布将方案定为"卓越教师教育计划"②，联邦政府和各州政府希望通过这个计划提升教师职业的吸引力并促进教师教育的现代化③。德国"卓越教师教育计划"通过设立项目目标、建立有效评审机制、促进大学积极参与等形式全面助推德国卓越教师培养。面对中华人民共和国成立后很长一段时间内教师数量匮乏、质量低下的现实问题，我国在2014年印发《教育部关于实施卓越教师培养计划的意见》，根据文件和相关的选择申报要求，经过一系列的筛选之后，教育部最终选择了80个关于卓越教师培养计划的改革项目。2018年，我国继续推进卓越教师培养工作，在原有政策建设基础上印发《中共中央 国务院关于全面深化新时代教师队伍建设改革的意见》《教育部关于实施卓越教师培养计划2.0的意见》等相关政策文件，在政策演变层面表现出"对卓越教师定位的认知趋于科学；对职前培养在卓越教师形成过程中的价值认知趋于合理；卓越教师政策所隐喻的现实需求日益凸显；卓越教师职前培养设计的整体意识日益彰显"④的发展趋势，持续不断创新人才培养体制，优化课程体系，健全人才制度，建立保障机制以推进卓越教师培养。⑤

宏观政策调控旨在从根本上框定卓越教师培养方向，为各级各类学校教师发展提供根本上的政策依循，进一步提高教师的专业能力和提升整个国家的教师队伍质量，进而提升国家的教育质量。从整体上来看，国内外教育学者对中观层面和个人层面教师专业成长路径的研究已经十分成熟，并逐渐从教育学科转向心理学、社会学等研究领域，开始对教师的整个成长阶段予以必要关注，由理论到实践开始关注教师成长的瓶颈期、发展期、高原期。卓越教师培养路径的中观研究主要聚焦于培养方式的变革，强调学校变革、项

---

① 姜丽娟，刘义兵."欧洲教育区"背景下欧盟教师教育政策的新动向及其启示 [J]. 全球教育展望，2021，50（5）：81-91.

② 于喆，曲铁华. 德国"卓越教师教育计划"推进项目发展与评价研究 [J]. 东北师大学报（哲学社会科学版），2020（1）：184-189.

③ 逯长春. 德国教师教育政策新动向："卓越教师教育计划"：推行与展望 [J]. 教师教育研究，2013（4）：92-96.

④ 梅雪，蒋亦华. 我国卓越教师政策的演变特征与未来进路 [J]. 教育研究与实验，2021（6）：80-83.

⑤ 宋志章，曲铁华. 卓越教师培养计划2.0的现实挑战与应对策略 [J]. 中国高等教育，2019（7）：44-46.

目改进等一系列社会活动在卓越教师培养进程中的关键性作用。加拿大英属哥伦比亚大学教师教育探究社群（Community of Inquiry in Teacher Education，简称CITE）项目是该校历史悠久的一项教师教育课程项目，自开设以来形成了大量的研究成果，培养了众多卓越中小学教师。CITE项目注重双向服务，为项目实施搭建起优质平台；实行阶梯式选拔制度，通过层级式筛选保障教师候选人的质量；以自我研究为学习理念，开发了故事讲述、主题报告、任务探究及团体研讨等学习方式来促进候选人能力提升①。

和西方国家相比，我国对于个人层面和中观层面卓越教师成长的研究虽然起步较晚，但却在社会发展、时代背景等方面构筑起适合本土教师发展的卓越教师培养体系。我国中观层面推进卓越教师培养案例包含西南大学卓越教师"三级立体大课堂"②、东北师范大学卓越教师实践工作坊等项目。以东北师范大学卓越教师培养为例，卓越教师工作坊以真实空间和虚拟空间为场域，师范生在大学学科教学论教师、中小学教研员、中小学一线优秀教师的联合指导下，自主地、有创意地进行深读文本、教学设计、模拟课堂教学和同课异构，旨在培养师范生的职业情感、教学实践能力，使之成为未来的卓越教师，成为未来的教育家。③ 卓越教师培养的个人层面旨在运用多种学科的丰富研究成果持续不断促进教师专业成长，激发教师教学热情，推动教师朝向卓越教师不断发展。从本质上来说，"每一位教师的内心深处都期待自己成为一名卓越的教师，所有的卓越教师都在为提高自己而努力奋斗"，因此，这种潜在的动因为教师成长提供了必要的心理支持。

首先，卓越教师专业成长可以视为上下联动的自我治理过程。教师自我治理视域下卓越教师面临着自我治理意识、能力、心态以及技术等彼此影响与内旋缠绕所形成的"内卷化"样态，因此，其发展需要深度定位教师专业发展，积极唤醒自我治理意识；以深度学习作为有效支撑，切实提升自我治理能力；基于教育敬畏构建专业自尊，着力改善自我治理心态；以大数据时代的智慧治理为契机，为自我治理进行赋能。④

---

① 徐琼. 培养卓越教师的理念与实践：基于英属哥伦比亚大学 CITE 教师教育项目的个案分析 [J]. 外国教育研究，2020，47（5）：14-26.

② 西南大学教育部卓越教师培养计划"三级立体大课堂"项目简介 [J]. 学前教育研究，2018（8）：73.

③ 孙玉红，李广. 工作坊：培养职前卓越教师的第三空间：基于东北师范大学培养小学卓越教师的实践 [J]. 教育理论与实践，2018，38（2）：27-29.

④ 刘秉栋. 卓越教师的深度专业发展：困局与突围：自我治理的视阈 [J]. 教育学术月刊，2022（4）：52-57.

其次，卓越教师成长是一个适应性专长发展的过程。适应性专长发展能够帮助教师适应多变复杂的教育情境，创新性地应对不确定性和新异问题，它重点在于创造性改造的过程，因此卓越教师自我成长应设计多种异质的学习任务，提供试误的机会，并指导教师反思错误；转移倚重于内容性知识（学科知识）的视角，更加关注关联情境性知识。① 最后，卓越教师成长需要强调具身认知。具身认知即认知的身体性、体验性、环境性和生成性，当前教师成长中的离身现象促使卓越教师成长进程中要关注身体转向的问题，即关注师德教育，从具身认知角度凸显身体主体作用；专业知识学习从具身认知角度注重身体体验；专业能力培训基于具身认知，重视创设教育教学情境；自我发展能力养成基于具身认知，着力构筑开放生成系统②。

4. 卓越教师荣誉制度相关研究

卓越教师既是教师不断成长发展的过程与目标，同时也是一项荣誉性称号。从荣誉性称号角度来说，它是对在师德师风、教学能力、专业知识等方面有突出贡献的教师的一种肯定和奖励，其根本内核是一项国家荣誉制度。从历史逻辑来看，尊师重教的中华文明源远流长，历朝历代封建统治者无不将教师奉为道德与学问的典范，"天地君亲师"就是对古代教师地位的一个真实写照。自党的十八大以来，我国教师队伍建设不断深化，党和国家高度重视教师育人树人工作，因此，建立健全国家教师荣誉制度无论从历史演进维度还是现实意义层面都应成为我国教师队伍建设的重要内涵③。从本质而言，荣誉是一种精神激励，是对被授予对象社会贡献的褒奖以及对社会主流价值观的引领与塑造，以国家名义赋予教师最高荣誉是对教师专业价值和社会价值的肯定与褒奖，具有提高教师"三个地位"、激发教师发展内生动力和扭转教育功利化倾向的作用。④ 教师荣誉常常以证书、称号、头衔等方式向社会呈现，但是一项混合研究显示，"证书式""称号式"以及"头衔式"荣誉对于农村教师的地位认同并未充分发挥作用；而有综合奖励、获专业认可和受社

---

① 王晓莉，赵兰. 卓越教师适应性专长发展的叙事研究［J］. 全球教育展望，2021，50（9）：108-119.

② 项建英，孙炳海."身体"转向的省属师范大学研究生层次卓越教师养成新路径——基于具身认知理论的视角［J］. 学位与研究生教育，2022（1）：36-41.

③ 王一舟. 继承与开拓：国家教师荣誉制度的构建研究［J］. 教师教育论坛，2020，33（11）：23-29+44.

④ 张笑予，祁占勇. 国家教师荣誉制度的价值意蕴与政策供给［J］. 国家教育行政学院学报，2022（8）：61-70.

会尊重的荣誉为提升农村教师地位认同提供了合理解释路径①。从现实来看，我国教师荣誉制度的法定功能可凝练为奖励功能、鼓励功能、引领功能和政治功能，但当前教师荣誉制度法定功能在奖励功能、鼓励功能、引领功能、政治功能的实现上仍有缺憾。② 鉴于此，新时代我国国家教师荣誉制度建设应在扎根本土文化并立足基本国情的前提下，借鉴域外教育发达国家的有效经验，遵循开放性、系统性和治理性的构建逻辑，在奖项设置方面兼顾公平性和差异性，在评选过程中强调标准公平和程序正义，在荣誉授予和管理中体现仪式感和系统性③。

三、研究述评

综上所述，目前国内外对教师专业发展和卓越教师相关研究热度持续上涨，研究成果极为丰富，研究主题多元，研究方法多样，理论研究与实践研究的持续深入为教师成长为卓越教师提供了充足的科学支撑。然而，当前研究也面临着研究主题同质化、研究内容浅表化和研究方法零散化的现实，困局亟待突破。

1. 研究主题同质化

纵观当前国内外对教师成长与卓越教师的相关研究可以发现，教师成长阶段、教师成长特征以及教师成长为卓越教师的路径是该领域的主要研究方向。此类研究聚焦于由新手教师成长为卓越教师或专家型教师的发展过程，通过阶段切片和提取关键要素的方式，归纳分析出教师专业成长需要经历新手教师、熟练新手教师、胜任型教师、业务精干型教师、专家型教师等多个阶段④，且在各个阶段有着各自的发展特点。尽管其他研究者对教师成长阶段划分有所区别，但这些划分更倾向于一种语义层面的同义替换，尚未脱离出经典的由新手教师向专家型教师发展的阶段性划分模式，因而，该主题研究近似于一种重复性、验证性的研究，结论创新度受限。同时，在该研究主题中，教师成长的路径探索也呈现出尚未脱离经验范畴的路径依赖取向，对策

---

① 王爽，刘善槐. 荣誉何以提升农村教师的地位认同：基于混合研究设计的分析 [J]. 复旦教育论坛，2021，19（5）：65-72.

② 刘悦，姚建龙. 教师荣誉制度法定功能的缺憾及其制度完善 [J]. 湖南师范大学教育科学学报，2022，21（1）：116-122.

③ 张笑予，王苗，程莉荣. 国家教师荣誉制度建设的国际经验与未来愿景 [J]. 教学与管理，2022（30）：58-61.

④ 崔杨，蒋亦华. 中小学教师专业成长的阶段划分及相应标准建构 [J]. 湖南师范大学教育科学学报，2020，19（3）：80-86.

和路径的可操作性较低、理性化程度较高，脱离了必要的教育现实，重复性的实施路径非但没有清楚指明教师成长的必要支持道路，还浪费了大量的研究资源。

2. 研究内容浅表化

研究主题的同质化并未从根本上推动研究内容在深度和广度方面实现质的跨越。卓越教师的成长是一个既具体又复杂的过程，前者表明卓越教师的成长是一个个人化、个体化的过程，与教师的个人生活经历、性格特质及目标理想有着紧密的联系；后者则表明教师成长是一个连续性的复杂过程，在具象而特殊的成长过程中，卓越教师又会在教学实践、教育信念等方面表现出稳定的特征。当前的研究十分关注卓越教师专业成长的共性过程，但缺少对其成长过程复杂性的研究以及对具体个人的全面研究，缺乏对教师个体生活经验的深度挖掘和提炼。当前研究对卓越教师成长历程的解读，多以职前职后为分界线，未能构筑起职前职后协同发展的整体性研究思路，未能深入探究教师的成长心理，对教师成长过程中不同发展阶段的特征、行为以及认知的研究都存在描述浅表化倾向，研究结论尚未脱离经验范畴。进言之，当前国内外对教师成长及卓越教师培养方面的研究仍旧是一种经验描述式、归纳总结式的研究，研究者脱离了研究对象生长的真实环境，抛弃了对影响研究对象专业化发展的必要社会关系的探讨，导致研究内容只存在于真空的培养环境之中，对教师成长进程中的社会性互动关注不足。

3. 研究方法零散化

研究方法的选择取决于研究主题的确立。在教师成长和卓越教师培养领域，由于研究主题和研究内容共同影响，导致该主题在研究方法层面的选择较为单一与零散，研究方法之间尚未形成良好的对话基础。从方法论层面来看，研究方法被分为实证主义、解释主义、现实主义和实用主义四个方面，方法之间虽有所侧重，但紧密相连，良好的研究群也正是在这四个方法层面展开并进行深层对话的。但当前教师成长和卓越教师培养这一研究群之间尚未从方法论层面形成良性对话，研究者各自为政，缺乏形成必要的"理论建构—实证验证—解释问题—指导现实"完整闭环的方法论对话基础。

现阶段，该主题的研究侧重于实证主义范式的探索，强调通过现实主义研究方法聚焦问题后以实证主义研究方法形成解释的研究路径，强调"数据说话"的关键性地位，弱化了其他研究方法的重要性。同时，实证研究法内部也存在研究零散的倾向。受研究者专长和精力的限制，当前实证研究并未形成大规模的混合研究和联合研究，尚未将脑科学、人类学等极具特色的实证研究方法纳入实证研究体系之中，方法零散难以形成完整的研究体系。

第五节　研究思路

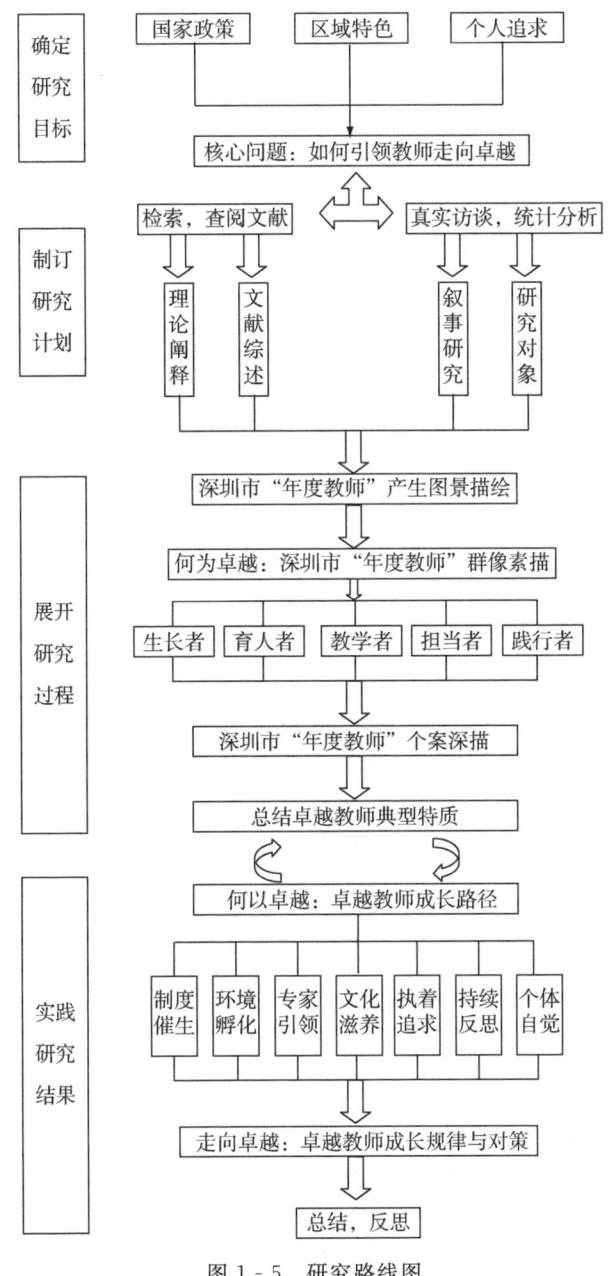

图 1-5　研究路线图

第六节 可能的创新点

本书采用解释主义研究范式中的教育叙事研究方法对多位获得深圳市"年度教师"奖、深圳市"年度教师"提名奖的卓越教师进行深度访谈,细致描摹卓越教师的典型特质,勾勒卓越教师的成长之路。综合而言,本书的创新点有三。

第一,以深圳市"年度教师"评选结果为参考,保证了研究对象标准的一致性。

当前学界和国家政策层面对"卓越教师"这一群体的定义缺乏一致性的统一标准,只是从理想信念、教学能力、综合育人等方面对卓越教师群体做出了特征化描述。非一致性的标准为实证研究对象选取增加难度的同时降低了结果的信效度,因此,如何在选择研究对象时统一标准成为该研究的难点之一。立足这一研究难点,本书以深圳市"年度教师"评选结果为参考,将程序清晰、评审严格、过程透明的深圳市"年度教师"评选活动中所评选出的"年度教师"作为研究对象,一方面保证了研究样本数量,另一方面进一步降低了因标准不一致而导致的抽样偏差,在一定程度上保证了研究结果的真实性。

第二,以教育叙事研究为方法,深度描摹卓越教师成长之路。

叙事研究方法有着接近日常生活、重建真实场景的优势,可以在夹叙夹议的过程中系统性展现被研究者的真实生活经历,为成长类研究奠定坚实的研究基础。但在实际操作中,教师成长的叙事研究往往会面临"有故事没成长""有成长没故事""有成长、有故事、没启迪"的三重困境。[①] 因此,本书所选用的叙事研究法意图全方位、多维度地展现教师专业成长的真实情境,反映卓越教师专业成长历程的丰富性与原生性,描摹出教师专业成长的完整历程,多角度阐释卓越教师在具体教育情境中的专业状态,清晰完整地展现每一位教师专业成长历程的复杂性与独特性,力求做到"有学理、有故事、有成长、有启迪"。

---

① 冯铁山. 卓越教师"教育成长故事"讲述的文艺学解构[J]. 教育科学研究, 2019 (10): 87-91.

第三，以自我发展故事为参照，将关系、情感作为研究内容。

在传统的卓越教师相关研究中，研究者关注到卓越教师成长的专业化发展历程，尤其是专业知识增长、专业能力提升等能力发展方面的内容，对教师关系性存在和情感发展的关注度不足，解释不够深入。因此，笔者作为"年度教师"中典型的一员，在本书中将自我引入研究范畴，将自我成长的情感发展和关系建构纳入研究重点，深入分析情感和关系在卓越教师成长进程中的关键性作用，通过自我叙事的方式呈现更多传统访谈所不能涉及的内在情感故事。

同时，本书也在对其他教师的研究过程中引入了自我概念，强调教师在叙事中更多关注自我以及与自己紧密相关的关系网络，通过对情感成长的阐述和关系网络的变化析出更多支持性、背景性要素，呈现一个生动立体的卓越教师形象。

第一章

卓越教师专业成长的理论阐释

卓越教师专业成长是我国教育高质量发展的必然要求，是教师队伍建设的根本方向，更是教师专业发展的高阶目标，它以高标准、高要求、高水平为发展核心，致力于突破当前教育中，尤其是基础教育阶段，因教师水平发展参差而带来教育高质量发展进程缓慢的问题。本部分主要从卓越教师专业成长的时代趋向入手，阐述新时代背景下培养卓越教师的必然性问题，并从词源学、社会学、教育学等多学科角度对"卓越教师"概念进行清晰明确的界定，阐明其内涵，同时对本书所选用的理论基础进行介绍，详细论述理论基础与本书的内在关联，为后文研究奠定坚实的理论基础。

第一节　走向卓越：教师专业成长的时代趋向

自我国颁布《教育部关于实施卓越教师培养计划的意见》《教育部关于实施卓越教师培养计划 2.0 的意见》以来，卓越教师培养就成为我国教师教育中的关键任务，国家以政策目标的形式为职前教师培养和职后教师培训提供了根本遵循，提出了一个高阶但教师通过努力即可达成的职业目标。综合来看，教师通过专业化成长走向卓越是高质量教育发展的必然要求，是教师队伍建设的根本方向，更是教师个人专业发展的高阶目标，是具有长期性、挑战性且可实现的教师专业发展趋势。

一、卓越教师培养是高质量教育的必然要求

教育是立国之本，历来受到各国政府的高度重视，教育高质量发展更是全社会人民的殷切期盼。当前，国家间的竞争已转化为"教育""人才"等软实力的竞争，人才培养成为各国发展的关键所在。

纵观各国教育发展史，可以发现英、美等发达国家于 20 世纪末就开始制订并实施卓越教师计划。1952 年，美国开始设立"国家年度教师"（National Teacher of the Year）评选活动，该奖项用于奖励那些在教学等方面极为出众的教师，该荣誉在很大程度上起到了呼吁社会各界关注教育事业的作用[①]。虽然该奖项并未直接授予获奖者"卓越教师"称号，但该奖项获奖者无一不体

---

① 罗明煜. 美、英、新加坡国家教师荣誉制度的共性研究［J］. 教师教育研究，2014，26（5）：107-112.

现出自身的"卓越"之处。奥巴马指出,最优秀的教师是持续不断完善自我、帮助学生全面发展的教师;是甘愿放弃业余时间,帮助学生进步的教师;是孜孜以求,努力使课堂教学活动更加生动的教师;是善于发现并能够激发学生潜能的教师。① 1983 年,美国发布了《国家在危机中:教育改革势在必行》这一报告,该文件引发了人们对传统教师培养模式的思考,这也成为美国卓越教师培养的开端。1989 年,美国国家教师专业标准委员发表了《教师应该知道什么与能够做到什么》的政策文件,提出了卓越教师专业标准的五项核心主张,这标志着美国卓越教师标准化培养计划正式启动。英国于 2004 年开始正式实施"卓越教师计划"。与美国不同的是,该计划主要由中小学承办,确立了完善的实施过程和详细的评价标准,目的是让每一位普通教师都能参与并获得提升。德国政府于 2005 年提出"卓越计划"。与英国不同的是,其卓越教师计划在大学阶段实行,目的是吸引人才,从而提高综合国力。聚焦国内,2010 年我国各行业协会联合教育部实施"卓越工程师教育培养计划",部分高校以此为契机,实施了"卓越医师""卓越律师"及"卓越教师"三大计划。2014 年,针对卓越教师培养过程中暴露的诸多问题,教育部印发文件,强调通过变革"卓越教师"教育机制等核心环节,加快培养一批有理想信念、有道德情操、有扎实学识、有仁爱之心卓越教师。自此,我国的卓越教师培养计划正式实施。

综合来看,无论是域外卓越教师计划、各类卓越教师奖项评定,还是我国卓越教师培养计划,均关注到教师职业对于教育发展的关键性作用,认为"教师问题的重要性,可以说,超过其他所有问题加在一起的总和的重要性"②,强调教师专业发展之于教育发展的关键性作用。进言之,卓越教师专业成长对教育高质量发展意义有三。首先,卓越教师是教育高质量变革的主体。有研究指出,教师参与教育变革存在被动执行者、艳羡观望者、主动担责者、先行领跑者四种不同的角色类型,其中主动担责者与先行领跑者可被视为变革主体。卓越教师由于自身具有较高的专业意识和专业能力,因而具有更高的教育变革意识,能有意识地参与教育变革,促进高质量教育变革发生。其次,卓越教师有更高的教育理论敏感性。教育高质量发展提出了培养

---

① 殷玉新,王德晓. 优秀教师的基本特质:透视美国"年度教师"的秘密 [J]. 比较教育研究,2016,38 (1):45-51.

② 巴格莱. 教育与新人 [M]. 袁桂林,译. 北京:人民教育出版社,2005:164-165.

创新型人才的时代要求,要把培养具有创新思维、批判思维和合作精神的学生作为未来教育的关键,因此新的培养目标对教师发出了更为严峻的挑战,新的时代也对教师提出了更高的标准①。卓越教师作为具有先进教育理念和扎实专业知识的专业工作者,为深入推进新时代创新型人才培养奠定了坚实的基础。最后,卓越教师是高质量教师教育体系发展的产物,并将推动教育高质量持续发展。卓越教师并非一以贯之的表述,而是随着高质量教师教育体系建立而凝练的新的教师形象。从教育政策发展的特点来看,早期政策文本中的卓越教师等同于中小学骨干教师,这一界定扩大了卓越教师的外延。② 随着我国高质量教师教育体系的建立,"卓越教师"从师范教育任务群延伸到职后教育的贯通趋势不可逆转,这一概念隐喻日趋明晰,卓越教师成为新时代教师教育体系中的重要一环和教师发展的关键阶段。同时,卓越教师概念也随着时代发展从单一专业能力精通者转向专业能力与社会影响双重复合者,这进一步凸显了卓越教师来源于教师队伍又要反哺教师队伍成长、促进教育发展的关键意义。

二、卓越教师培养是教师队伍建设的关键任务

《中国教育现代化2035》将"建设高素质专业化创新型教师队伍"确定为教育现代化的十大战略任务之一,并将之视为加快推进教育现代化、建设教育强国、办好人民满意的教育的重要支撑③。从政策发展的角度来看,"培养造就数以十万计的卓越教师"是未来很长一段时间内我国教师队伍建设的关键任务;从话语流变的角度来看,我国话语表述经历了"卓越型教师"到"卓越培养教师"的话语转型过程,强调了卓越教师培养的紧迫性和一种行为期待④;从培养目标的角度来看,我国卓越教师培养目标分为合格胜任型、素质发展型、内生动力型、创新综合型四个指向不同的类型,对教师的最终塑造是向教育家升华⑤。因此,无论是从政策发展,还是话语转化,抑或是培养

---

① 程红兵.以卓越教师引领教师团队走向卓越[J].中小学管理,2022(10):60.
② 梅雪,蒋亦华.我国卓越教师政策的演变特征与未来进路[J].教育研究与实验,2021(6):80-83.
③ 吕立杰,荆鹏.以教师教育现代化培养卓越教师,助力人才强国[J].教育科学,2023,39(4):12-15+18.
④ 卢新伟,程天君."卓越教师"话语:流变·分殊·融合[J].教育学报,2020,16(4):46-53.
⑤ 崔宇,石艳.新中国成立以来教师教育培养目标的嬗变[J].课程·教材·教法,2020,40(9):125-131.

目标转型来看，都强调卓越教师在教师队伍建设中的关键性作用，强调通过卓越教师这一进阶阶段实现带动新手教师走向专业化的关键性作用。在新时代背景下，卓越教师已超越传统的强调教学技能和专业知识、专业技术者的概念范畴，而是演进成为教育情怀、专业基础、教育智慧与教育成效均堪称楷模[1]的专业示范者，他们以高屋建瓴的专业视角、扎实先进的教育技术、坚定仁爱的理想信念在教师队伍中形成广泛的模范带头作用，进一步促进教师队伍朝着专业化、创新化不断发展。

　　卓越教师的养成不仅仅关乎教师个体的成长，更是教师队伍走向现代化的重要标志。具体而言，卓越教师培养之于教师队伍建设有着三方面的积极意义。首先，卓越教师作为教师队伍结构中承上启下的关键成员，推动着教师队伍结构的均衡发展。《国家中长期教育改革和发展规划纲要（2010—2020年）》提出"努力造就一支师德高尚、业务精湛、结构合理、充满活力的高素质专业化教师队伍"[2]。教师队伍结构可分为专业水平结构和非专业水平结构[3]，其中教师专业水平结构是指能反映教师队伍的业务能力水平和教育教学质量的关于教师队伍在学历、职称、学科和荣誉称号等方面的构成状况[4]，它以专业能力、技能等核心竞争要素为参考，为教师队伍结构建设提供理论支撑。在理想状态下，除教师学历水平呈"橄榄形"以外，其他各要素均应呈现明显的"金字塔"构型，且层级之间差距不应过大。卓越教师在专业结构的金字塔构型中处在新手教师和教育家型教师的中间地带，他们一方面通过"师徒结对""名师工作室"等方式不断促进新手教师发展，另一方面又通过"自我研修""集中学习""学历晋升"等方式实现自身向上发展，在保证基本结构稳定的同时，不断发挥自身的中介效应，激发教师队伍发展活力，促进教师队伍结构基线上移。其次，卓越教师作为教师队伍中专业化水平较高的群体，是高素质教师队伍建设的中坚力量。进入新时代，我国基础教育阶段教师数量突破1500万人，基础教育教师队伍建设的主要矛盾正从数量不足转

---

[1] 张伟，李帆. 现代化卓越教师队伍建设的目标、任务与评价[J]. 中国高等教育，2019（21）：48-50.
[2] 中华人民共和国中央人民政府. 国家中长期教育改革和发展规划纲要（2010—2020年）[EB/OL].（2010-07-29）[2023-10-31]. https://www.gov.cn/jrzg/2010-07/29/content_1667143.html.
[3] 周晔. 西北农村地区中小学教师队伍结构失衡问题与破解政策体系[J]. 教育科学研究，2018（11）：93-96.
[4] 周晔. 农村小规模学校教师队伍专业水平结构的问题与对策：基于甘肃省X县的调研[J]. 教育研究，2017，38（3）：147-153.

向质量提高①，因此，整体提升基础教育阶段教师总体水平，推进教师队伍高质量发展成为新的时代议题。在建设高质量教师队伍进程中，卓越教师因其自身过硬的专业素养、崇高的教育信念和卓绝的教育能力成为教师队伍发展的中坚力量，为教师发展提供了必要的参考标准。同时，卓越教师具有先进的教学理念，通过发挥模范带头作用能够推动基层教师队伍持续革新教育观念。最后，卓越教师因其出色的学习能力和过硬的专业基础，成为教育家型教师队伍的预备力量。《中共中央 国务院关于全面深化新时代教师队伍建设改革的意见》指出："到2035年，教师综合素质、专业化水平和创新能力大幅提升，培养造就数以百万计的骨干教师、数以十万计的卓越教师、数以万计的教育家型教师。"② 教育家型教师是指具有家国教育情怀与信念，形成了有本土特色的教育实践模式与理论，并能在未来教育改革中发挥示范与服务作用的领导型教师。③ 可见，政策层面，卓越教师是成长为教育家型教师的必经阶段；学理层面，卓越教师所具有的多维素养正是成长为教育家型教师的必备特质。因此，卓越教师是教育家型教师队伍建设的稳定来源，决定着我国教育家型教师队伍建设数量和质量发展的现实。

三、卓越教师培养是教师专业发展的高阶目标

追求卓越应是所有从教工作者的共同职业发展目标。克劳斯·施瓦布（Klaus Schwab）指出，21世纪是第四次工业革命的开端，互联网、大数据、人工智能等技术的迅猛发展使得社会对于创新型人才需求愈发强烈。④ 在此背景下，教师面临培养学生核心素养的新使命，要努力成为面向未来的卓越教师⑤。因此，新的时代背景也对教师发展提出了新的职业要求，成长为具有仁爱之心、扎实学识、理想信念和道德情操的卓越教师成为当前阶段我国教师职业发展的重要目标。从职业熟悉度和发展的角度来看，卓越教师实际上是教师职业成长的一个基本阶段，且每个国家对教师各个发展阶段的定义有着

---

① 程建平，张志勇. 高质量基础教育教师队伍建设的任务和路径 [J]. 教育研究，2022，43（4）：132-136.
② 中共中央、国务院. 中共中央 国务院关于全面深化新时代教师队伍建设改革的意见 [J]. 中华人民共和国国务院公报，2018（5）：16-23.
③ 靳伟，廖伟. 论教育家型教师的内涵与成长路径 [J]. 教师教育研究，2019，31（4）：53-59.
④ 施瓦布. 第四次工业革命 [M]. 北京：中信出版社，2016：4.
⑤ 宋萑，胡馨. 为未来而教：教师专业发展的时代命题 [J]. 中小学管理，2022（9）：10-14.

语义层面上的差别。美国将中小学教师划分为候选教师、新教师、优秀教师、杰出教师等多个层级①；英国将中小学教师划分为合格教师、新入职教师、资深教师、高技能教师、优秀教师等五个等级；澳大利亚将中小学教师专业成长划分为准教师、胜任教师、优秀教师、领导教师等四个阶段②；我国也将教师按照相应的标准划分为新手教师、成熟教师、卓越教师、教育家型教师等类型。综合来看，关于教师专业成长过程的阶段划分其实并没有一个国际统一标准，但"适应"与"超越"是教师专业发展的两个基本向度③，教师正是在不断适应当前发展阶段并超越当前发展阶段的过程中实现自身专业成长的。因此，卓越教师从本质上讲是大多数新手教师和成熟教师发展中追求的高阶目标。

作为高阶目标的卓越教师是教师培养实现质的跨越的关键过程，是教师从技术熟练者走向教育者、研究者和反思性实践者的真实过程。首先，卓越教师培养是推动教师由新手教师走向教育者的过程。教师职业的主要角色是教育工作者，其最终目标是成长为教育者。从学理角度来看，教育工作者与教育者之间存在着理想信念、教育技术等方面的差异。教育工作者是将教育事业视为谋生手段的一类群体，他们将教学视为教育的根本，将技术提升视为专业发展的核心；教育者则是具有实践智慧、开放的心态和心怀对伟大心灵的虔敬的一类人④，是教育工作者发展的高阶阶段，他们将教育视为实现自我理想、促进学生成长、推动社会发展的关键途径，强调教学与育人的双重任务，是教育的创造和变革者。其次，卓越教师培养是促进教师从实践者向研究者转化的过程。有研究指出，基于课程价值观念的变迁，教师与课程的关系经历了从"教师教课程"到"教师研课程"再到"教师作为反映的实践者研课程"的深化和变迁；与之相呼应，好教师形象也发生了从"教书匠"到"研究者"再到"反映的实践者"的更迭。⑤ 因此，新时代的教师成长绝非是从教学技术生疏者走向教育技术熟练者的过程，而是从实践者走向研究者的过程，是在连续的教育实践中不断总结经验、发现问题、解决问题、形成结论的研究过程，也只有推动教师转型为教育研究者，才能实现教育者自身

---

① 崔杨，蒋亦华. 中小学教师专业成长的阶段划分及相应标准建构［J］. 湖南师范大学教育科学学报，2020，19（3）：80-86.
② 熊建辉. 教师专业标准的国际经验［M］. 北京：北京师范大学出版社，2014：38-119.
③ 杨鸿，周永平，朱德全. 适应与超越：教师专业发展的梯度与理路［J］. 课程·教材·教法，2017，37（6）：86-93.
④ 李长伟. 谁是教育者：柏拉图《法义》解析［J］. 现代大学教育，2023，39（4）：48-55.
⑤ 汪明帅，张帅. 好教师形象的百年变迁：基于课程价值观念变迁的考察［J］. 教育发展研究，2020，40（2）：77-84.

身份转变和教育经验的扩散，才能更好地服务于创新人才培养。最后，卓越教师培养是促进教师从技术理性主义者向反思性实践者过渡的过程。美国学者舍恩（Donald A. Schon）在其著作《反映的实践者——专业工作者如何在行动中思考》中提出了"反思性实践者"（reflective practitioner）的概念[1]，而后佐藤学等人进一步丰富了反思性实践者的概念内涵[2]。在卓越教师培养进程中，教师专业化呈现出由技术理性主义者向技术熟练者再向反思性实践者发展的样态[3]，他们不再缺乏对职业的系统认识，而是在反思自身经验和改进教育教学行为的过程中实现专业成长[4]。

第二节　何为卓越：卓越教师专业成长的理论解读

自"卓越教师"这一概念提出以来，社会各界就对"卓越"一词存在不同的解释方式，有的偏重于技能熟练者，有的偏向于品格高尚者，抑或是多种因素的复合，但总之尚未对"卓越"一词给予清晰的描述和边界清楚的概括。因此，本部分旨在从社会观点与文献的角度系统阐明"卓越教师专业成长"的意蕴，通过对既有研究的梳理和各类表述的总结提出本书所使用的"卓越教师专业成长"的概念，力求清晰明了地勾勒出"卓越教师专业成长"的内涵、层次和内容，以杜绝因概念混用而造成的语义混乱和理解偏差。

一、卓越教师专业成长的内涵

"美国年度教师"（National Teacher of the Year，NTOY）是全美国 300 多万名公立学校幼儿园至 12 年级（K-12）教师的最高荣誉，自 1952 年起，全美每年评选一位"国家年度教师"[5]，因此"国家年度教师"确实是全美国最

---

[1] 尹坚勤，田燕，陈华."反思性实践者"：新时期学前教师教育特征解构与路径探讨[J]. 江苏高教，2019，37（12）：49-54.

[2] 佐藤学. 课程与教师[M]. 钟启泉，译. 北京：教育科学出版社，2003：239.

[3] 柳海民，杨宇轩，张晓梅. 优质均衡：义务教育发展的时代转换、学理框定与现实指向[J]. 现代教育管理，2023（10）：1-11.

[4] 蒋立兵，季春晓. 反思性实践视域下教师工作坊研修过程模型研究[J]. 中国电化教育，2018（11）：39-45.

[5] 胡乐乐. 从个人生活史揭秘美国"国家年度教师"之卓越教学：基于对 2009—2017 年 6 位美国"国家年度教师"的质性研究[J]. 福建师范大学学报（哲学社会科学版），2018（4）：156-167+172-173.

杰出的优秀教师①，也是卓越教师代表。1986年，美国女教师克里斯塔·麦考利夫（Christa McAuliffe）计划登陆太空通过电视向美国和加拿大250多万中小学生讲授两节太空课并参加几项科学实验，但该教师在航空飞机失事时不幸遇难。2002年，为了纪念"挑战号"航天飞机失事的女教师克里斯塔·麦考利夫，美国公立大学联合会（American Association of State Colleges and University，简称AAS-CU）特别设立了"麦考利夫卓越教师教育奖"（Christa McAuliffe Excellence in Teacher Education Award，又名"卓越教师教育奖"）②，该奖项将高等教育阶段培育卓越教师计划纳入评选范围，进一步扩大了卓越教师评选对象的种类。我国从政策层面对卓越教师的系统培养肇始于2014年，并在2018年再次深化政策内容，这不但意味着我国卓越教师培养已上升至国家政策层面，同时使得相关研究逐渐走向深刻，由点状走向系统③，但当前学界对卓越教师的研究仍旧未深入到概念、标准等关键性问题上。而教师成长一般是指教师学会教学、不断习得与教师有关的角色期望和规范的社会化过程④，是与教师职业发展紧密相关的、描述教师由新手教师进阶为成熟教师甚至是卓越教师的过程。从概念内涵的角度来看，教师专业成长与教师专业发展之间既有联系又有区别，但是对二者关系的界定还存在目的与手段对立表述的倾向，一方认为教师专业发展就是教师专业成长的过程，另一方认为教师专业发展是促进教师专业成长的过程，因此，若要理解卓越教师的专业成长就需要对专业成长有清晰的界定。

1. 成长与专业成长

"成"字有"完成、实现"之意，对其字源学注解包含两种观点：其一是认为"成"是一个形声字，如许慎《说文解字》认为"成，就也。从戊，丁声"⑤；其二称"成"是会意字，即在"戊"左下加一竖演变成"十"字，便认为是所有事情的终结，以此形成"完成"之意。通常人们认为一个事物并不是达到一个阶段后便停滞不前，而是达到一个阶段后以一种新的面貌或状态继续发展的过程，如《礼记》中"玉不琢，不成器"描述的就是玉石经过

---

① 胡乐乐. 美国人心中最好的老师：美国国家年度教师透视（2005—2016年）[M]. 北京：中国人民大学出版社，2016：2.
② 付淑琼. 美国卓越教师教育奖研究 [J]. 比较教育研究，2016，38（8）：50-56.
③ 王钢. 当代中国卓越教师标准之建构 [J]. 教育研究与实验，2020，(6)：75-79.
④ 赵昌木. 教师成长研究 [D]. 兰州：西北师范大学，2003.
⑤ 许慎. 说文解字 [M]. 李伯钦，注. 北京：九州出版社，2012：1433.

一系列雕刻过程后成为精美器物的过程，因此，"成"也被引申为"变成、成长、成为"的含义。"长"在现代汉语中包含两种读音，本书所研究的"长"读音为 zhǎng。"长"可被解释为"生长、滋长"之意，《说文解字》认为"长"是会意字，写道"长，久远也。从兀，从匕，亡声。兀者，高远意也。久则变化。匕声。凡长之属皆从长"①，《说文解字注》进一步认为"久遠也。久者，不暫也。遠者，不近也。引伸之爲滋長，長幼之長。今音知丈切。又爲多餘之長，度長之長皆今音直亮切。兀下曰。長也。是滋長，長幼之長也。从兀。从匕。會意。匕呼霸切。匕聲。二字各本在變匕之下。今依韵會正。直良切。十部。兀者，高遠意也。說从兀之意"②。因此，"长"既包含一种空间、时间上较大的跨度，又随着用法的演化，逐渐发展出生长、成长、教诲、引导之意，如《诗经》写"克明克类，克长克君"，此句中"克长"的"长"即为教诲不倦之意。

《说文解字》认为"专"即"六寸簿也。从寸，叀声。一曰专，纺专"③，从字形演化的角度来看，"专"本是一种纺线工具"纺专"，由于纺专这种工具将所有纺线汇聚于一处，所以延伸出"专注、专一"的含义。"业"本义是古时乐器架子上的横板，用以悬挂钟等乐器，《说文解字》解释道"业，大版也。所以飾县鐘鼓。捷業如鋸齒，以白畫之。象其鉏鋙相承也。从丵，从巾。巾象版"④；同时"业"也指代书册的夹板，如"所习必有业"就是指学习必须要有书册之板，后引申为"学业""事业"等含义。有学者指出，"专"与"业"合用初见于《后汉书》"今耆儒年逾六十，去离本土，营求粮资，不得专业"，意为专精或从事某种事业或学业。因此，专业成长也就是个体经过长时间的从业积累，其专业理念不断完善、师德不断提高、专业知识不断提升、专业能力逐渐成熟的发展过程。

2. 卓越教师专业成长

从教师从教生涯进阶角度来看，教师成长是指教师从师范生到初任教师直至发展为一个教师职业合格人员的过程。⑤从教师的发展过程来看，教师专业成长是教师终身学习和不断解决问题的过程，在这个过程中，教师的职业

---

① 许慎. 说文解字［M］. 李伯钦，注. 北京：九州出版社，2012：909.
② 段玉裁. 说文解字注［M］. 杭州：浙江古籍出版社，2006：453.
③ 许慎. 说文解字［M］. 李伯钦，注. 北京：九州出版社，2012：310.
④ 许慎. 说文解字［M］. 李伯钦，注. 北京：九州出版社，2012：265.
⑤ 司丽娟. 小学语文优秀教师专业成长研究［D］. 长春：东北师范大学，2013.

理想、职业道德、职业情感、社会责任感不断得到提升、成熟与创新。① 一方面教师通过专业成长成为自身专业发展的主人，不断体现教师自身专业自主性。这种专业自主成长过程表现为教师对抗"他主"式成长所带来的工具性凸显、主体性缺失、被动化成长等②削弱教师发展动力的过程，是教师利用各种有利于自我发展的因素促进自我专业成长进阶的过程。另一方面教师通过成长使其专业结构不断更新、演进与丰富③，是促进教师专业发展的必要手段。新时代，国家和人民对教师发展提出了全新的要求，教师专业成长也呈现出更多与新时代之前不同的维度，综合来看，新时代教师应在坚守职业信念、注重道德标识、坚定专业底色的基础上朝着"仁师"目标不断成长④。综上，教师专业成长的内涵主要包括两方面：第一，教师专业成长是指教师从师范生或学生开始通过自身努力学习发展为成熟教师的过程，或从新手教师向更高阶段进阶的过程，突出职业生涯发展的阶段性特点；第二，教师专业成长是指教师从事教育事业，通过自身努力和外在条件支持不断提升自身专业品德、知识技能、职业认同及社会责任感的过程，突出教师作为育人主体时身心品德和专业技能方面的全面进阶。

作为专业成长主体的卓越教师，其核心概念"卓越"尚未得到清晰界定。《说文》解释道："卓，高也。早匕为卓，匕卪为卬，皆同义。"⑤ 意为高超、超越之意，如《论语》写道，"仰之弥高，钻之弥坚。瞻之在前，忽焉在后。夫子循循然善诱人，博我以文，约我以礼，欲罢不能。既竭吾才，如有所立卓尔，虽欲从之，末由也已"，此表述意为颜渊形容老师学问之高，达到了常人难以企及的程度，自己虽已用尽全部才力，但是仍有一个高高的东西直立在面前，尚未到达，其中"卓尔"便是形容高高直立的样子。"卓"字在《辞海》中的解释为高超、不平凡。综合来看，从字源的角度来说，"卓"呈现了一种"超越"性意涵，它代表着常人难以企及的一种状态，被形容为"卓"

---

① 申仁洪，黄甫全. 创新性成长模式：教师教育的实现样式 [J]. 教师教育研究，2004（3）：12-16.

② 郝晓东，朱永新. 互联网时代教师自主成长的模式研究 [J]. 国家教育行政学院学报，2022（4）：88-95.

③ 白益民. 教师的自我更新：背景、机制与建议 [J]. 华东师范大学学报（教育科学版），2002（4）：28-38.

④ 张伟，张茂聪. 论新时代教师的成长及其向度 [J]. 山东师范大学学报（社会科学版），2021，66（4）：141-148.

⑤ 许慎. 说文解字 [M]. 李伯钦，注. 北京：九州出版社，2012：798.

的人或物必定具有高出常态的、超越常人的地方。"越"本是形声字,《说文》解释道"越,度也"①,本意是度过、超越等意思。《说文解字注》中写道"越,度也。与辵部逑字音义同。周颂,对越在天。笺云。越於也。此假借越为粤也。尚书有越无粤。大诰、文侯之命越字,魏三体石经作粤。说文引粤三日丁亥,今召诰作越三日丁巳",而后引申为经过、超过等意思。因此,"卓"与"越"二字联用就表示了一种突出、常人难以企及的或在某一方面达到一定高度的含义,苏轼《答李廌书》写道"惠示古赋近诗,词气卓越,意趣不凡,甚可喜也",就是指诗歌词气高超出众。因此,从词源学角度"卓越教师"可以解释为杰出的、超乎寻常的、优秀且突出的教师。

但是,上述解释只是从词语演变的角度对"卓越教师"的内涵进行了一定的梳理,尚未将政策话语的内涵包含其中。政策文本方面,我国对卓越教师的概念与素质要求有大致的描述。2014年出台的《教育部关于实施卓越教师培养计划的意见》内容中提及,要"培养一大批师德高尚、专业基础扎实、教育教学能力和自我发展能力突出的高素质专业化中小学教师"②,该计划从师德发展、专业知识、教学能力和专业发展四个角度对卓越教师给予了政策层面的框定,同时该文件隐喻着只有教师在以上四方面都实现高素质发展时,该教师才能被称为卓越教师。2018 年 9 月,《教育部关于实施卓越教师培养计划 2.0 的意见》中指出,要通过卓越教师培养,"造就一批教育情怀深厚、专业基础扎实、勇于创新教学、善于综合育人和具有终身学习发展能力的高素质专业化创新型中小学(含幼儿园、中等职业学校、特殊教育学校)教师"③,该政策在原有政策基础上进一步深化了卓越教师的内涵,将"创新"能力纳入卓越教师专业能力之中,突出了当今社会对创新的需要。2019 年 7 月,《中共中央 国务院关于深化教育教学改革全面提高义务教育质量的意见》中指出,要重视教师加强差异化教学和个别化指导等公平素养,按照"四有好老师"标准,建设高素质专业化教师队伍④,该政策仍旧延续了前序政策文本内

---

① 许慎. 说文解字 [M]. 李伯钦,注. 北京:九州出版社,2012:152.
② 中华人民共和国教育部. 教育部关于实施卓越教师培养计划的意见 [EB/OL]. (2014-08-19) [2023-10-23]. http://www.moe.gov.cn/srcsite/A10/s7011/201408/t20140819_174307.html.
③ 中华人民共和国教育部. 教育部关于实施卓越教师培养计划 2.0 的意见 [EB/OL]. (2018-10-11) [2023-10-23]. http://www.moe.gov.cn/jyb_xwfb/s5147/201810/t20181011_351107.html.
④ 中共中央、国务院. 中共中央 国务院关于深化教育教学改革全面提高义务教育质量的意见 [J]. 中华人民共和国国务院公报,2019 (20):6-10.

容,强调卓越教师是在理想信念、师德师风、专业知识和教学技能等方面表现出众的一类人。虽然我国各项政策并未给予卓越教师群体以标准化界定,但是从各类教师教育文件可知,卓越教师必须是具有高尚德行、扎实能力、良好素养并能对学生和教师队伍产生积极影响的高素质、专业化、创新型教师。因此,卓越教师的专业成长,即指以教师个体在专业领域内强烈的自我发展意识为核心,以丰富深刻的实践反思、经验凝练和扎实智慧的教育科研为媒介,不断习得高超的专业知识,达成成熟高端的专业能力,推进高品质"学习共同体"建设,建构卓越的教育专业工作团队,引领同行共同高品位发展的过程。

3. 与本书相关的核心概念

基于上述论证,本书中所提及的核心概念有三个,即"卓越教师""教师专业成长"和"卓越教师专业成长"。因此,在借鉴先前研究和政策文本对上述概念界定的基础上,本书提出如下操作性定义。

(1) 卓越教师

基于以上内容可知,本书中的"卓越教师"包含三个层次的含义。第一,狭义层面的卓越教师是指在标准化考核之下,超越传统新手教师、成熟教师阶段,达到卓越教师专业标准的一类教师。他们的各项成绩评定均处在标准之上,各项考核成绩优异,能形成较好的榜样示范效应。第二,广义层面的卓越教师是指以崇高的师德为首要要求,在专业能力上能发挥领头雁、风向标的作用,具有深厚的教育情怀、扎实的专业基础、创新性的教学意识,善于综合育人和具有终身学习发展能力的高素质专业化创新型教师。第三,发展层面的卓越教师是具有不断提高自身修养、不断完善自我和超越自我的终身学习精神,能营造出良好的教学氛围,在青年教师专业成长过程中发挥领头雁、风向标的作用,并且有利于学校良性循环发展,具有前瞻性并不断成长发展的教师。具体而言,本书中所指的卓越教师即体现上述核心意涵的、深圳市所评选的获得"年度教师奖"和"年度教师提名奖"的一线教育工作者。

(2) 教师专业成长

"教师专业成长"指教师个体的专业成长。2012 年,我国颁布了《中学教师专业标准(试行)》,其中将教师专业分为专业理念与师德、专业知识和专业能力三个维度。[①]"成长"是指事物由不成熟逐渐走向成熟,是事物内在发

---

① 教育部办公厅. 教育部办公厅关于印发《中学教育专业师范生教师职业能力标准(试行)》等五个文件的通知[J]. 中华人民共和国教育部公报,2021 (06): 133-156.

展的过程。除此之外，教师专业成长不仅是一个如何成为好教师的过程，也是一个关注教师生命质量、提高教师生命质量的过程。① 综上所述，教师专业成长可以理解为教育工作者个体在长期的教育教学工作中，专业理念不断完善、师德不断增强、专业知识不断丰富、专业能力逐渐成熟的发展过程，是教师不断成长、超越自我的过程。本书中的"教师专业成长"是指教师在专业成长的各个阶段，有目的、有意识地增长教育教学专业知识、提高专业技能、反思教学实践、培养综合素质的过程，是一个终身学习与持续不断解决问题的过程，是教师的职业理想、道德、情感、社会责任感以及教师的实践能力、教学经验等不断提升、成熟、创新、进阶的过程。

（3）卓越教师专业成长

本书中，卓越教师专业成长是指教师在专业成长的各个阶段，有目的、有意识地夯实专业知识、提高专业技能、反思教学实践、培养综合素质并逐渐走向卓越的过程。卓越教师专业成长具有两方面的内涵：第一，卓越教师专业成长是指教师从新手教师、成熟教师等职业阶段发展为卓越教师的过程，是教师职业生涯发展的一般性描述；第二，卓越教师专业成长是指教师从事教育事业，通过自身努力和外部条件支持促进自身在道德品质、专业知识、教学技能、理想信念等方面达到卓越教师标准的过程，是与教师职业相关各要素通过时间和实践积累而产生根本性变化的过程。

二、卓越教师专业成长的层次

一名初任教师成长为卓越教师需要经历不同的成长阶段。20世纪60年代末，美国学者富勒通过对其编制的《教师关注问卷》进行分析，提出从关注自我到关注教学再到关注学生的关注阶段论，从关注的角度对教师专业成长进行层次划分。综合而言，卓越教师专业成长层次划分主要包含两类相互联系的研究趋向。一类主要从关注教师职业生涯角度的阶段划分，强调新入职教师到成熟教师再到卓越教师及之后的职业发展阶段。该类型的研究聚焦于"大职业"的概念，将教师职业与其他职业视为个体谋生的一种手段，强调工具性价值，看重客观的、可量化的、可测量的技术、知识、能力方面的增长所带来的职业熟练度的改变。第二类研究主要从教师专业成长角度的层次进行划分，强调教育工作作为一项复杂性育人活动具有明显的职业梯度，这种

---

① 龙红霞. 教师的主观体验及其专业成长［J］. 中国教育学刊，2018（12）：87-91.

职业梯度进阶不再是单纯的技术新手向技术老手转化的过程,而是教师个体身心发展、师德师风、教学技能等内在因素和社会评价、政策要求等外在因素共同作用的结果,要求看到教师作为"人"的存在,强调教师成长过程中的复杂性特征,明确教师专业成长存在停滞和脱离的风险。综合而言,教师专业成长按照层次可以划分为合格教师、骨干教师、卓越教师三个层次。

1. 合格教师

费斯勒借鉴人类的生命周期发展阶段理论,提出一套动态的教师生涯循环理论,该理论指出了教师职业生涯的八个阶段:职前教育阶段、入门阶段、能力形成阶段、热心与成长阶段、职业生涯受挫阶段、稳定与停滞阶段、生涯泄劲阶段、职业生涯退出阶段。教师在各个阶段塑造着不同的角色类型,在完成特定角色任务并达成社会期望的同时实现阶段的转换,是教师社会化的过程。

合格教师一般指教师经过职前阶段逐渐成长为符合教育部门规定的教师资格条件,并具备一定的教育教学能力和素养,基本能够胜任复杂教育教学工作的教师。合格教师是教师专业成长的必然阶段,关系着教师队伍建设质量的问题,因此,合格教师的概念与教师资格制度紧密相关,并逐渐从时间维度定义转向实践维度定义。由于"合格教师"身份的特殊性,各国较为关注合格教师的界定问题。英国曾为完成职前教师教育阶段训练的师范生毕业后颁发"合格教师资格",使其成为政府所定义的"新合格教师",但这仅仅意味着他们领到了从事入职培训阶段教学的"临时执照"[1],与现在所强调的"合格"尚有差距,但也在一定程度上揭示出"合格教师"包含新手教师和熟手教师两个阶段,且合格教师必须是达成国家教师标准的一类群体。

在传统研究中,一般将教龄低于三年的教师划分为新手教师[2],他们是教师队伍中稳定性较低的群体[3],许多新手教师在入职初期会遭遇期望与现实不相符的期望落差,并表现为以下四方面问题:教师角色适应困难,职责模糊不清;所学理论难以应用,教学力不从心;师生代际差异过大,学生难以管

---

[1] 许可,黄慧娟. 从"新合格教师"到"早期职业教师":英国中小学教师入职培训制度的新改革[J]. 外国教育研究,2022,49(4):93-114.

[2] 石雨晨,曹曙. 新手和熟手教师开展对话教学的比较:基于小学道德与法治课堂的干预研究[J]. 西北师大学报(社会科学版),2023,60(6):52-60.

[3] 戴伟芬,曾芯怡. 乡村新手教师高质量专业发展:能动性的发展困境与路径选择[J]. 华中师范大学学报(人文社会科学版),2023,62(4):171-181.

理；个体孤立无援，缺乏团体支持。① 同时，新手教师在与学校整体文化氛围、教育教学价值理念、身份文化、行为文化等诸方面深层次互动的同时，进一步受到学校文化、身份文化和行为文化的冲击②，从而加剧其不稳定要素。因此，学界普遍认可入职培训在新手教师成长为合格教师、优秀教师和树立终身从教理念方面的关键作用，认为其是架起职前教师教育和教师职业生涯可持续、专业化发展的桥梁，是教师走向合格的必要保障③。

熟手教师则是新手教师专业成长的进阶，他们是具有较丰富的教学经验、能较好把握教育环节、具备一定教学技能和教育理想的一类教师④。熟手教师是教师群体的主流，是教师专业化成长的重要环节⑤，其职业生涯更加成熟，能有针对性地改进工作所面临的诸多问题⑥，因而其更符合现代意义上的"合格"定义。

2. 骨干教师

"骨干教师"一词在20世纪60年代便已在我国有关政策文本中出现，进入21世纪后则被赋予新的意义，目前已形成从国家级到地方多层次的骨干教师体系，相应的选拔标准尽管呈现出一定的层级或区域差异，但通常都围绕资历等关键要素展开⑦。学界目前对骨干教师尚未形成一致性概念，从量化测评的角度来说，中小学骨干教师是在专业发展、学习发展、个人发展、组织发展等方面的平均值高于中间临界值，但各个方面以及每个方面内部不同指标的发展水平存在一定的差异⑧的一类教师，他们在教学方面表现出色，能有

---

① 李臣之，郑涵. 权变理论视角下新手教师的期望落差及其消解 [J]. 中国教育科学（中英文），2022，5 (6)：87-96.

② 闫建璋. 新手教师的文化冲击及其调适：基于角色转变的视域 [J]. 齐鲁学刊，2022 (2)：87-95.

③ 翟云秋，程晋宽. 芬兰教师何以优秀：基于芬兰新手教师同伴小组指导模式的分析 [J]. 比较教育研究，2021，43 (4)：19-25.

④ 王丹艺，于泽元. 不同成熟度小学数学教师的师生对话比较研究：基于课堂实录的分析 [J]. 教育科学研究，2017 (12)：72-77.

⑤ 袁怀敏. 成熟型教师二次成长路径研究 [J]. 中国教育学刊，2013 (S3)：102+105.

⑥ 杨虎民，汪明. 小学特岗教师职业生涯成熟度的调查及其影响后果的研究 [J]. 教育研究与实验，2012 (5)：79-83.

⑦ 崔杨，蒋亦华. 中小学教师专业成长的阶段划分及相应标准建构 [J]. 湖南师范大学教育科学学报，2020，19 (3)：80-86.

⑧ 陈丹，涂艳国. 中小学骨干教师发展何以持续：基于W市骨干教师的调查 [J]. 教育研究与实验，2022 (1)：84-89.

效运用各类教学技能，形成自己的教学风格，基本具备专家型教师特质①。综合来看，骨干教师一方面是学校教师队伍中较为稳定的一类群体，另一方面则是具备明显群体辐射作用的个体。骨干教师在提升教师群体专业发展、引领教师团队行动以及引导教师群体文化建构②等方面有着积极作用。因此，骨干教师在一定程度上处于向教育管理者身份过渡的阶段，其专业成长发生着从单一教学技能增长向教育理念扩充和教育管理能力提升的转变。有研究指出，较普遍的认知是我国的骨干教师在事实上充当了教师领导角色③，他们不仅在开发课程与教学、参与管理任务、帮助与支持其他教师、成为沟通桥梁方面发挥领导角色，而且在共享专业知识与教学技能、塑造积极的学校文化、发挥教师的创造力方面起引领作用。④因此，从合格教师阶段发展而来的骨干教师实际经历了一系列专业成长过程，实现了自我职业蜕变，由传统的教学实践者身份发生了深度的转换，强化了自身领导能力，为成长为卓越教师奠定了基础。

3. 卓越教师

卓越教师是政策指导下的产物，从政策话语向学术话语转换的逻辑来看，政策概念无需清晰的概念边界，只需能准确传递政策价值即可；但作为学术分析话语概念需要明确学理框定，清晰直接地勾勒概念边界，保证学术概念的准确性与科学性。⑤学界对于何谓"卓越教师"尚未形成一致性概念，但总体而言，概念的研究紧紧围绕着能力结构、品质特征、人际关系、知识体系、情谊素养、自觉水平六方面展开⑥。

首先，卓越教师是具有高尚师德和道德情操的一类教师。卓越教师强调，

---

① 王丹艺，于泽元. 不同成熟度小学数学教师的师生对话比较研究：基于课堂实录的分析 [J]. 教育科学研究，2017（12）：72-77.

② 王绯烨，洪成文. 骨干教师对教师群体的作用和影响：基于教师领导力视角的个案探讨 [J]. 首都师范大学学报（社会科学版），2019（4）：168-177.

③ 王绯烨，洪成文，萨莉·扎帕达. 骨干教师领导角色的认知研究 [J]. 教师教育研究，2017，29（5）：58-63+80.

④ 曹珺玮. 骨干教师的领导角色研究：基于对我国JN市两所初中的案例研究 [J]. 教育科学研究，2017（8）：83-86.

⑤ 柳海民，杨宇轩，张晓梅. 优质均衡：义务教育发展的时代转换、学理阐释与现实指向 [J]. 现代教育管理，2023（10）：1-11.

⑥ 邓桢钰，易凯谕，钟志贤. 卓越教师特征画像研究：质性分析的视角 [J]. 中国远程教育，2022（05）：64-75.

为"人师"者,"君道"和"师道"互通[1],是教师规范伦理、责任伦理和美德伦理的融合与统一[2]。

其次,卓越教师是各方面能力均衡发展的教师。研究发现,教学能力是卓越教师实力的核心内容,该能力集中表现为教师综合能力,通过师生互动表现出来,并具体表现为具有独特的教学理念和教学个性、具有宽广的知识视野并能够有效整合、具有较强的课程开发能力并推动课程改革[3]。

再次,卓越教师是具有高尚的品质特征且随着时代发展而不断丰富其内涵的一类人。从教育核心环节来看,卓越教师的共同特质是多方面的教学创新能力和积极的学生观[4],同时卓越教师具有其独特的内生力及外延辐射引领力[5],这些物质和能力共同建构起卓越教师的品质。

最后,卓越教师是角色期待和角色实践共同形塑的结果。[6] 卓越教师一方面善于建立良好的社会关系网络,将更多利益主体纳入关系之中,成为关系的建构者和利益调和者;另一方面,卓越教师善于与学生建立亲密的师生关系,强调师生关系中的张力及其体验、思考、概念化和协商的方式。因此,卓越教师发展可以被视为静态和动态两个层面相复合的概念。

从静态层面看,"卓越教师"是对以往"优秀教师"等称号的迭代超越,是相较"超逾伦匹"的新状态、新发展或新阶段,即与其他教师相比,卓越教师在各个方面都显得卓尔不群[7];动态层面指教师内心怀有崇高的教育理想,并且在教育行动过程中促进自我不断地向更深、更高、更精的方向发展的过程。

---

[1] 郑星媛.学为"人师":儒家教育经典的"为师"话语之析与传统教师发展之道[J].中国人民大学教育学刊,2023(05):168-180.

[2] 赵虹元.论教师的善性伦理及其实现[J].教师教育研究,2019,31(3):13-19..

[3] 施雨丹,卢晓中.论卓越教师的素质构成:基于广州市中小学教师的访谈分析[J].中国教育学刊,2015(9):92-96.

[4] 刘润锌,王洁.全球卓越教师有何特质:透视"全球教师奖"获奖者的秘密[J].上海教育科研,2021(11):22-27.

[5] 张兆芹,张丽霞,钟淑林.卓越教师的七大特质及影响因素探究:基于深圳市"年度教师"及相关人员的访谈分析[J].教师教育学报,2022,9(3):45-56.

[6] 胡睿,朱梦华,宁波.社会角色理论视域下的卓越教师角色定位:基于"全球教师奖"候选人的扎根理论编码分析[J].教师教育学报,2023,10(6):30-38.

[7] 邓祯钰,易凯谕,钟志贤.卓越教师特征画像研究:质性分析的视角[J].中国远程教育,2022(5):64-75.

三、卓越教师专业成长的内容

国内外有关教师专业成长的研究已经十分丰富,对卓越教师专业成长的研究也迅速丰富起来。综合而言,卓越教师专业角色转变、卓越教师专业理念扩充和卓越教师专业知识增长是卓越教师专业成长的重要方面。

1. 卓越教师专业角色转变

受创新型社会发展的驱动,卓越教师的角色并非一成不变,而是表现为一种开放与超越的动态过程,是在自我肯定与否定中实现自我的教师。[①] 新时代,卓越教师的"教书匠"角色形象发生转变,他们摆脱了单一的"知识传授者"的角色任务,转向"教育变革者""教育创新者""教育领跑者"和"教育反思者"多重角色任务,承担起更多教育责任和社会职责,形成了以点带面的辐射效应。在角色转变过程中,卓越教师一方面持续发展自我多重角色身份,促成自我职业蜕变,另一方面在自我成长进程中持续推动教育教学朝着高质量发展,通过下乡支教、成立工作室、师徒结对等方式深度参与基础教育优质均衡发展建设。综观当前研究,卓越教师角色仍处于不断扩充之中,在新时代,尤其是智能时代,卓越教师角色形象尚未形成统一认识,由卓越教师角色转型所引发的卓越教师任务有待进一步研究。

首先,新时代卓越教师"是超越传道、授业、解惑阶段教师队伍中的佼佼者"的观点已经被社会各界认可,卓越教师是超越传统知识传授型教师形象的引领人类进步、社会发展、国家强盛、民族振兴的愿景型领导者。[②] 愿景型领导者具有创造并沟通事务预想状态的前瞻能力,这种能力能够澄清当前形势并诱发对更好未来的承诺。愿景型领导者并非拥有超越他人知识、智慧或权力的神秘个体,他是能够清晰阐释学校现实状况以及未来应该成为什么样子的人,也是能将这种前瞻性洞见付诸行动,从而推动学校超越生存意义以实现可持续健康发展的人[③]。因此,作为学校优秀教师代表的卓越教师,首先是具有顶层建设能力的愿景型领导者,他们能准确捕捉教育发展动态,迅速找到学校发展症结,运用前瞻性眼光和扎实理论知识指导学校发展,实现

---

① 王志广. 谈卓越教师评价指标体系的构建 [J]. 教育理论与实践,2013,33 (32):28-31.
② 陈志利. 愿景型领导者:新时代卓越教师的角色本质 [J]. 教师发展研究,2018,2 (3):53-58.
③ 陈志利. 国外学校愿景型领导研究分析 [J]. 比较教育研究,2015,37 (3):65-69.

学校跃迁。

其次,新时代卓越教师应是超越墨守成规的教师形象,积极探索教育实践、促进教育发生根本性变革的主动担责者或先行领跑者。教师并非庞大繁复教育体制中的一颗无足轻重的螺丝钉,而是创造、塑造和推动教育现实的巨大力量。① 在教育变革进程中,卓越教师角色应是超越了标准化、竞争化和工具化的角色要求,深度复合为工匠、实践者和变革者②,未来教育变革必须依赖于教师力量,即依赖于教师教育力与变革力的实践统一,体现为教师变革者身份的自我塑造和实践中批判教育学的自觉建构③。

再次,立足于中国特殊的乡村建设现实需要,卓越教师应承担起"乡村民众教育者、乡村文化塑造者、乡村社会治理者、乡村经济建设者、乡村生态维护者"五重角色④。乡村卓越教师始于乡土情怀的信念,基于累积储势的学识,成于富厚底蕴的能力,工于破茧成蝶的格局⑤,进言之,坚定的乡村教育信仰、精准的政策激励措施、深厚的学校建设文化及乡村与社会的深层嵌入共同形塑了卓越教师的乡村发展形象。⑥

最后,数字智能时代卓越教师应是直面教育数字化变革的"数字化胜任者"⑦和"创新实践者"。一方面,智能技术赋能的智慧教师是智能时代卓越教师发展的必然趋势⑧,在具体落实教育数字化战略、创新数字化教育理念、探索数字教育模式、发挥教育新基建效用、培养高质量数字化人才等方面,还需要一支执行能力强、可胜任数字化教育工作的卓越教师队伍⑨;另一方

---

① 程红艳,陈银河.教师成为教育变革者:中国卓越教师培育的应有之义[J].山西师大学报(社会科学版),2020,47(2):88-94.
② 程红艳,陈银河.教师成为教育变革者:中国卓越教师培育的应有之义[J].山西师大学报(社会科学版),2020,47(2):88-94.
③ 刘远杰.学校教育变革的历史逻辑:教师的力量[J].教育学术月刊,2020(5):22-31.
④ 刘佳.乡村振兴时代的卓越乡村教师:角色与素质能力[J].教师教育研究,2022,34(3):68-76.
⑤ 周明星,荆婷.乡村小学卓越教师特质及其影响因素:基于湖南省43所乡村小学的调查[J].教育研究与实验,2018(4):62-69.
⑥ 王伟,唐文静.乡村教师何以坚守且卓越:基于四位乡村卓越教师的叙事分析[J].教师教育研究,2023,35(2):69-76.
⑦ 任友群,杨晓哲.数字化胜任力:信息时代不可或缺的能力[J].中小学数字化教学,2017(1):22-24.
⑧ 邓祯钰,易凯谕,钟志贤.卓越教师特征画像研究:质性分析的视角[J].中国远程教育,2022(5):64-75.
⑨ 郑旭东,李荣辉,万昆.略论基础教育教师队伍数字化转型[J].中国电化教育,2023(2):60-66.

面，数字化时代更需要教师具有较高的创新素养与能力，打造能够担当"创造性教学"和"为创造力而教"的双重使命的高素质专业化的创新型卓越教师队伍作为保障①。因此，智能化时代卓越教师必然转向"数字化胜任者"和"创新实践者"的复合，深度推进教育数字化转型，促进创新型人才培养。

由此观之，卓越教师角色早已超越"教书匠"的单一知识传递专精者的角色形象，并在社会持续发展中呈现出多样化态势。卓越教师角色一方面来自社会塑造，另一方面来自自我形塑，呈现出多样性和统一性之间的深度耦合。同时，随着乡村教育振兴战略、教育数字化转型、强师队伍建设等关键性政策文本的全面推行，卓越教师角色存在着发展和深化的趋势，进一步凸显了卓越教师的发展性特征。

2. 卓越教师专业理念扩充

卓越教师之所以卓越，必定有其鲜明的专业理念。卓越教师专业理念是指在日常教学工作中，卓越教师在精神、师德、理想等方面表现出的不同于合格教师、骨干教师的特征。综合而言，卓越教师的理念发展主要体现为独特的内生力及外延辐射引领力②两个方面。具体而言，卓越教师的专业理念发展包含自我意识、师德师风、学习需要、自我反思和引领示范五个方面。

第一，卓越教师秉持着自觉向上的进取精神。卓越教师个人精神特质是促进卓越教师发展的必要动力，尤其是在专业发展的制度性环境中，宏观社会环境退居其次，教师个体内心变化深刻影响着卓越教师专业发展③。卓越教师个人向上发展的进取精神集中表现为自觉自主地探究教育问题、积极果敢地尝试教育研究、坚持不懈地促进专业成长等关键方面。

第二，卓越教师践行着崇高无私的师德师风。良好的师德师风是教师专业发展的首要要求，它强调教师在专业化成长过程中秉承公正与关爱并重原则，在实践中不断促进自我道德生长，成为新时代的师德践行者和示范者。崇高无私的师德师风集中表现为热爱学生、公正民主、充满关怀、积极向上

---

① 李广平. 新时代创新型教师：内涵、特征与培养［J］. 东北师大学报（哲学社会科学版），2022（2）：135-140.

② 张兆芹，张丽霞，钟淑林. 卓越教师的七大特质及影响因素探究：基于深圳市"年度教师"及相关人员的访谈分析［J］. 教师教育学报，2022，9（3）：45-56.

③ 范雪贞，陈晓凤，邹小丽. 卓越教师的专业成长研究：环境、特质与路径：基于粤西卓越教师的调查［J］. 课程教学研究，2015（2）：16-22.

等优良特质。

第三，卓越教师怀有持续学习的内在需要。随着社会知识快速积累和发展，学习成为教师专业发展的内在要求，卓越教师正是在不断学习中实现专业卓越发展的个体。卓越教师持续学习的内在需要具体表现为持续不断地发现自我专业知识不足，将专业学习、知识学习和技能学习整合视为自我发展的核心要求，以内在驱动的方式促进自我学习。

第四，卓越教师具备良好的反思性实践能力。反思性实践是"卓越未来教师"的核心品质①，是凝聚了认知、行动、省思、伦理特性的概念②。教师反思性实践是教师认识自我和专业成长的关键手段。卓越教师反思性实践特质集中表现为教师对知识、教学、自我和关系的深度反思，并以反思促进自我实践方式变革。

第五，卓越教师发挥着良好的示范引领作用。卓越教师因其出色的个人特质而被社会和学校赋予了必要的示范作用，他们以自我经历讲述和教学公开示范等形式展示自我成就，塑造示范形象，再通过师带徒、教师培训等具体方式将卓越经验予以传播，成为教师群体中关键的引领者。卓越教师良好的示范引领特质集中体现为卓越教师在日常工作、生活中所表现出的稳定的、值得其他教师学习的特质，并通过多种方式传递这些特质，引领其他教师实现自我发展。

3. 卓越教师专业能力发展

卓越教师专业成长需要持续促进能力结构的完善。在传统研究中，卓越教师专业能力多指向教师教学能力，突出卓越教师作为一线教师在教学技能等方面超越他人之处。但随着数字化社会和新时代的来临，卓越教师专业能力发展也伴随着多样化扩充的趋势而持续扩展。

第一，专业成长过程中，卓越教师师德修养与反思能力明显提升。从骨干教师向卓越教师发展的过程中，教师的师德反思能力明显提升，他们拥有较强的教育使命感，能够在日常工作生活中强化自我师德修养，在教育教学中反思自我专业成长，客观理性分析自我不足并提出行之有效的解决策略。

---

① 尹坚勤，田燕，陈华."反思性实践者"：新时期学前教师教育特征解构与路径探讨［J］. 江苏高教，2019（12）：49-54.

② 苟顺明，王艳玲. 论教师成为"反思性实践者"［J］. 学术探索，2013（4）：135-139.

第二，专业成长过程中，卓越教师的教学能力发生着从单一技术熟练向技术反思的转变。教师的教学能力包括对课程标准和教材的解读能力、教学资料选择能力、教案设计能力、课堂讲授能力、教学效果的检测与评价能力、教学过程的自我监控能力等，[1] 教师在从骨干教师向卓越教师成长的过程中，上述能力不断发展精进，教学具有更强的灵活性和目的性，学生成为教学过程设计的核心，其过程自我监控等能力得到长足发展。

第三，专业成长过程中，教师对知识的把握和学习能力有效提升。卓越教师通过不断的专业成长过程促进知识能力结构完善。现有研究指出，卓越教师专业知识包括学科视野、通识性知识、学科内容知识、课程知识、教学中的技术知识、教学法知识、反思与职业规划及管理和沟通[2]八个基本方面，同时随着数字化时代的到来，数字化知识的学习与运用被纳入卓越教师专业知识体系之中[3]。卓越教师正是通过不断的自我反思、学习和实践来提升专业知识的把握和学习能力，进而促进这九方面知识实现均衡发展。

第四，专业成长过程中，教师教育管理能力显著提升。教育管理能力提升是教师从骨干教师走向卓越教师的关键性特征，教育管理能力的提升预示着教师从教育执行者转变为教育管理者，凸显着教师的实践智慧。卓越教师通过大量的实践经验积累提高教育管理能力，促进自我专业成长。

第五，专业成长过程中，教师学术研究能力显著提升。学术研究能力是教师在走向卓越过程中获得实践性知识、促成行动经验转化为普适理论的必要素养。卓越教师通过发展自我学术研究能力，强化对教学、课程、学生、自我和教育组织的关注，借由观念、知识、研究、交流、自由[4]这五项关键学术能力要素实现自我学术能力跨越，促进自我身份转化。综合而言，卓越教师专业能力发展体现了一种动态性特征，它强调卓越教师是处在不断成长进程中的个体。在此阶段，卓越教师通过能力的不断发展和理念的不断扩充实现着自我身份的转换。因此，卓越教师的师德反思能力、教育教学能力、知

---

[1] 何杰. 卓越教师核心能力的实然框架与培养举措[J]. 教学与管理，2022（9）：47-49.

[2] 徐鹏，王以宁. 整合技术的卓越教师知识能力结构研究[J]. 中国电化教育，2020（2）：89-93+101.

[3] 赵凌云，胡中波. 数字化：为智能时代教师队伍建设赋能[J]. 教育研究，2022，43（4）：151-155.

[4] 朱炎军. 高校卓越教师教学学术能力的结构模型研究：基于扎根理论的研究方法[J]. 高教探索，2021（7）：57-64.

识把握能力、教育管理能力和学术研究能力是相互协同进步的，具有明显的连续性特征，诸多能力的发展也共同为卓越教师进一步成长奠定了坚实的基础。

第三节　何以卓越：卓越教师专业成长的理论支撑

基于论文研究问题和当前研究现状，本书采用关键事件理论、教师发展阶段理论和社会认同理论作为研究的必要理论基础。其中关键事件理论为论文提供方法论层面的必要参照，教师发展阶段理论为本书提供必要的研究框架，社会认同理论用于解释教师专业成长过程中面临的系列问题。

一、关键事件理论

关键事件（critical incidents）是工业心理学和组织心理学中的一项研究议题，它由弗拉纳根（Flanagan）在1954年提出，而后沃克（Walker. R）等人将其引入教师职业领域开展系列研究①。关键事件被认为是教师发展的有效切入点和工具，根据概念取向的不同，关键事件可以被分为结果取向的关键事件、分析取向的关键事件和实践改进取向的关键事件。② 综合而言，关键事件的核心主导在于"人"，事件的界定是以人为主体的，事件内部隐含着人的逻辑思维和基于事件性质的价值判断，具有客观性、历史性与事实性的特点。③ 对于教师而言，教育关键事件的存在是促进自身专业成长的必经之路，只有在处理关键事件的过程中，教师才能实现专业知识的增长。

随着对关键事件的研究的系统化，弗拉纳根提出的关键事件法（Critical Incident Technique，简称CIT）的概念被用于美国空军心理学项目研究，此后该方法被广泛用于医疗、教育等实践领域之中，当前CIT已成为一种广泛应用的定性研究方法，是一种有效的解释工具和研究工具。④ 从教师发展角度

---

① 张伶俐，张文娟. 基于关键事件的云共同体群体情感连接研究［J］. 外语电化教学，2022（6）：21-25＋104.
② 宋维玉，秦玉友. 教师发展研究中关键事件的三重内涵［J］. 现代教育管理，2016（12）：40-45.
③ 陈飞，李广. "关键事件"何以助力实习教师专业成长［J］. 现代教育管理，2017（9）：75-80.
④ 苏红. 关键事件：抵及教师专业发展的核心［J］. 教育科学研究，2011（11）：67-70.

而言，关键事件法的运用包含两方面基本的作用：第一，关键事件法为教师研究，尤其是教师成长发展的研究提供了必要的研究突破点。传统以深度访谈为主的质性研究强调对教师生命历程的完整叙事或阶段历程的深入勾勒，导致获取的材料多且杂，缺乏必要的立足点。但关键事件法关注教师成长整个阶段的特定事件，强调教师发展进程中关键事件中的成长性要素，将典型事件从繁杂冗长的个人叙述中抽离出来，更易于发现教师成长的关键经历。第二，关键事件法在于深描和挖掘教师专业成长的关键事件，通过对信息的采集和分析，不断建构出一个立体化的教师形象，进而深刻阐明教师专业化途径。传统的研究侧重于构建一个"扁平化"的个人，暗示教师是在一次次散点状的事件中成长起来的，然而现实却是教师成长具有明显的阶段性和连续性特征，且连续性是构成教师发展的核心特征。关键事件法通过对关键事件前后的深入分析立体呈现事件全貌，关注更多与事件相关的利益共同体成员对事件发展的影响，通过抽取信息、凝聚信息、深度概括的方式将教师成长重新置于更大的社会交互环境中，从自我和社会化两个方向、从作为个体和作为职业两个角度建构起完整的教师成长路径。

二、教师专业发展阶段理论

教师专业发展是教师职业专业化的重要表现，由于教师职业具有确立并自觉遵守本工作领域伦理纲领、系统而明确的专业知识结构、长期专门训练而形成的娴熟的专业技能和教学能力的本质性特征，[①] 所以教师专业化发展才是一个真实存在的研究问题，其阶段划分研究才具有了理论探讨空间和实践指导意义。教师专业发展阶段理论是指教师专业发展是一个连续性、渐进性、持续性的过程，在此过程中，教师专业知识、职业技能、教育理念、师德师风均发生着阶段性的变化，多种因素共同复合促进了教师专业成长。教师专业发展阶段理论可以追溯到富勒（Fuller）在20世纪60年代所编的《教师关注问卷》（Teacher Concern Questionnaire），该问卷关注到教师关注状态随着专业发展的持续性变化过程，指出教师关注包含任教前关注、早期生存关注、教学情境关注、关注学生四个相互联系的阶段。以上四个连续性阶段从单一角度揭示出教师发展具有明显的阶段性特征的观点，以教师关注对象的差异

---

① 史宁中，柳海民. 教师职业专业化：21世纪高师教育持续发展的生命力［J］. 高等师范教育研究，2002（5）：28-34.

为教师职业发展阶段划定提供突破口，扭转前序研究中将教师专业发展视为一个连续不可分割、可感知不可描述的模糊性观点，为教师专业发展提供了更多可供研究的空间。随后，关于教师专业发展阶段理论的研究日益丰富，卡茨（Katz）的教师发展时期论、伯顿（Burden）的教师发展阶段论、史德菲（Steffy）的教师生涯发展模式论、费斯勒（Fessler）的教师生涯循环论、格拉特霍恩（Glatthorn）的教师发展影响因素论、伯林纳（Berliner）的五阶段发展观、斯腾伯格（Sternberg）的原型发展观[1]等理论的提出极大丰富了关于教师发展阶段划分的理论路向，为后续研究提供了丰富的理论框架。

但是，以上的分析框架过于聚焦教师专业化发展中的某一要素，无法完整勾勒教师发展的阶段性特征，且理论的构建都是以西方心理学、社会学研究为背景，对中国本土化情境，尤其是中国特有的乡土社会、城镇化进程、家国同构的社会背景考量不足。同时，以上理论存在着过分关注教师外在标准建构、忽视教师内在专业结构的倾向，难以直接对教师专业发展产生深层次的影响。因此，叶澜教授在深入分析和整理国外关于教师专业发展阶段理论的基础上，将研究视野聚焦于教师自我发展角度，结合中国独特的社会背景和发展现实提出了教师心理、社会和专业发展交互作用的教师专业发展阶段划分标准。叶澜教授将自我发展的教师专业成长划分为"非关注阶段""虚拟关注阶段""生存关注阶段""任务关注阶段""自我更新关注阶段"[2]。该教师专业发展阶段划分关注到教师作为社会个体的社会背景关系，将"非关注阶段"从入职初期向前推移至教师孩提时代，引入了"从教意向者"的概念[3]，强调这一非职业专门发展过程的阶段虽不能直接剖析教师发展的必然路径，但对那些后来的确真的从教的人来说具有重要意义。而后，我国研究中进一步关注教师情感[4]、自我效能[5]、时域[6]等关键要素对教师专业发展阶段

---

[1] 胡云飞.教师发展路向的批判话语分析[J].教育发展研究，2005（7）：70-73.
[2] 叶澜，白益民，王枬，等.教师角色与教师发展新探[M].北京：教育科学出版社，2001：278-302.
[3] 叶澜，白益民，王枬，等.教师角色与教师发展新探[M].北京：教育科学出版社，2001：278.
[4] 王凤英，柳海民.走向以"情"为根基的教师专业发展[J].教师教育研究，2012，24（3）：22-25+16.
[5] 郝丽.教学效能感视角下教师专业阶段发展路径研究[J].教育理论与实践，2015，35（13）：38-41.
[6] 董辉，饶从满.时域：教师发展的视域[J].黑龙江高教研究，2014（12）：75-77.

划分的影响,弥补了既有研究中对情感、时空等特殊要素研究不足的状况。

三、社会认同理论

社会认同理论被认为是社会心理学两大宏论之一,它由泰弗尔(Tajfel)和特纳(Turner)于1978年创建,其特色是从个体与群体、宏观与微观、感性与理性相结合的角度,揭示群际关系的内在心理机制[1]。社会认同(social identity)实质是指个体认识到自己属于某个特定的社会群体的同时能有效意识到社会群体为他带来情感方面和价值层面的意义。社会认同理论认为,群体中的个体所拥有的视角、观点和实践并非脱离社会而独立存在,而都是从他们所属的群体中获得的,这些群体不以个人意志为转移,而是客观存在的。社会认同理论通过社会分类、社会比较、社会认同和积极区分四个相互关联的概念勾勒出个体社会认同的过程。进而言之,泰弗尔借助社会分类的概念解释了个体是如何通过寻找成员共同点和不同类别差异性的方式将自我与他者归为一类并逐渐明晰边界的过程。通过社会分类,群体自然触发了社会比较,通过内外群体比较,成员自然获得了关于社群要素的比较结果和个体从属社会群的合理性判断。

社会比较带来两方面结果:一方面,比较的结果在一定程度上引发群体内成员的认同感,并且随着比较的持续,认同会发生变化,社会认同也会发生改变;另一方面,社会比较通过促进社会成员获得积极体验的方式获得一个积极的区分,并形成正向积极认同,进一步维护自我社会认同,但也会引发群体间的竞争和各类偏见。

因此,社会认同理论便从一个客观群体心理的角度区分了我们与他们之间的差别,或内群体与外群体之间的差异。这种在认知层面把人群分为他们和我们的方式,使群体成员主观建立起与他人之间的联系,强化作为团队的社会认同感,这种共鸣会产生人们给自己的群体更多的资源和给予更积极正向的评估,并以此产生内群体偏爱现象[2]。

---

[1] 乐国安,赖凯声,姚琦,等. 理性行动:社会认同整合性集体行动模型[J]. 心理学探新,2014, 34 (2): 158-165.

[2] 陈世平,崔鑫. 从社会认同理论视角看内外群体偏爱的发展[J]. 心理与行为研究,2015, 13 (3): 422-427.

四、理论基础与本书的内在相关性

本书所选用的关键事件理论、教师专业发展阶段理论及社会认同理论三者之间对教师发展问题的解决存在着天然的内在联系,尤其通过教师专业发展阶段理论所提供的分析框架、运用关键事件理论所提出的问题分析手段可以有效划分出卓越教师成长阶段并提取卓越教师发展阶段的关键问题,借助社会认同理论所建构起的社会比较、积极区分等概念可以有效阐述卓越教师发展的现实困境和背后积累的原因。进言之,本书所选用的理论基础表现在为论文提供必要的分析框架、研究方法和问题解释途径三个层次。

首先,本书所选理论基础为论文提供了必要的分析框架。分析框架是理论研究中发现问题、解释问题、形成路径的必要方式,通过建构或借鉴合适的分析框架可以使原本处于无序状态的社会问题趋于条理化。所以,本书选择教师专业发展理论作为论文核心理论基础,强调卓越教师专业成长是一个具有阶段性特征的过程,其各个阶段所呈现出的教师共性特征共同构成了教师专业发展的关键阶段特征。因此,教师专业发展阶段理论为原始材料处理、编码、聚类提供了必要的理论支撑。

其次,本书所选用的理论基础为论文提供了必要的材料分析方法。材料的处理是影响质性研究效度的关键问题,如何在冗杂的访谈材料和观察材料中抽取关键事件、深描个案经历、提炼本土化概念是质性研究所面对的共同问题。关键事件理论所衍生的关键事件法对质性材料处理,尤其是提取关键信息有着深刻的指导作用。关键事件法通过深入了解事件原委、还原关键事件原貌、提炼关键事件要素、概括关键事件特征等一系列相互关联的方式,形成质性材料编码结果,为本书叙事研究奠定了方法层面的基础,确保了研究的真实性。

最后,本书所选用的理论基础是教师专业成长的理论支撑。这些理论不仅为教师提供了专业发展的方向,还为他们提供了实现这些目标所需的工具和策略。通过理解和应用这些理论,教师可以更好地了解自己的教学风格、学生的需求以及如何在课堂上创造积极的学习环境等内容,探索专业成长的路径。

卓越教师专业成长是个体与社会共同建构的过程,教师的职业身份是社会赋予的结果,卓越教师身份则是社会积极区分的结果。同时,中国社会是一个建立在差序格局之上的社会形态,教师职业被赋予了"天地君亲师"的极高地位,那么卓越教师如何在促进自我成长进程中实现家国同构式的职业认同与社会认同,是亟待解决的问题之一。借用社会认同理论,可以深刻揭示卓越教师专业成长进程中与团体、学校及社会的交互作用,解释自我身份认同、职业认同以及社会认同所面临的关键事件困境,进而提出完整的、具有高度针对性的教师专业成长培养路径。

第二章

研究设计

第一节　研究对象

选择研究对象的方式一般有两种：一是随机抽样（random sampling），旨在保障样本代表或反映总体的程度；二是理论驱动抽样（theory-driven sampling），旨在保障所选样本能够最大限度地包含研究指涉的相关因素。对此，费尔斯通（Firestone，W. A.）认为，质性研究的样本选择重在能够分析总结出关于研究问题的结论，并不注重其是否能够代表总体。因而质性研究通常倾向于理论驱动抽样。陈向明教授则将此种抽样方式称为目的性抽样，其意义在于帮助研究者抽取能够为研究问题提供最相关和最丰富信息的个案，从而利于研究问题的深入理解和探讨。① 因此，这种样本通常也被称作"关键案例"（critical cases）。梅耶（Meyer）认为，选择较少的个案也许并不能增加研究结论的普适性，但却可以通过比较从更深刻、更丰富的角度来理解个案。基于此，本书在选择研究对象时，采用的是理论驱动抽样的方式。本书的研究对象是卓越教师，取样定位在深圳市"年度教师"，深圳市"年度教师"评选自2015年开始，至今已累计评选出三十余名"年度教师"，考虑到样本容量，兼顾地区、学校、教师性别及所教学科等因素，最终选取其中八名作为本书的样本。

本书样本选择重点考虑以下因素：第一，地区的选择。截至目前，深圳市"年度教师"几乎遍布深圳各个区，考虑到样本的普遍性，取样尽量涉及多个区的"年度教师"，又要兼顾研究对象的配合度，由于笔者所在的南山区更为便捷，因此南山区的研究对象略多。值得一提的是，深圳市"年度教师"的评选活动的赛事规则是既定的，各区均采取"业绩初选＋现场展示"赛制，使参赛者可以全方位展示综合素养，彰显个人教育魅力。因此，笔者认为样本的区域因素对本书的影响甚微。第二，学段与教师的性别。由于小学阶段的女教师偏多，为缩小性别差异带来的误差，尽量达到男女比例平衡，其他学段尽可能选择了男教师。第三，学科因素。由于不同学科的教师专业成长路径有所差异，所以本书选择了不同学科的年度教师，尤其是在深描部分，兼顾了不同学段和不同学科，以保证样本的代表性。

---

① 陈向明. 质的研究方法与社会科学研究［M］. 北京：教育科学出版社，2002：103.

一、群描：八位年度教师

八位"年度教师"（含三位提名者）为本书的代表性样本。本书通过对这些"年度教师"的全面研究，试图抽象出"年度教师"的部分共性特征。这八位"年度教师"中的前五位是本书深描的对象，将在深描部分重点介绍，为避免重复，在此仅简要介绍后三位教师的基本情况。

①G 教师是一名小学科学老师，专业背景是现代教育技术，对信息化内容非常敏感，她认为数字资源是资源协同共享中最为适用的资源，每一位卓越教师都需要具有"数字化"能力，唯有此，方可适应走向未来的教育。G 教师曾获 2005 年宝安区"十佳教师"称号、2006 年深圳市职工技术运动会第三名，2020 年脱颖而出成为宝安区第一位深圳市"年度教师"。

②T 教师在第二届深圳市"年度教师"评选中获得提名奖，T 教师是一名小学语文教师，在课程改革方面取得了突出成绩，最擅长的是"语文课堂小组合作"以及小学课堂的"游戏化学习"。在她看来，课改的重要目的就是唤起学生对课堂的兴趣和热爱。

③W 教师在 2016 年深圳市"年度教师"评选中获得提名奖，作为历史教师，W 教师对历史学科有着自己的解读，他认为历史不是一些死记硬背的知识点，而是有温度、有力量的内容，历史应该教给学生一生有用的东西，教育不仅是知识的传授，更重要的是关注孩子的成长。

表 2-1　群描对象情况简表

姓名	性别	学历	区域	学段	学科	职称	获奖年份
S 教师	女	博士研究生	南山区	初中	生物	中学正高级	2016 年
X 教师	男	本科	南山区	职教	英语	中学高级	2018 年
D 教师	女	本科	南山区	小学	语文	小学正高级	2020 年
Y 教师	男	本科	市直属	初中	物理	中学高级	2019 年
C 教师	女	本科	市直属	高中	艺术	中学正高级	2016 年（提名）
G 教师	女	本科	宝安区	小学	科学	特级教师	2020 年
T 教师	女	本科	福田区	小学	语文	小学高级	2016 年（提名）

续　表

姓名	性别	学历	区域	学段	学科	职称	获奖年份
W教师	男	硕士研究生	龙华区	高中	历史	中学高级	2016年（提名）

二、深描：五位年度老师

在对八位"年度教师"（含三位提名者）群描的基础上，遵循异质性原则，从中选取了五位教师进行深描，深入挖掘五位"年度教师"的成长经历、内在追求、个性特征、专业成长、关键事件，以揭示卓越教师成长的路径。这五位"年度教师"的个人情况如下。

①S教师获得2016年深圳市14万教师中唯一的"年度教师"称号，自2001年到深圳市南山区工作至今已有二十余年，从一名新手教师到九年一贯制学校的书记、校长，再到深圳市劳动模范、广东省五一劳动奖章和全国五一巾帼标兵称号获得者，她是深圳市最年轻的中学正高级教师，被称为深圳市教师队伍建设最典型的卓越样本。S教师从骨干教师、精英教师到"年度教师"，一路成长进步，带领创校团队围绕"建设未来学习中心"的理念，开展了一系列创新教育的探索和实践，致力于培养适应和引领未来的创新型人才，曾带领新建学校获评"深圳教育创新示范校""首批减负提质实验校""深圳市十大新锐学校"等称号；现正带领一所62岁的老学校旧貌换新颜。2023年10月，她作为中国工会第十八次全国代表大会代表赴北京人民大会堂参加了盛会。S教师的卓越成长历程无疑为众多青年教师成长进步树立起了典范与标杆。

②X教师是一名职业学校的英语教师，曾先后获得区首届骨干教师、首届榜样教师、深圳市中职学校"教学七认真"优秀教师、深圳市高考英语学科先进个人等荣誉称号。X教师主编、参编包括国家21世纪规划教材在内的教材教辅类书籍共计15本，获得国家、省、市、区级各类比赛一、二、三等奖16次。X教师摸索出一套有效的职教育人模式：以英语教学为支点，构建5C能力培养模型，即Collaboration（合作精神）、Competition（竞争意识）、Creation（创新能力）、Critical Thinking（批判性思维）、Cross-Culture Vision（国际视野）能力培养模型。在2018届高职高考中，由X教师主抓的高三年级高考上线率达99.37%，6名学生总分排名进入广东省前100名，9

名学生数学单科满分,另有51人通过了高职院校的自主招生考试。X教师是教学能手、科研高手,其专业成长经历具有独特性。

③D教师来自新疆,19岁参加工作,29岁晋升为小学语文高级教师,31岁被选派参加首批教育部跨世纪园丁工程中小学骨干教师国家级培训,2002年来到深圳继续耕耘不辍,2020年当选南山区"年度教师",同年当选深圳市"年度教师"。D教师热衷于创新语文教学,阅读和研学是D教师教育教学活动中最鲜明的特色,她用"图书馆阅读+实验室写作"的跨学科培养模式,努力点燃学生创新思维的火花,提升学生的人文科学素养。

④Y教师是一名中学物理教师,从教37年,2013年赴新疆喀什支教,担任支教队伍副队长。胸怀教育热忱,勇于创新,敢于实践,努力探索针对最后三分之一学生的教育教学方法。连续多年被评为S中学的先进教师、优秀班主任,是S中学非常受学生欢迎的教师。2019年获评深圳市"年度教师"。

⑤C教师是一名高中舞蹈教师,是深圳市G中学学生舞蹈团创始人、艺术总监。先后被评为教育部全国学校艺术教育工作"先进个人"、教育部全国中小学艺术特聘专家,在广东省文明办、省教育厅共同组织的"寻找'最美教师'"活动中,10位教师从全省120多万中小学教师中脱颖而出,获得"最美教师"称号,C教师是深圳市唯一获此殊荣的教师。

表2-2 深描对象情况简表

姓名	性别	学历	区域	学段	学科	职称	获奖年份
S教师	女	博士研究生	南山区	初中	生物	中学正高级	2016年
X教师	男	本科	南山区	职教	英语	中学高级	2018年
D教师	女	本科	南山区	小学	语文	小学正高级	2020年
Y教师	男	本科	市直属	初中	物理	中学高级	2019年
C教师	女	本科	市直属	高中	艺术	特级教师	2016年(提名)

三、关于三位提名教师的说明

本书所选的八位"年度教师"包含了2016年获得提名奖的三位教师,这与评选制度的变化有一定关系,在此需特别说明。深圳市"年度教师"评选自2015年开始实施,在评选前两年,每年评选产生一位"年度教师"和五位"年度教师"提名奖。2017年至2023年,"年度教师"名额从过去的一位增至五位，即将原有的提名奖获得者纳入正式"年度教师"行列。九年的时间里，深圳市教育局不断完善"年度教师"的评选方式，评选产生的"年度教师"更加贴近教师成长和评价规律，更加符合大家心目中"好老师"的标准。尽管每年都是从深圳十几万计的基础教育教师行列中最终评选出前五名，但是从赛制来看，前两年的评选最为艰难，历经层层比拼，进入提名奖的教师也被公认为"年度教师"，也被颁发了近乎同等价值的荣誉，等同于2017年扩充名额后的"年度教师"荣誉价值。总而言之，这三位提名的"年度教师"的卓越程度得到了评审制度的肯定，也经受了时间的检验，其荣誉价值等同于正式的"年度教师"。

第二节　研究方法

　　研究方法的选择应与研究内容和问题相匹配，研究者需选用适用于研究对象的方法，并确保该方法能有效地解决研究问题。根据研究对象和研究问题，本书采用教育叙事研究方法，选取深圳市八位"年度教师"作为群体个案，具体采用开放式访谈、参与式访谈和非参与式访谈以及实物分析等多种方法收集信息和资料，以研究对象个人叙事为主线，以叙说内容为文本数据进行分析，从而探究"年度教师"这一群体的成长轨迹，归纳出卓越教师的专业成长路径。

　　"叙事既是一种推理模式，也是一种表达模式。人们可以通过叙事'理解'世界，也以叙事'讲述'世界。""叙事"对应的英文单词是 narrative，该词源自拉丁词 gnarus 和 narro，前者的意思是"了解"（knowing）、"熟悉"（acquainted with）、"内行的"（expert）、"熟练的"（skillful）等，后者的意思是"陈述"（relate）、"讲述"（tell）。简单地说，narrative 也就是叙述故事的意思。[1] 叙事研究作为一种研究方法被运用于教育领域，起源于北美国家。1968 年杰克逊（Jackson, PW）最早使用叙事方法对学校现场活动进行研究。1980 年，伯克（Berk, L.）提出了自传是教育研究的首要方法。北美著名研究"狐火方案"就曾经运用了口述史的方法。[2] 教育叙事，简言之就是叙述教

---

[1] 海登·怀特. 形式的内容：叙事话语与历史再现 [M]. 董立河, 译. 北京：北京出版社、文津出版社, 2005：2.

[2] 杨小微. 教育研究的原理与方法 [M]. 上海：华东师范大学出版社, 2010：205

育故事。教育叙事研究的主要理论基础有现象学、解释学以及后现代理论，它所借鉴的方法有人类学中的田野考察方法、社会学中的实地考察方法等。① 教育叙事研究作为一种科学的教育研究方法，其标志在于克兰迪宁（D. Jean Clandinin）和康纳利（F. Michael Connelly）20世纪90年代以来先后发表的《经验的故事和叙事研究》以及《叙事探究——质的研究中的经验和故事》等系列研究成果。

20世纪90年代末，教育叙事研究在我国开始兴起，我国出现了教育研究的叙事转向。丁钢教授被称为"将叙事研究方法引进中国教育界的第一人"，他把叙事研究理解为"从质化研究出发，强调与人类经验的联系，并以叙事来描述人们的经验、行为及作为群体和个体的生活方式"②。刘良华教授被称为"教育叙事研究的倡导者"，他发表过一系列文章来阐述教育叙事研究，认为教育叙事研究的意义在于提醒研究者面向事实本身或从事实本身中寻找内在"结构"，其方式一般都是"收集资料—解释资料—形成扎根理论"，重点在于分析资料并形成扎根理论。③ 无论是对教育叙事的研究还是对这种方法的运用，在许多研究领域都已得到推广。

本书采用教育叙事研究方法，聚焦八位深圳市"年度教师"在日常生活中的经历和感悟，追溯他们的成长轨迹，对其行为和经验的建构进行解释性理解。

首先，这八位教师的专业发展具有鲜明的故事特征。这八位卓越教师之所以成为"年度教师"，是因为他们有不同于其他普通教师的生活故事和关键事件，他们的经历是动态而多样的。本书将这八位"年度教师"视为群体个案，运用教育叙事研究方法，与被研究者亲密互动，走进他们的生活世界，倾听他们的故事，立体展现出卓越教师完整的专业成长过程和独有的专业生活。

其次，这八位教师的专业成长受关键事件影响较大。八位深圳市"年度教师"叙述自我成长的历程，其中涵盖职业选择、教育经历、教学活动、科研活动等一系列重要事件，能够将卓越教师的经验事件推向前台。由于教师个体的成长不可避免地受到其成长经历，尤其是求学经历和关键事件的影响，笔者在进入现场后，根据各个老师的特质进行不同的视角拓展，以求获得更

---

① 王枬. 教育叙事研究的兴起、推广及争辩［J］. 教育研究，2006（10）：13-17.
② 丁钢. 教育经验的理论方式［J］. 教育研究，2003（2）：22-27.
③ 刘良华. 教育叙事研究：是什么与怎么做［J］. 教育研究，2007（7）：84-88.

加翔实、细致的材料。

最后，教育叙事能够最大限度地表现这八位教师的专业生活的情境性、鲜活性。用叙事的方式尽可能保留教师专业生活中的情境、感受，以叙事的方式回归教育时空中各种具体的人物、环境及事件，并以此为基础展开对卓越教师个人专业生活的透视，以求提炼教育学文本所要表达的"意义"，通过对经验事实的深度描述和深度诠释，为教师成长为卓越教师提供路径。在具体操作过程中，本书重点运用个案研究法、深度访谈法、文本分析法。

一、个案研究法

个案研究法属于质的研究方法，是一种重要的教育科学研究范式。个案研究是在较长的时间里连续对某一个体或群体的行为发展变化进行具体研究的过程。个案研究法选取能够满足研究需要的较为典型的对象作为被研究者，通过直接或间接的方法，深入考察以掌握研究对象发展变化的过程和重要特征，并在分析和总结研究结果的基础上提出一些合理的措施和策略以促进其发展。

其一，个案研究法的关键是选择合适的个案。深圳市"年度教师"作为一个群体个案，是卓越教师的代表，本书选取个案研究法在卓越教师专业成长路径的研究中具有重要意义。以深圳市八位"年度教师"为个案，深入了解他们的教学生涯、专业发展和成长历程，这种深入而精细的研究方法能够提供对卓越教师专业成长路径的深刻洞察和理解。

其二，个案研究法注重数据收集和分析。本书需要通过多种途径收集多种类型的资料，包括但不限于这八位"年度教师"的个人叙事、教学记录、个人成长档案、学生评价、访谈记录以及观察记录。这些数据来源的多样性有助于全面解读教师成长过程中的各个方面。在资料收集的基础上，研究者需要进行深入的分析和解读。这包括对教师成长路径中的关键事件、转折点、挑战和成功因素进行深入的分析和比较。本书通过深入挖掘八位"年度教师"成长的内在机制和驱动力，理解卓越教师是如何发展出卓越的教学技能、教育理念和专业素养的。个案研究法的深度和细致度与本书完美契合，结合文本分析法，从而揭示卓越教师成长的内在机制和路径。

另一方面，选取深圳市"年度教师"作为本书的群体个案。本书欲探索卓越教师专业成长路径，需选取卓越的教师个人或团体作为研究对象。深圳市作为中国改革开放的前沿城市之一，以其经济繁荣和教育发达而著称。就深圳市教育水平而言，无论是从资源投入、改革创新还是教师队伍素质来看，深圳市教育一直被认为在中国处于领先地位。作为高素质教师队伍聚集的城市，深圳市"年度教师"评选活动自2015年开始，每年从十余万中小学教师中产生"年度教师"，评选标准包括个人综合素养、育人成果、示范引领能力和教科研水平，获得该称号的教师，既是教育界的佼佼者，也是社会的楷模，具有很高的社会声誉和影响力。

深圳市"年度教师"之所以能代表卓越教师的群体个案，其原因在于：第一，专业水准高。这些被评选出的"年度教师"通常在教学、教育创新、学科建设等方面有着突出的成就。他们在专业知识、教学技能和教育理念方面展现出了非凡的能力。第二，教育影响力大。"年度教师"代表了教育领域的标杆，他们的教学方法、教育理念和创新成果对其他教师和教育工作者有着示范和启发作用。他们在教育界具有较大的影响力和示范效应。第三，他们是教育改革先锋。这些"年度教师"常常是教育改革的倡导者和实践者，他们积极参与教育改革和创新，推动教育制度、课程、教学方法等方面的发展和进步。第四，社会认可度高。被评选为"年度教师"是对个人教育工作的认可和肯定，这种认可不仅来自教育界内部，也来自社会各界。他们的荣誉背后蕴含着对其贡献的普遍认可和尊重。第五，教育贡献突出。这些"年度教师"通常不仅仅在课堂教学上有出色表现，还在教育科研、教材编写、学生辅导等方面做出了重要的贡献。总的来说，深圳市"年度教师"代表了深圳特区教育的精英群体，在某种程度上代表了全国卓越教师的水平，他们的经验和成就对教育界有着重要的启发和借鉴价值。

二、深度访谈法

"访谈"就是研究者对被研究者进行"寻访"和"访问"，通过"交流"和"询问"的方式进行研究，目的是从被研究者那里获取研究所需要的第一手资料。依据教师专业发展阶段理论，优秀教师专业成长具有长期性与差异性，要获悉优秀教师过去与现在专业成长的路径，以及各个阶段起关键性作用的事件的真实情况和彼时的处理经验及心理状态，有必要和教师进行深入的谈话，挖掘被研究者的专业成长历程。本书采用开放型访谈和半开放型访谈的方式，对八位"年度教师"进行全面访谈，对其中五位进行重点深度访谈，主要采用面对面直接交谈和电话、微信等间接访谈的方式，依据半开放型访谈提纲，与研究对象进行多次交流，针对研究对象的专业发展历程进行访谈。

首先，对八位群描"年度教师"进行全面访谈。第一，初次进行面对面形式的开放型访谈。考虑到这些教师工作繁忙，在研究初期便与他们建立起良好的个人情谊以便后期密切合作，笔者计划在准备阶段与研究对象至少完成每人一次面对面的交流。初次访谈主要了解研究对象的生活经历、个性特征、个人喜好等。第二，多次进行半开放型访谈。在初次面对面访谈后，这一阶段笔者将以微信形式提前发送访谈提纲，给予研究对象一定的准备时间，再根据实际情况采取面对面访谈或语音访谈。进入深入访谈阶段，笔者将从研究对象的个人背景和教育经历入手，进而深入探讨其专业成长历程及所经历的挑战和成功经验。第三，针对教师的专业特色持续访谈。这八位"年度教师"均已是各个区域的专家，他们的教学风格各具特色，几乎每位教师都已提出独创的教学模式，本次访谈是在之前访谈的基础上进行针对性的提问，深入了解各位教师独创的教学模式或独特的专业理念，以期归纳卓越教师的一般特征和个性特征。

表 2-3 群描对象初期访谈提纲（部分）

类别	问题
个人背景 教育经历	1. 您是如何进入教育行业的？是什么促使您想要成为一名教师？ 2. 能分享一下您的教育背景和专业资质吗？您在教育领域的教学经验是怎样的？
专业成长	3. 您认为哪些因素对您成为一名卓越教师起到了关键作用？ 4. 在您的教学生涯中，哪些教学方法或策略对您的教学产生了积极影响？为什么？ 5. 您如何持续提升自己的教学能力？参与过哪些专业发展培训或项目？
挑战与 成功经验	6. 在您的教育生涯中，遇到过哪些困惑或挑战？您是如何克服的？ 7. 能分享一个您认为最具挑战性但又很有成就感的教学经历吗？
教育理念 教学方法	8. 您认为优秀的教学理念是什么？您如何将这些理念融入自己的教学实践中？ 9. 您在教学中是否秉持某些核心原则？它们是什么？对您的教学产生了怎样的影响？
未来展望	10. 您对未来教育发展有何期望？您认为教育领域需要进行哪些改进或创新？ 11. 如果有机会，您会怎样继续推动自己的教育专业发展？

其次,对五位深描"年度教师"重点访谈。基于前一阶段的访谈,笔者已掌握所有研究对象的基本情况,要对其中五位"年度教师"进行深描,需要开展多次、多种形式的深入访谈。这五位深描对象有代表性,他们来自不同区域,教授学科不同,也存在性别差异,但他们的专业成长经历都很丰富。初次访谈后,笔者发现他们都有许多关于自己的专业成长的内容想要分享,因此这一阶段的访谈,会给研究对象保留尽可能多的表达空间,引导研究对象完整叙述个人成长史、专业发展史。笔者在抛出访谈问题并把握访谈基本方向的前提下,在征得被访人同意的情况下,采用录音与笔录相结合的形式,全面、完整地记录资料。对群描对象的访谈以提问为主,围绕问题展开交谈;对深描的五位"年度教师"则以提问为辅,教师个人叙事为主,以故事线为依据获取完备真实的个人成长史料。此外,"年度教师"所经历的关键事件也是本书访谈的重点,通过访谈,笔者能够了解这八位"年度教师"对关键事件的意义阐释,最终整理出文字信息,用于后续深入分析研究。

最后,对自我访谈的说明。由于"我"既是研究者又是研究对象,为了尽可能避免主观性和偏见,笔者采取了多种方法确保研究的客观性和准确性。在初步访谈阶段,访谈围绕提纲进行问答时,笔者邀请他人辅助向自己提问,辅助者兼具教育学专业背景和访谈经验,对作为研究对象的"我"逐一提问,笔者抛开自己的研究者身份,对问题一一回应,营造了正式的访谈氛围。因深入访谈以个人叙事为主,笔者就以录音形式多次叙说个人专业成长的经历,对其中的关键事件进行详细回忆并作出意义阐释,最后将录音资料统一与其他研究对象的访谈资料编码整理,以保证资料的客观性。此外,作为研究者,在研究伦理方面,遵守相关的规定和原则,确保研究的合法性和道德性,包括保护个人隐私、确保信息安全、避免对自身造成伤害等。同时,笔者也意识到自身的主观性和局限性,因此在研究中尽可能保持客观和谨慎的态度,不断反思和修正自己的研究方法和结论,提高研究的科学性和可信度。

根据八位教师日常教学与工作时间安排,排除微信方式的零散对话,仅计算线上线下集中访谈时间,访谈的次数和时间如下。

表 2-4 受访者基本情况

序号	访谈人员	性别	区域	学段	学科	获奖年份	访谈次数及时间
1	S 教师	女	南山区	初中	生物	2016 年	多次,累积 10 余小时
2	X 教师	男	南山区	职教	英语	2018 年	三次,累积 8 小时

续 表

序号	访谈人员	性别	区域	学段	学科	获奖年份	访谈次数及时间
3	D教师	女	南山区	小学	语文	2020年	三次，累积8小时
4	Y教师	男	市直属	初中	物理	2019年	两次，累积7小时
5	C教师	女	市直属	高中	艺术	2016年（提名）	两次，累积5小时
6	G教师	女	宝安区	小学	科学	2020年	一次，累积3小时
7	T教师	女	福田区	小学	语文	2016年（提名）	两次，累积4小时
8	W教师	男	龙华区	高中	历史	2016年（提名）	一次，累积3小时

三、文本分析法

对八位研究对象的访谈总计26次，每次1—3小时不等，总时长3300余分钟，转录文本后达15万余字。同时搜集其他资料，包括学校发展档案、教师个人发展档案、教师个人专著、学术论文、官方媒体报道、重要讲话稿件、个人采访、公众号资料等，总计130余万字。此外，重点搜集了五位深描对象近几年的教学设计、工作日志、听评课记录等日常工作资料，累积50余册，以上都是反映研究对象个人成长史的重要资料。由于资料庞杂，笔者将所有资料整理成文本形式，并进行了以下处理：

第一步，原始资料初筛。在获取了大量丰富资料后，笔者发现重复性资料多，有些资料与本书主题不相关，或者由于年代久远，资料不清晰，无法分析。针对以上问题，剔除了部分资料。

第二步，资料分类。这一步需要耗费大量时间，由于研究对象普遍教龄长，资料所分布的年份跨度大，因此，笔者首先花费大量时间浏览所有资料内容，采用最原始的用剪刀和胶水的方法，依据年份或主题对资料进行归类，以教师的个人成长时间为轴纵向分析，又对所有教师的共同特质进行横向分析。

第三步，解释与分析。这是文本分析最关键的步骤，首先对五位深描对象的专业成长经历分别进行结果解释，解释发现的趋势、识别专业成长的关键主题并解释这些主题的含义。其次，对八位群描对象的专业成长进行关联解释，分析八位"年度教师"专业成长的共同主题，探寻"年度教师"这一群体走向卓越的路径。

卓越：教师专业成长的向上力量

最后，提炼结论和建议。此阶段运用"群描"和"深描"相结合的方法重现研究现场（第四章和第五章），在深描的基础上，分析建构出新的观点和理论，得出研究结论（第六章和第七章）。

第三节　研究地点

本书探究卓越教师专业成长路径，选择深圳市"年度教师"作为卓越教师的群体个案，研究对象分布在深圳市各地，现就有关深圳市的整体教育水平和研究的具体发生地点作以下论述。

一、深圳特区

其一，深圳市教育发展水平超前。深圳特区是中国改革开放的先行地区，于1980年设立。作为中国改革开放的试验田之一，深圳市的教育水平一直处于领先地位，教育发展呈现出以下特点和亮点：

第一，教育资源投入充分：深圳作为中国经济发展迅猛的城市之一，对教育的投入一直较为充分。城市内有许多优质的学校，教育资源相对丰富，涵盖师资、设施、教学资源等方面。

第二，教育改革与创新：深圳在教育领域一直以来都积极推进教育改革和创新，不断尝试新的教育理念和教学模式。这体现在对课程设置、教学方法、评估体系等方面的探索和改革。

第三，高素质教师队伍建设：深圳拥有一支高素质的教师队伍，他们不仅在专业知识上过硬，还注重教学方法的创新和教育技术的应用。教师的培训和发展也是深圳教育的重点之一。

第四，教育普及和公平：深圳注重教育的普及和公平，努力保障每个孩子都能接受良好的教育。城市内有多样化的教育机会和资源，致力于提供包容性教育。

第五，高等教育和科研发展：深圳也是高等教育和科研的重要基地之一，拥有多所知名大学和研究机构。这些机构在科研领域有着显著的成就，为城市的教育质量提升和创新能力发展提供了支撑。

第六，国际化教育视野：深圳作为国际化城市，教育也更多地注重培养学生的国际视野和综合素质，在国际交流、课程国际化、外语教育等方面得到了较多的关注和发展。

其二，笔者见证了深圳教育的发展。笔者自 2001 年到深圳市南山区工作，至今已有二十余年，作为与深圳特区同龄的一代人，笔者是深圳教育的亲历者、建设者与见证者。作为深圳的劳模代表，笔者在全国开展巡讲、支教等活动 120 余场，用自己的教育故事及成长经历振奋和鼓舞了一批又一批青年教师奋发有为。作为中国工会第十八次全国代表大会代表、劳模讲师团成员、人大代表，笔者始终致力于为公平而有质量的教育鼓与呼，演绎和诠释着特区教师的精彩人生。2015 年，深圳借鉴美国评选国家"年度教师"的经验，结合中国和深圳特点，在全国率先开展了"年度教师"的评选表彰工作，引起了各方面的广泛关注。该评选旨在让被选出的深圳市"年度教师"全方位展示自身的新理念、新风采，传递深圳教师队伍正能量，为 14 万深圳中小学教师立标杆、树榜样，推动深圳现代化、国际化、创新型城市建设，同时为探索建立国家教师荣誉制度积累经验。经过九年多的实践探索，此项工作的目标和评价体系不断发展完善，并在深圳教育界内外获得了越来越广泛的认可和好评。深圳市所评选出的"年度教师"代表了深圳市教学界的最高荣誉，同时也是专业成长和教学素养的杰出典范。本书选择以深圳市为研究地点，将有助于深入了解在这一快速发展的城市中，卓越教师的专业成长路径和他们在教育体系中的重要作用。探索深圳市作为教育创新和专业发展的引领者的经验，对全国教育发展也具有重要的借鉴意义。

二、具体地点

本书具体发生地点分布零散，根据研究对象工作所在区域和个人活动地点，决定发生的地点如下：

第一，研究对象家里。八位研究对象工作繁忙，为建立良好的合作关系，初期访谈计划安排在生活场域进行，比如研究对象的家里，因为非工作场合更容易拉近距离，适合开展初期的开放型访谈。

第二，研究对象所在学校。八位研究对象都是一线教师，承担着教学任务或行政职务，笔者预计正式的访谈大部分会在研究对象的工作场域进行，以保证访谈环境的正式性。另外选择研究对象熟悉的工作环境更有利于说者流畅表达，研究对象可能在言说兴起时拿出历史性实物资料，如曾获得的荣誉或往昔相册。

第三，研究对象工作的延伸性场所。由于"年度教师"身兼数职，会在不同地区进行巡讲、演讲，开展支教等活动，因此本书的研究可能也会跟随研究对象深入他们的社会工作场域。

总之，本书在访谈、实物搜集的具体操作过程中，可能发生于研究对象活动的各种场景，以捕捉研究对象的真实生活世界。

第四节 研究过程

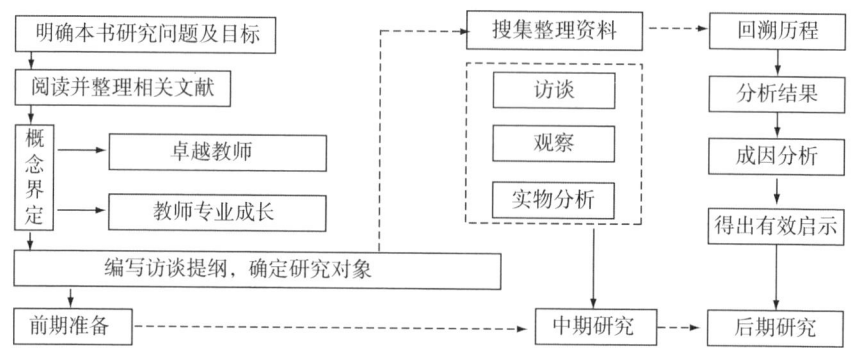

图 2-1 研究思路图

一、前期准备阶段

1. 确定合作教师

在研究前期，首要任务是明确研究的范围和目标，以及选择合适的合作教师。合作教师将作为研究的关键组成部分，他们的参与和配合将对研究的深度和质量有重要影响。这个步骤需要详细考察研究对象的教学特点和教育背景，确保合作教师能够提供充分的信息和支持。本书的研究对象是深圳市"年度教师"这一卓越教师群体，考虑到样本的代表性和研究的可行性，锁定了其中八位教师，为应对研究过程的不确定性，前期特意联系了两名备选对象。本书入场前和被研究者建立联系主要通过作为研究者的笔者本人直接接触，一部分研究对象是与笔者同年参与"年度教师"评选的同行老师，我们曾是竞争关系，更是协作关系，彼此熟识，建立了良好的情谊，能够保证研究对象的全面配合；另一部分是在当年评选之时，笔者作为过来人，曾为他们提供过辅导与答疑的"年度教师"。但为保证新建立的关系的可靠性，我先对他们进行了试探性访谈，并在此基础上结合教师的个人意愿和偏好，做好正式入场研究的各项准备工作。

2. "我"的角色定位

由于本书的研究对象包括研究者本人，所以"我"属于双重身份，在研究入场前做好"我"的角色定位关系到研究结果的信度和效度。

首先，叙事研究属于一种质的研究方法，研究者本人作为研究工具，对研究者个人能力要求很高，如细致的观察能力、对生活经验的领悟能力，以及把现场文本转化为研究文本的能力。"我"作为研究者，应保持"局外人"的定位，"我"的专业成长经历作为一种客观存在的研究对象，"我"作为经验的载体，也仅是客观研究内容之一。

其次，"我"作为被研究者是"局内人"，与其他七位研究对象一样，有着自身的成长轨迹和个人特质，既有共性也有个性，对"我"的研究应保持客观。

最后，做好"局内人"和"局外人"的身份切换。有双重身份的"我"，本就身处研究现场，资料的搜集和整理相对容易，但这样的身份有利有弊，尤其是面对自己的访谈资料很难保持客观。因此，笔者时刻注意身份的切换，作为研究者不夹带主观情绪情感，力保研究结果的客观性。有关自我叙事的具体操作层面，在拟定访谈提纲后，邀请第三人辅助，依据提纲对作为被研究者的"我"提问，"我"作为被访对象客观作出回应并记录，以保证访谈环境的正式性。整理访谈资料时，八位研究对象的资料依据同一标准筛选分类，以保证方法程序的公正性和客观性。

3. 试探性访谈

本书初期拟先展开试探性访谈，笔者将以非正式研究者的身份，采用半暴露式入场方式，运用开放型的访谈方式与2—3位研究对象交谈，开展一些边缘性问题的非正式问答，以此获得初步的理解和洞察。这一阶段的访谈形式比较灵活，问题不太具体，目的在于引导被访者自由谈论他们的观点和经验，从而与研究对象建立良好情谊，为后续获得研究对象长期的支持与配合奠定基础。

二、中期入场阶段

1. 个人叙事

教师个人叙事包含生活叙事和教育叙事两个方面。

其一,生活叙事重在关注个体的经验,其反映的是教师生活和教育实践的丰富性、经验性和人文性。本书通过真诚、开放的交流、互动和合作,聚焦于教师发展的自主性和反思性,以及教师所具备的知识,包括他们知道什么、如何思维、在课堂中如何做决策以及如何实现专业发展。笔者在深入研究场地后,了解了这些"年度教师"的教育背景,包含其祖辈、父辈的观念和生活状态,探寻卓越教师背后的力量来源。

其二,教育叙事部分主要涉及教师在职业生涯中的体验,涵盖日常教学生活和关键事件。在教师叙事中,笔者倾听教师的专业成长经历,观察他们叙说故事时的情绪反应,通过探问和追问,了解他们的心理活动和思想观念。在整个过程中笔者进行入微观察和适切追问,关注研究对象的言语、表情、动作,从而感知研究对象的内心情感波动及其变化,这正契合本书所探讨的教师专业成长的复杂性。

2. 深度访谈

访谈时间。对八位研究对象的访谈总计 26 次,每次 1—3 小时不等,总时长 3300 余分钟,转录文本 15 万余字。正式入场后,笔者对五位作为深描对象的"年度教师"分别进行 2—3 次深度访谈。在访谈过程中,笔者在抛出访谈问题并把握访谈基本方向的前提下,给予研究对象尽可能多的表达空间。因此,每次访谈时间会根据访谈对象的表达情况有所不同。此外,通过微信分散式聊天累计长达 100 天。在征得被访人同意的情况下,采用录音与笔录相结合的形式,最终整理出文字信息,用于后续深入分析研究。

访谈的内容。围绕"这些老师是如何走向卓越的"这一核心问题,列出子问题,多次开展开放型和半开放型访谈。作为深圳市"年度教师",他们能够成为深圳市教师梯队中的佼佼者绝非一蹴而就,他们的专业成长必然受到其成长经历,尤其是求学经历、家庭教育以及社会大环境等多方面因素的影响。考虑到这些因素,在进入研究现场之后,除关注研究对象的教育教学之外,还将视角转移到研究对象的个人生活以及专业学习方面。第一,对教师专业成长的关键事件进行访谈。这些"年度教师"的成长都经历了漫长的时间，在他们的成长过程中，有一些关键的人和关键的事加速了他们走向卓越的进程，笔者拟针对这一问题开展深度访谈。第二，对教师的专业特色成就进行针对性访谈。既然是卓越教师，这五位教师一定具备过人的教育教学水平，这不仅体现在实践中，也彰显在他们的教育思想中。针对这五位教师独创的教学模式和独有的教育教学理念，笔者拟在深度访谈中重点关注、全面了解、深入挖掘。第三，对八位教师的访谈各有侧重。因这八位研究对象已是业界标杆，各有其教学风格和独特的人格魅力，所以在具体访谈中，重点展示研究对象的优势，以期为其他老师提供发展范本。

总之，深度访谈作为本书的关键技术环节，能近距离了解研究对象的生活经历以及职前教育经历等，对各个不同层面的关注，都或多或少为本研究提供了更加翔实全面的一手资料，并从中获取无法直接通过肉眼表面观察到的东西，进一步挖掘研究对象隐性、缄默的教师专业素养和个人品质。

3. 资料搜集与处理

资料搜集。（1）文本资料：访谈转录文本约 15 万字，进入实际研究场地后，笔者又搜集了其他文本资料，包括学校发展档案、教师个人发展档案、教师个人专著、学术论文、官方媒体报道、重要讲话稿件、个人采访、公众号资料等，总计 130 余万字。（2）日常工作手册：重点搜集了五位深描对象近几年的教学设计、工作日志、听评课记录等日常工作资料，累计 50 余册。（3）视频音频资料：搜集了教师的公开课视频、个人 VCR 短片、日常教学实录、评选现场展示录像等资料，累积时长 1500 分钟，另有图片等资料 2000 余张。以上这些均是反映研究对象个人成长史的重要资料，有助于全面了解教师的典型特质。这些实物资料也能够作为教师叙事内容的验证性依据。

资料处理。第一，资料格式转换。利用媒体技术手段将音频资料转录为文本。第二，文本资料处理流程。对所有文本资料进行初筛、分类、编码处理。笔者首先花费大量时间浏览所有资料内容，采用剪刀和胶水这种较为原始的方法，依据年份或主题进行归类。由于缺乏经验，第一次访谈的文本资料没有及时归类总结，导致第二次的访谈缺乏连续性，效果不佳。吸取了第一次的教训，笔者在每次与研究对象交谈之后，都在当天将对话转录为文本并进行分类处理，这样既避免了工作量的堆积，也有利于更好地进行下一步研究。第三，视频资料处理、观看视频资料、写总结并提炼出主题词。视频资料相对数量较少，对其整理是在整理文本资料之后进行的，将提炼出的主题词累加至文本资料的分类中，提升了资料处理效率。

表 2-5 实物资料呈现（部分）

资料相关人	序号	资料	详细内容	备注
S教师	1	《未来教育探索》	教育思想的个人专著	2020年出版
S教师	2	《尊荣与使命》	深圳市"年度教师"巡讲回望	2017年出版
S教师	3	《新时代的足迹》	事迹材料	2023年出版
S教师	4	年度巡讲发言稿等	广东河源、汕尾，广西百色、河池，深圳对口帮扶的县市及深圳市十个区、直属学校，百余场年度巡讲发言稿文本及PPT	2016年
S教师	5	视频录像	2016年深圳市"年度教师"现场评选的完整视频录像	2016年
S教师	6	个人事迹材料及个人VCR形象短片	2016年1位市"年度教师"及5位提名奖获得者的个人事迹材料及个人VCR形象短片	2016年
S教师	7	《"年度教师"是谁》	南方教育时报媒体报道	2016年9月整版报道
S教师	8	《为什么是她》	南方日报媒体报道	2016年9月整版报道
X教师	9	英语课堂教学"5C"能力培养模式文稿	合作精神（Collaboration）、竞争意识（Competition）、创新能力（Creation）、批判性思维（Critical Thinking）和国际视野（Cross-Culture Vision）	2018年
X教师	10	《珠宝英语》《物流英语》等专业语言课程方案	开设《珠宝英语》《物流英语》等专业语言课程方案	2018年
X教师	11	查字典视频网视频课录像：高一英语 How Can I Improve My English	视频录像：高一英语 How Can I Improve My English	2015年
X教师	12	2018年深圳市"年度教师"现场评选视频录像	2018年深圳市"年度教师"现场评选视频录像	2018年
X教师	13	深圳教育通报道	深圳教育通报道：《南山区"年度教师"诞生，他来自博伦职校！》	2018年

续 表

资料相关人	序号	资料	详细内容	备注
Y教师	14	新闻报道	深圳特区报报道：《深圳中学物理教师殷杰：后三分之一学生更值得关注》	2019年
	15	"人生为一大事来"评选活动演讲稿	"人生为一大事来"2019年深圳市"年度教师"评选活动演讲稿	2019年
	16	视频录像	2019年深圳市"年度教师"现场评选视频录像	2019年
D教师	17	国家级教学成果二等奖	《"做小课题，写小论文，当小院士"——语文老师主导下的小学跨学科教学实践与探索》获国家级教学成果二等奖	2023年7月
	18	广东省2021年教育教学成果奖（基础教育）特等奖成果	广东省2021年教育教学成果奖（基础教育）特等奖成果：《"做小课题，写小论文，当小院士"——语文老师主导下的小学跨学科教学实践与探索》	2022年5月
	19	深圳市第四届教育教学科研优秀成果奖二等奖成果	深圳市第四届教育教学科研优秀成果奖二等奖成果：《小学科学文本读写课程的实践探索》	2021年12月
	20	"求知欲、自信、理解、合作、创新"5C教学模式文稿	"求知欲、自信、理解、合作、创新"5C教学模式文稿	2020年
	21	跨学科创新人才培养模式文稿	"图书馆阅读＋实验室写作"跨学科创新人才培养模式文稿	2020年
	22	特色教材《中国语文》案例《做实验 写报告》	广东省教育厅粤港澳大湾区特色教材《中国语文》案例《做实验 写报告》	2020年

续 表

资料相关人	序号	资料	详细内容	备注
	23	编委证书	获《中国青少年科幻分级阅读系列丛书》编委证书	2020年
	24	专著《语文深度学习课程设计与实施》	教育教学专著	2020年
	25	视频录像	2020年深圳市"年度教师"现场评选视频录像	2020年
C教师	26	自律（Self-discipline）舞蹈教育理念文稿	以自律教育为核心的"以舞育人"理念，把中华优秀传统文化中关于对人格塑造的核心——自律、修身、养成等要素，融入舞蹈教育中，注重对学生人文精神与科学精神的培养，全面提升了学生的综合素养。	2016年
	27	主编教材《音乐与舞蹈（小学阶段·人音版）》	工作室创编教材，填补了深圳市基础教育面向全体学生舞蹈教材的空缺	2016年
	28	主编教材《音乐与舞蹈（高中阶段·人音版）》教材	工作室创编教材	2016年
	29	教育部委派的全国中小学生第一套、第二套校园集体舞创编工作文件	教育部委派的全国中小学生第一套、第二套校园集体舞创编工作文件	2016年
	30	教育部农村中小学现代远程教育工程教育资源库（小学舞蹈教程）资料	教育部农村中小学现代远程教育工程教育资源库（小学舞蹈教程）资料	2016年
	31	课题专家组工作文件	教育部专项素质教育与舞蹈美育研究课题专家组工作文件	2016年

三、研究整合阶段

1. 群描：对共同特质的关联解释

依据资料，对八位作为群描对象的"年度教师"的共同特质进行关联解释。从横向分析，得出八位"年度教师"专业成长的共同主题词，基于横向结构视角，构建了教育信仰、教育态度、教育行动、教育的使命意识以及教育的未来视野五个维度，并提炼出知识的传授者、理想信念的坚守者、仁爱无私的育人者、勇立潮头的教学者、使命担当的肩负者和未来教育的践行者六个主题词。这种横向视角的关联解释为我们提供了更为综合和多元的视野，让我们能够更好地理解"年度教师"卓越的原因。

2. 深描：对成长经历的结果解释

对五位作为深描对象的"年度教师"的专业成长经历分别进行结果解释，阐释发现的趋势，识别专业成长的关键主题并解释这些主题的内涵。每一位深圳市"年度教师"的教育经历都是其不断突破自我、追求卓越的历程。本研究运用深描的方法重现研究现场，还原五位教师一路走来的真实轨迹，完整地呈现并还原卓越教师专业成长路径的全貌。本书在第五章对S、X、D、Y、C五名卓越教师专业成长案例进行纵向分析，全方位地还原其背后一步步迈向卓越的"真相"。

3. 对资料整合归纳

总结整合后的资料中呈现的主要发现和结论是本书的最后一步，通过对八位深圳市"年度教师"的群描和其中五位的深描，从群描中析出卓越教师的典型特质，从深描中概括出卓越教师的成长路径，进而分析建构出新的观点和理论，得出研究结论。卓越教师的专业成长是内外部诸多因素共同作用的结果。分析出教师成为卓越教师的成长路径，能够为普通教师群体的专业成长发展提供可模仿、可借鉴的范例。

第五节　研究伦理

教育叙事研究是一种质性研究方法，它通过收集、分析及解释个人经历和故事，来了解教育现象的本质和意义。在研究过程中，研究者秉持思辨的态度，在"局内人"与"局外人"的双重角色间自由转换，与研究对象既相互交融又有所分离，以中立之姿审视已收集的资料，确保资料的客观性。本书的伦理问题主要涵盖以下几个方面。

第一，尊重研究参与者的知情权和自主权。笔者对研究对象的跟踪时间跨度较长，不可避免地会对研究对象的教学与生活产生一定的干扰。因此，在研究前期，笔者需向研究对象说明研究的目的、内容和具体操作流程，如拍照、录音、录像等情况，让研究对象充分了解研究可能涉及的各个方面隐私以及所在学校的利益，在其充分知晓后自愿选择是否参与研究。同时，研究对象应事先了解他们需提供哪些个人信息，这些信息将被如何使用，以及他们的隐私将如何得到保护。

第二，尊重与保护研究对象的隐私。教育研究中，保护受访者的隐私权是非常重要的。其一，匿名性。本书对相关研究对象的敏感信息等进行了一定处理，以消除研究对研究对象及其单位可能产生的不良影响。本书所收集的各类材料仅用于学术研究，无其他商业、涉密等用途。在此研究中，研究者秉持忠于事实的态度并以"学习者"姿态参与整个研究过程，尽可能以旁观者身份观察与记录相关事件。其二，保证数据安全。对所有搜集到的非公开信息采取措施加以保护，防止其被泄露或滥用。本书可能会搜集到各位"年度教师"的教学设计、个人撰写的报告、手稿等，这些内容涉及个人知识产权，定会妥善保管，不将其用于其他目的。在研究过程中，充分关注研究对象的感受，保护他们的权益，是研究顺利进行的前提条件，也是研究应遵守的伦理准则。

第三，遵守公正合理原则。公正地对待合作教师以及所收集的资料，在现场研究中尽可能地悬置研究者的自我观点，尊重合作者的述说和感受。对所收集的资料进行整理后，文中所展示的故事需征求合作教师的意见，真实展现其成长历程中的经历和所思所想。需要特别注意的是，由于本书的"我"具有双重身份，在搜集自我部分的资料时，不应为了研究结果而自创材料，在访谈环节，寻求有经验的研究者辅助充当提问者，笔者以被研究者的身份真诚客观地回应访谈，杜绝预设答案，力求研究过程和结果公正客观。

第四，给予研究对象适当回报。由于本书时间跨度长，各位"年度教师"又是行业内的佼佼者，他们既有日常的教学工作，还有全国各地的巡讲活动，时间非常宝贵。每位研究对象都为本书的顺利开展付出了宝贵的时间和巨大的精力，因此，笔者将对每位研究对象给予适当的回报，包括提供专业成长的交流机会和平台等。

第三章

何谓卓越教师：深圳市"年度教师"
　　　　　评审的背景与政策

第三章 何谓卓越教师：深圳市"年度教师"评审的背景与政策

"深圳市'年度教师'应该代表一种教师的人格，也就是代表了下一代孩子的人格，代表中华的未来。"南京大学教授、教育学博士生导师、全国高校首届国家级教学名师桑新民教授如是说。深圳市"年度教师"评审工作启动于2015年，在借鉴国内外教师荣誉制度先进经验的基础上，评审工作逐级、逐年进行公正、公平、公开的评审。该项工作迄今已进行了9年的探索，产生了37位优秀代表，他们生长于深圳教育这片沃土，同时以个人卓越的专业成长赢得荣誉，进而辐射、引领、带动整个区域的教师专业成长，为深圳教育的高质量发展做出了重要的贡献，他们有着共同的名字——深圳市"年度教师"。

第一节　行动背景

教师是人类灵魂的工程师，是学生成长发展过程中的重要他人。教师个人的水平和素质与教育质量息息相关，对教育事业发展起着至关重要的作用。深圳市委市政府秉持着"敢闯敢试、敢为人先、埋头苦干"的特区精神，在响应国家相关政策、借鉴国际先进经验、结合自身发展实际的基础上，开创性地开展了深圳市"年度教师"的评审活动。这一活动让一线的先进教育模范能够站上舞台大放异彩，从而为同样身处一线的教师提供借鉴，督促教师群体不断精进专业、追求卓越、谋求全面发展，以达成教育高质量发展的目标。

一、借鉴国际经验

自20世纪60年代以来，全球范围内涌起了一股教育改革的浪潮。联合国教科文组织指出，教师是决定教育改革成功的三个关键因素之一。因此，各国在推进教育领域的改革时，都将提升教师队伍素质视为实现教育改革目标的核心，卓越教师的培养已成为一种必然趋势，在这一全球趋势的推动下，各国纷纷探索并逐渐建立完善的教师荣誉制度。例如，英国的"年度教师奖"、澳大利亚的"教师国家成就奖"、新加坡的"卓越教师总统奖"，以及被视为西方国家教师荣誉制度典型代表的美国的"国家年度教师奖"等。树立教师队伍中的典范，能够让广大教师群体获得职业认同及"与有荣焉"的自豪感；同时，通过典范人物的经验分享与交流，能够为广大教师的成长提供良好的借鉴与帮助。

美国自1952年开展年度优秀教师评选项目,该项目是美国历史上最悠久、影响最深远的教师评选机制。即便在没有国家层面的年度优秀教师表彰的英国,地方和民间力量也在持续推动完善教师评价机制,以此促进教师的专业发展。在德国,虽然不评选优秀教师,但出台了更高的教师教育标准以促进优秀教师的成长。无论是开展评选活动,抑或是出台教师评价标准,这些国家不约而同地提出对优秀教师的统一要求,即具备良好的专业基础、关注每一位学生成长、探索教学创新途径等。如,在美国,参加年度优秀教师评选的教师,需要提供课堂教学实践档案袋,它包括4项内容:一段有学生参与的课堂教学实录片段;两段教师和学生互动的课堂教学视频;能够证明你在课堂之外工作获得成就的证据;上述工作如何影响学生的学习。其中,德国更是从四个领域——教学、教化、评价和创新出发,对教师发展提出相应的能力要求。

综上,从国内国外有关"卓越教师"相关政策的文本和实施计划可以看出,世界各国都将高质量的教师专业发展视作高质量教育体系建设的关键因素之一,且都把"卓越教师"视为教师专业发展的追求目标和实现发展的必由路径。

二、对标国家要求

教育是国之大计、党之大计,同时也是国家强大的重要支撑。教育质量的提升,对于实现国家富强、民族复兴、社会进步、人民幸福的目标而言,起着至关重要的作用。教师作为教育事业的第一资源,其成长发展是推动教育质量稳步提升的重要基石,自党的十八大召开以来,教师队伍建设备受重视,提高师德水平和业务能力成为教师成长发展的关键,教师的培养制度日趋健全,同时,教育教学领域的改革不断深化,教师群体的业务水平与综合能力逐步提升,教师发展实现了新的突破。如今,随着时代与经济的发展,教育事业面临着新形势与新挑战,为了实现教师总体素质的再提升,我们国家与地方政府相继发布了一系列文件,实施了一系列相关措施,以期达成教师群体与教育事业持续发展的目标。

"卓越教师"概念肇始于2010年的《国家中长期教育改革和发展规划纲要(2010—2020年)》和《国家中长期人才发展规划纲要(2010—2020

第三章 何谓卓越教师：深圳市"年度教师"评审的背景与政策

年）》两份文件的出台，随后教育和有关行业协会实施了"卓越工程师教育培养计划"，开启了我国高等教育领域工程教育的改革，同时引发了关于高等教育领域其他专业人才培养的教育反思。2014年8月，国家发布《教育部关于实施卓越教师培养计划的意见》；同年12月，在全国范围内实施卓越教师培养计划，全国62所院校的80个项目作为教师教育改革的引领项目开始启动。自项目启动后，各省市结合自身实际进行了一系列教师教育改革，且在全国范围内取得了显著成效。2018年1月20日，《中共中央 国务院关于全面深化新时代教师队伍建设改革的意见》明确提出"建设一支高素质专业化的教师队伍。提高教师培养层次，提升教师培养质量"。① 2018年3月22日，教育部等五部门印发《教师教育振兴行动计划（2018—2022年）》，强调要经过5年努力，实现"教师综合素质、专业化水平和创新能力显著提升，为发展更高质量更加公平的教育提供强有力的师资保障和人才支撑"。②同年10月印发《教育部关于实施卓越教师培养计划2.0的意见》。一年内连发三个有关教师专业发展的文件，体现了国家对"教育质量关键在教师"的高度重视与宣示。这三个文件均开宗明义指出，要造就党和人民满意的高素质专业化创新型教师队伍，办好人民满意的教育。2019年2月13日，中共中央办公厅、国务院办公厅印发《加快推进教育现代化实施方案（2018—2022年）》，着重强调要全面加强新时代教师队伍建设，提高教师教育质量，实施教师教育振兴行动计划，大力培养高素质专业化中小学教师。2019年6月23日，中共中央、国务院印发《关于深化教育教学改革全面提高义务教育质量的意见》，着重提出："大力提高教育教学能力。以新时代教师素质要求和国家课程标准为导向，改革和加强师范教育，提高教师培养培训质量。"③ 2022年4月2日，教育部等八部门印发《新时代基础教育强师计划》，其中明确强调："坚持把教师队伍建设作为基础工作来抓，加快构建教师思想政治建设、师德师风建设、

---

① 中共中央、国务院. 中共中央 国务院关于全面深化新时代教师队伍建设改革的意见［EB/OL］.（2018-1-20）［2023-7-19］. http：//www.moe.gov.cn/jyb_xxgk/moe_1777/moe_1778/201801/t20180131_326144.html.
② 中华人民共和国教育部等五部门. 教师教育振兴行动计划（2018—2022年）［EB/OL］.（2018-3-22）［2023-7-19］. http：//www.moe.gov.cn/srcsite/A10/s7034/201803/t20180323_331063.html.
③ 中共中央、国务院. 中共中央 国务院关于深化教育教学改革全面提高义务教育质量的意见［EB/OL］.（2019-6-23）［2023-7-19］. http：//www.moe.gov.cn/jyb_xxgk/moe_1777/moe_1778/201907/t20190708_389416.html.

业务能力建设相互促进的教师队伍建设新格局。"① 以上文件的出台，充分表明了国家和政府对于教师发展的重视、对于高质量教师队伍的期盼，如何建设一支高素质、专业化的教师队伍，成为实现"人民满意的教育"的关键所在，也成为教育领域关注的焦点。

第二节　政策设计

深圳作为我国改革开放的前沿阵地，是目前全国范围内综合实力较强的城市之一，也是我国创新实干精神较为浓厚和科技创新水平较为突出的城市之一。这一社会背景和文化背景使得在深圳教育领域开展具有开拓创新意义的举措颇具优势，因而，自 2015 年起，深圳市就启动了"年度教师"评审工作，其后的每一年，都会展开一次评审，在全国范围内产生了较大影响，成为深圳市一张亮丽的名片。2016 年起，河源、南昌等地紧随其后，开展了此项工作。

一、评审政策的发展完善

1. 探索起步阶段（2015—2016 年）

2015 年是深圳市的"教师队伍建设年"，也是"年度教师"评审开局之年。深圳市作为中国第一个设立的经济特区，是我国改革开放的窗口，医疗、教育等行业都处于飞速发展阶段，因而在全球发展的广阔视域下，既能够博采众长，学习国内外先进经验，同时能让所取得的成果被世界看见。于是在这一年，深圳开创性地启动了首届市级基础教育系统"年度教师"评审活动，该活动由深圳市教育发展基金会和深圳特区报社等单位联合主办，旨在从为教育界树立优质榜样开始，凝练深圳市卓越教师身上的优秀特质，发扬他们的教育智慧，传播他们的教育思想，到以"年度教师"群体为榜样，激发广大教师队伍对职业的自豪感、责任感、荣誉感，再到在整个社会范围内提升

---

①　中华人民共和国教育部等八部门. 新时代基础教育强师计划［EB/OL］.（2022-4-11）［2023-7-19］. http://www.moe.gov.cn/srcsite/A10/s7034/202204/t20220413_616644.html?from=timeline&isappinstalled=0.

对教育事业的关心重视程度，从而营造尊师重教、重教兴学的浓厚氛围。

"十年树木，百年树人"，教育是漫长的过程，但最终会带来美好的成果。它需要大量的时间和经验积累，与此相似，教师的成长和培养亦如此。因此，为了更全面地考查教师的综合素质和能力，以引导对教师职业发展的重视以及帮助教师进行道路选择，自 2016 年起，深圳市对"年度教师"评审标准进行了若干修改：工作年限方面，将"在深圳市基础教育系统工作满 6 年以上"修改为"工作满 10 年以上"；把民办学校的教师队伍，纳入评审的范围；在已有标准上强调师德为先、教学为本。

评审年限"门槛"的提高，旨在评选出那些在一线工作扎实、拥有丰富教育教学经验、真正能够代表深圳市教师形象的候选人。这一调整将有助于确保所评选的"年度教师"具备更高的职业素质和专业能力，从而提供更出色的教育服务并引领其他教育从业者朝着更高标准迈进。

深圳市"年度教师"评审工作的范围广、起点高，2015—2016 年，每年只产生一名此项殊荣的获得者，代表着深圳十几万教师的最高水平，具有唯一性；"年度教师"候选人来自不同学段和学科，这体现了深圳"年度教师"评审的全面性和综合性；这些候选人分布在各个学校和不同区域，彰显了深圳教育的公平性，以及评审程序的公开透明性，展现了深圳教育的公正性。

"年度教师"的评选过程坚守全面、综合、公平、公正的原则，旨在将卓越的教育者输送到基层，使基础教育真正惠及全体市民，实现全民共享卓越教育资源的目标。这不仅符合教育职业的要求，也有助于提高教育质量，确保社会各界从卓越教师的教育智慧和经验中受益。

2. 快速发展阶段（2017—2019 年）

为了吸引更多教师参与评审，更大程度地激发教师的教育教学热情，引起更为广泛的社会关注，从 2017 年开始，深圳市"年度教师"评审出的获奖者由原来的唯一一名，增至五名，不再设置提名奖（2015—2016 年各有 5 名提名奖获得者，在教育实践中也被称为"年度教师"）。评审过程也有了相应调整：在评审中，更加强调"师德为先、教学为本"的原则，以引导评审工作更专注于教师在教学领域的综合能力，并且高度关注教师底线——师德问题。此评审过程采用了"一票否决"制度。整个评审过程采用了多轮考核和评委会投票的方式，组建了一个包含专家、教师和学生群体的评审团队，总人数达 108 人。在比赛的最后阶段，即决赛环节，引入了额外的评估环节。

除了原有的视频展示和自由演讲，还增加了"教育专题小组讨论"以及"教学能力展示"环节，以全面考查卓越教师的能力。这些环节综合考查了教师的教育教学水平、临场应变能力以及与他人和团队合作的素养等方面。

在2018年的"年度教师"评选中，深圳市首次评选出一位来自职业教育学校的教师。这一事件标志着职业教育教师正式被纳入"年度教师"评选范围，进而使深圳市的职业教育教师群体获得了应有的关注和认可。这不仅彰显了深圳市对职业教育的高度重视，也体现了深圳市对教育行业发展的公平性和均衡性的关切。

2019年，深圳市的"年度教师"评审如期举行。与以往不同的是，当年评选出的5位"年度教师"来自不同学科领域，涵盖了语文、数学、物理、历史、心理健康等不同学科。他们体现了各自综合的专业素质和特质，同时展现出了各自学科独特的品质和特点。这使得评选工作更全面、更多角度地反映了深圳市"年度教师"评审所覆盖领域的广泛性以及代表的教师群体的多样性。

3. 稳步推进阶段（2020年及以后）

2020年及之后，深圳市"年度教师"的评审标准、流程、方案等已相对固定，每年的教师节前，都会举行此项教育界的盛会。迄今为止，该项评审活动已举办9年，共产生37位能代表深圳形象尤其是深圳教育者形象的"年度教师"，他们在教育教学方面取得的成就令人振奋，展现出的综合素质令人钦佩，秉持的教育理念深深打动人心。这些都为深圳教育提供了宝贵的经验，做出了贡献，丰富了其内涵，扩大了其影响。

深圳市的"年度教师"评审工作是在借鉴美国"年度教师"荣誉制度的基础上展开的，它代表了我国教师专业发展领域的一项重要创新。目前，我国尚未建立国家层面系统完备的教师荣誉制度，深圳市的"年度教师"评审工作为填补这一空白提供了有益的经验和探索。在近十年的发展历程中，该评审工作已逐渐趋于成熟和稳定，其社会影响力也日益增大，逐步建立了从学校卓越教师到区级"年度教师"再到市级"年度教师"的选拔流程。此外，在最终结果揭晓后，深圳市教育局还组建了"年度教师"巡回演讲团，进一步扩大了其影响力的广度和深度。

数位"年度教师"在获得此项殊荣后，都表示：赛事结束之后，心态将归零，将在深圳教育领域这片沃土之上重新出发，纵深开拓，去迎接更新更远的未来。相信深圳市"年度教师"评审的工作也是如此,每一年的评审工作落下帷幕之时,都象征着新征程的开启。教师专业发展事业及教师评价体系的发展任重而道远,在"年度教师"评审工作方面,深圳教育将持续进行更高更远的积极探索。

二、评审政策的要素构成

"善之本在教,教之本在师。"尊师重教,是立教之本、兴教之源。以什么样的标准来评价教师,什么样的教师才是我们社会应该推崇和敬重的模范,是树立教师行业榜样时应该审慎思量的问题。自从2015年深圳市开启"年度教师"评审工作以来,在9年的时间里,已产生37位"年度教师"获得者。他们既是该项工作的评审标准之下的优胜者,更是在自己的工作生活中,身体力行地诠释着这些标准的践行者。

1. 评审依据

深圳市开展"年度教师"评审工作有三大依据。首先,依据的是2014年第30个教师节前夕,习近平总书记在北京师范大学考察时勉励广大师生的讲话。在此次讲话中,总书记提出了"四有"好老师的标准,具体阐释为有理想信念、有道德情操、有扎实学识、有仁爱之心。新时期的好老师,需要始终同党和人民站在一起,需要自觉地成为中国特色社会主义事业坚定的拥护者和信仰者,要坚守校园、课堂阵地,积极培育和践行社会主义核心价值观。教师对学生的影响是广泛而深刻的,不仅体现在知识与能力培养层面,还体现在待人接物和价值观塑造方面。教师的态度和价值观念会在学生自我认知、对他人的看法以及对世界的理解等方面产生重要影响。因此,一位优秀的教师应成为学生道德修养的引导者,不断提升自身的品格和道德修养,以切实践行"学为人师,行为世范"的理念。作为一位好老师,在课堂阵地上赢得的认可,是最基本也最坚实的尊严,因而,扎实的学识、专业的能力、勤恳的态度、科学的方式是必备的素养。同时在生活等方面,教师也应展现教育智慧。作为一位好老师,还需要对学生充满仁爱之心,将感情和温暖传递给每一名学生。

其次,"年度教师"评审工作的依据是参考国际和国内已有的国家级教师荣誉评审标准。美国在国家级"年度教师"评审方面拥有多年的经验,其先进经验和标准值得我们借鉴。因此,我们参照了近十年来美国"年度教师"

获奖者所共有的特点将其作为评审依据之一。此外，在国内，特级教师、正高级教师等的评审工作也积累了丰富的经验，形成了优良传统，为深圳市开展"年度教师"评审工作提供了宝贵的参考。

最后，深圳市作为一座因改革开放而生的城市，经历了从先行先试到先行示范的发展历程。在第六次党代会时，深圳曾提出要"努力建成现代化国际化创新型城市"。因而，作为这项伟业的重要支撑，深圳教育需要为此提供重要的人才支持，培育出真正能够贡献力量的创新型人才，激发教师奋发有为的热情，从而实现以更高质量的教育推动更高质量的城市建设。在对于国民发展有着至关重要作用的教育行业当中发挥先进带头作用，是深圳这样一座先进创新型城市所应具有的特质。同时，所评选出的代表深圳教育的"年度教师"人选也必定是在师德师风、专业能力、先进理念、教育智慧等方面领先业界的翘楚。

2. 评审原则

深圳市"年度教师"评审遵循三大原则：一是充分推荐，700多所公民办中小学，每所学校都推荐一名候选人；二是充分公开，评审过程和人员的事迹情况，都通过各种形式在各种渠道公开、展示；三是充分参与，多家媒体以不同的形式全程参与，各方代表充分参与、表达意见，全程监督。民众投票在资格人选认定上占30%的权重。另外，在"年度教师"评审的终评环节，采取百人评审团的大评委评审，由电视台现场录播，公证员现场公证。

林肯曾说："力量来自公正。"深圳市"年度教师"评审工作开展至今，所获得的关注度、认可度、权威度与它所遵循的评审原则密不可分。每年参与该评审工作的人员超过10万人，因而，公开、透明、公正既是程序的要求，也是该评选工作所体现价值的要求。所推选出的人员由各个学校选拔推荐至区级单位，区级单位再展开评审，将优胜人员推荐至市级单位，保证了该工作过程的民主性；同时，评审过程和事迹性材料进行公示，接受全社会的监督，体现了整个过程的真实性和透明性；在最终的评审过程中，评审主体来自社会各界，既有专业方面的代表，也有媒体的参与，更有教师工作中最直观的见证者——学生与家长，这就保证了评选的全面性和客观性。整个过程中所坚持的原则，使得深圳市"年度教师"评审的结果受关注的程度高、含金量高、社会认可度高。

3. 评审标准

（1）基本条件

深圳市"年度教师"评审工作开展至今，基本条件设置为：在深圳市中小学工作满10年（含学年）以上，在教书育人方面有突出表现的公民办中小学一线专任教师（周课时量达到本校教师平均课时量），有班主任工作经历的优先考虑。该基本条件在具体评审实践中进行了多次细节性调整，例如，2015年时，对于工作年限的要求是满6年（含学年）及以上，"有班主任工作经历的优先考虑"一条是后续添加的。班主任工作经历，主要考查教师的学生管理能力和师生人际交往能力，以及教师对学生的了解程度，这些都是更好从事教学工作的必要保障。几次细节性调整体现出评审的"门槛"越来越高，所考查的能力也越来越全面。

评审的基本条件充分体现了深圳市评审"年度教师"的导向性："在深圳市中小学"这一条件体现了评审工作的本土性，确保评选出的"年度教师"是扎根于深圳市教育实践中的；"满10年（含学年）以上"的要求，强调了教师工作的专一性和长期性，凭借长期教育教学中积累的成果，能够更好地为教师群体树立榜样；"公民办中小学一线专任教师"突出了一线教师的可贵，"教而优则仕"是历年来教育行业存在的一种现象，优秀教师渐渐脱离教育教学一线，从事行政事务性岗位，长此以往，这不利于教师专业发展，此项要求给予长期从事一线教育教学的老师以尊重、肯定和展示的机会；"周课时量达到本校教师平均课时量"体现了"年度教师"的评审注重以课堂教学为主阵地，课堂是教师距离学生最近的地方，更是专业知识和教育智慧最能够发挥效用的地方，也是评审之后最应当发挥作用的地方；"有班主任工作经历的优先考虑"突出了班级管理经验的重要性，认可了班主任所进行的日常工作是完成教育教学任务和实现教育教学目标极为关键的保障，是搭建学校与家长、社会发生联系的关键桥梁，是真正实现学生健康、全面成长的重要条件。

（2）选拔标准

经过多年的实践探索与向国内外相关工作的学习求索，深圳市"年度教师"选拔标准确定如下：第一，热爱教育，热爱学生，热爱学校，热爱生活；第二，精力充沛，富有激情，忘我投入，无私奉献；第三，学识扎实，理念先进，业务能力强（原为"表达能力强"），综合素养高；第四，勤于学习，善于研究,勇于创新,乐于合作;第五,善于激发学生潜能,教书育人成果突出,深受学生喜爱、家长赞赏、同行认可、社会好评。选拔标准中的每一条,都是一个细致而具体的维度,这些维度集合而成的,正是一个完整的从学生、家长、学校、社会等方面对一名卓越教师的理想描绘。

"热爱教育,热爱学生,热爱学校,热爱生活"是从教师这一群体所应当达到的思想层次及人文情怀方面出发设计出的维度。根据习近平总书记所提出的"四有"好老师的标准,教师须具备"仁爱之心",这突出表达了"爱"在教育教学工作中的重要性,没有爱就没有教育,且这种爱的外延非常宽泛,除了对自己职业认同的"热爱教育"之外,对于工作所涉及的对象——学生,以及工作所处的环境——学校,都要饱含热爱之心,且作为一名教育工作者,对于生活的热爱是能够直接传递给学生,并对学生的志趣、理想、意志、情感等产生深远影响的。对生活之体察和热爱是一名富有爱心的教师所应当具备的品质,心中有爱,才能够做到给予爱,播撒爱,培养出真正有热爱之情的学生。

"精力充沛,富有激情,忘我投入,无私奉献"的标准是对教师的日常工作的状态及工作中所秉持的作风提出的要求。在教育的过程中,激情不可或缺,教师以阳光向上的姿态,才能给予学生温暖的照拂;教师犹如燃烧的火焰,才能点亮学生。如果教师缺乏充沛的精力和饱满的热情,学生和课堂便会陷入沉闷的气氛。身心健康、热情向上的老师能够在生活和工作中尽情施展自己的抱负,进而达到忘我的境界。学生自觉融入教师所营造的氛围中,则更易于接受知识的熏陶;教师将个人得失置之度外,才能够真正投身于教育,为这一关乎他人命运的终身事业贡献力量。

"学识扎实,理念先进,业务能力强,综合素养高",这一标准是从综合素养的维度对教师进行考量。所谓传道授业解惑,教师是知识的传递者,想要给学生一杯水,自己需要先有一桶水,这就要求教师必须具备丰富的学识储备,要能以先进的教育理念来引导学生、成就学生。教师在业务和表达等方面也会对学生产生潜移默化的影响,让学生产生见贤思齐的想法和持续向上的动力。唯有综合素养出众的教师,才能培养出综合素质出众的学生。

"勤于学习,善于研究,勇于创新,乐于合作"的标准,要求教师在日常工作生活中保持学习、上进、创新、思考以及与他人协作的习惯。此标准是促进教师可持续专业发展的重要表现。时代在发展,教育行业也需时时进行更新,因而坚持学习并保有创新的意识,对于教师的成长及所教的学生来说都非常重要。在日常的教学事务之外,教师需要具备信息处理、反思、提炼、总结等研究能力,教育教学研究源于实践,最终也会回归并反哺实践,所以,多年来,倡导教师成为教育教学领域的研究者这一理念,一直影响着我国的教育实践。一个乐于合作的教师,必定善于整合工作和生活中的各类资源,将学生、同事、家长、社会等联结成为一个教育的共同体,由此才能将教育教学的成果发挥出最大效用。

"善于激发学生潜能,教书育人成果突出,深受学生喜爱、家长赞赏、同行认可、社会好评"这一维度的标准,旨在考量教师在教育教学方面所取得的成绩、产生的效果、造成的影响。学生的潜能犹如丰富的矿藏,一名卓越教师,一定是善于发现并发掘学生潜能,从而成就其人生的教师。横向比较历年所评选出的深圳市"年度教师"以及美国"年度教师"身上的特点,这一点是共通的。一名优秀的教师一定能够获得学生、家长的认可和赞扬,同时,也能凭借自己扎实的工作能力、出色的成果获得来自教师同行以及社会各界的肯定和支持。

深圳市"年度教师"的选拔标准,为深圳市范围内的教师们树立了行业标杆,同时指明了奋进方向,铺就了共同前行的道路,标准所涉及的丰富维度及具体指向,能够激发广大教师扎根课堂、勤勉奋进,同时促进他们致力于发展自己的综合素质,时时反思、时时精进,为在教育行业取得成就打下坚实基础。

在评审依据方面,深圳市"年度教师"的评审参考了国际国内先进的经验理念和新时期评价教师的新标准,且结合了深圳这座城市的精神气质和特点,视域广阔。在评审原则方面,坚持了公开、公正、透明的原则,实现了社会层面的广泛参与,为树立教师行业标杆、提高教师行业影响力做出了重要贡献。在选拔标准方面,考量的能力契合外界对一名卓越教师的要求。所以,在此标准之下产生的"年度教师"人选,必定是众望所归,能够充分代表深圳教育的高峰,展现深圳教师独特而优秀的精神品质,传递深圳教育的先进理念。

三、评审选拔的关键环节

在深圳市开展"年度教师"评选工作之前,我国教育行业的教师评优评先工作,大部分是以先民主、后集中的方式进行的,在这样的评选流程中,处于主导地位的往往是教育部门、政府单位或者学校管理层。而"年度教师"的评选工作,在评审流程中广泛吸纳社会意见,历经层层考核、推荐、评审,教师的各项材料与现场表现,均在公众视野的监督之下,且有媒体力量参与其中,这使得整个流程公开、透明,从而能够评审出各界心目中真正的优秀教师。

1. 基层选拔程序

(1) 全校唯一:"年度教师"破土而出

评审工作开展的第一步,为充分考虑推荐环节,教师可向学校进行自荐或由他人推荐。在这一过程中,教师需提交一份推荐材料,以 2000—3000 字的文字进行阐述,围绕"年度教师"的评审条件以及选拔标准这一中心内容,充分、完整地介绍所推荐的人选在教育教学工作方面的履历、教育教学的观念思想、教书育人的成绩成果及其专业发展方面的相关情况,并提交相关材料加以佐证。这一过程既确保了广泛推荐,让优秀教师能够从一线教师中脱颖而出,又完成了初步的筛选。

学校在收到教师推荐的材料后,即组织学校行政班子、一线教师代表、专家团队、社区和家长代表等成员,组成校级"年度教师"评选委员会。评选委员会在进行资格审查、资料审核之后,可以根据需要决定是否进行现场展示。最终,从所有校级候选人当中确定一名"年度教师"推荐人选。学校完成该步骤的推荐工作后,需要将推荐人选及其材料在校内进行为期 5 个工作日的公示,接受全校教师的监督,若公示期结束且无异议,学校再向上级部门报送。市直属学校则直接报送至市级部门,进入下一级评选。

教师日常工作的场所以学校为主,将推选工作的第一步设置在学校范围内,既有利于实现评选的初步筛选在一线教师中进行,又能确保对候选人的监督和反馈是直接的、真实的。同时,在最初的评选阶段就能引发社会层面的关注,使整个评审的流程都处于广泛的监督之下。这代表着所推选出的教师得到了日常工作场所中同事、学生、家长等各类人士的认可,从其职业生长土壤中破土而出,成为全校的唯一的"年度教师"推荐人选。

(2) 全区唯一:"年度教师"抽枝拔节

深圳市共有南山、福田、宝安、罗湖、龙华、龙岗、光明、坪山、盐田、大鹏十个区,在接收到学校报送的"年度教师"推荐人选之后,各区会展开各项审核和遴选工作，确定区"年度教师"人选。同时，市直属学校由市级教育行政部门进行审核遴选，确定市直属学校的"年度教师"人选。在这一步骤中，会大幅加强材料评审力度。之后，市、区教育行政部门则会依据深圳市"年度教师"评选的条件、原则、标准，并根据现实需求创新评价考核方式，分别组织开展评选活动。每区产生一名区"年度教师"，市直属学校产生一名"年度教师"候选人，共产生11名"年度教师"候选人进入最终的市级评选。推荐人选产生之后，为了确保流程的规范、公正、透明，会进行相关公示工作，且需向市级单位报送评选流程、纪检部门的意见、所在党组织推荐意见等材料。

在进行区级层面的"年度教师"评审的过程中，各区根据实际情况展开评选工作。例如，参照市级评审的流程，将评选分为短片介绍、自由演讲、现场答辩等几个环节（2023年南山区评选）；有的区加入无领导论坛环节（2023年罗湖区评选）；还有的区增加材料评审的比重，采用材料评审和现场评审各占50%的评分的方式（2022年市直属学校评选）。在评审的过程中，有的区选择组建由媒体代表、专家代表、校长代表等构成的专家评审团，以及人大代表、教师代表、政协委员等组成的大众评审团，两者相结合开展评审工作（2021年宝安区评选），以此确保评审过程公正公开。还有的区在评审过程中会参考网络投票结果（2023年盐田区评选），从而赢得较高的社会关注度和话题讨论度。

深圳市各区历年来紧扣市级"年度教师"评选的流程和标准，积极创新形式。从前期的网络投票引发广泛关注，到现场评选项目持续优化，以此综合考查教师的素质和水平，再到组建权威且具有广泛代表性的评审团，确保结果的公平性与真实性，各区致力于为市级评审输送真正综合实力强、人民满意的优秀选手。在此过程中，所推举出的全区唯一人选也在进行着抽枝拔节的生长，获得了更多的认可，同时也面临着更大的挑战。

（3）全市唯一："年度教师"花开有期

深圳市基础教育系统"年度教师"评选总决赛自2015年以来，每年均在教师节前举行。11位来自各区和市直属学校的候选人站上总决赛的舞台之前，深圳市教育局会组织深圳市"年度教师"评选专题投票，社会各界人士均可参与投票，为避免出现刷票行为，确保评选的公平性，每个手机号仅能完成一次投票。以2016年为例，投票人可从11名候选人中选择3—6名进行投票

卓越：教师专业成长的向上力量

支持，网络投票结果按30%的比重计入第一轮评选得分。

网络投票的环节结束之后，主办单位将开展11名"年度教师"候选人的第一轮评选。以2022年的评审为例，由专家评审团队对各候选人所提交的材料进行评审，下午则进行现场评审，其中的项目包括短片展示、现场演讲与提问答辩，能够充分展现优秀教师的教育智慧、先进理念和表达能力等综合素养。在此轮评选结束后，最终会有6名选手进入第二轮评选，接受更为严格全面的考验。

第二轮"年度教师"评选大会中，现场评审团的人员构成合理且多元。以2015年的评选为例，现场的评审人员由四个方面的代表组成：首先是专家评审团，其中包含8名国内知名的校长代表，6名国内获业界认可的教育行业专家和6名享誉国内的特级教师，该评审团给出的评审成绩占总成绩的比重为40%；其次是由40名深圳市学生代表组成的学生评审团，他们的打分按20%的比重计入总分；再者是由20名成员构成的大众评审团，成员包括政协委员、企业家代表、家长代表、人大代表等，其打分同样按20%的比重计入总分；最后是媒体代表，共20人，他们的打分也按20%的比重计入最终分值。评审团的构成形式表明，深圳市"年度教师"评选改变了之前国内教师荣誉制度中以行政评审为主的评审方式，彰显了评价的丰富性和多元性。

在第二轮的评选现场，选手们通过抽签确定出场顺序。每位选手依次经过视频短片展示、个人演讲及专家提问答辩等环节后，最终产生"年度教师"1名（2017年及以后改为5名）。当选的"年度教师"将获得10万元重奖。在整个决赛的过程中，电视台会进行录播，同时公证员会在现场公证。这一过程备受社会关注，它凝聚着每一位站在舞台上的候选人十数年的教育智慧，闪烁着光芒。

从学校到区级再到市级，深圳市"年度教师"的评审工作在每一个流程中都做到了公平、公正、公开，受众广泛，影响力大，含金量高，不仅树立了教师行业的典范，而且通过每一级的评审，完成了对其他参与者的高质量培训，所评选出的代表全市卓越教师专业水平的"年度教师"，最终实现了自我价值的绽放。

2. 专家评审确定

伯恩德·H·施密特将体验划分为五种类型，即知觉体验、思维体验、

第三章 何谓卓越教师：深圳市"年度教师"评审的背景与政策

行为体验、情感体验和相关体验。① 所谓百闻不如一见，重大赛事现场的亲历者通过观看、聆听、思索、体验等过程，更容易受到感染和鼓舞，加深印象、获得启迪。深圳市"年度教师"评选过程中，最为激动人心的决赛场景是现场展示环节，对于亲历者来说，可谓是一场震撼的视觉盛宴。

自2015年开始，每一年深圳市全市近700所学校当中的十几万名教师，都在不同程度上参与到了"年度教师"评选这样一场一年一度的职业评选活动当中，经过一系列的推荐、比赛，最终进入决赛的候选人，早已在同行中具有了知名度和影响力。因而每年的最后一场比赛，可谓万众瞩目，现场角逐的热烈氛围也打动和感染着每一位参与和观看的人，在此选取2016年的评选现场进行呈现。

（1）比赛场域

2016年的"年度教师"评选决赛在深圳市广电大厦800平方米的演播厅举行，现场坐满了评委和观众。直播厅外，是手持设备与现场赛事同频共振的场外观众，每一个参与者和见证者都在期待着从十几万教师中诞生唯一的"年度教师"。当天，记者现场采访了一名参与的观众，当被问及最看好的是哪一位候选人时，这位教师观众谈道："每一个人心中大概都有一个自己的'年度教师'，他是谁也许已不是现在最重要的，关键是这个人的产生，已经产生了十万个期待，这股力量，令人振奋。"

2016年9月3日下午2：30，深圳市广电大厦演播厅内座无虚席，主持人宣告2016年深圳市"年度教师"评选决赛正式拉开帷幕，她首先直入主题地阐释了究竟什么样的教师才可以被称作"年度教师"：这每年从十几万教师中脱颖而出的唯一人选，须具备劳模工匠一样的精神气质，有无私奉献的高尚师德，有独特的教学方法和手段，有高超的科研能力与成熟卓越的科研成果，有出色的教育教学实绩，有着影响深远、意义深刻的教育案例和教育故事，须是一名综合素质出众、兼具教育情怀与教育智慧的卓越教师。接着，主持人宣布了决赛的流程和规则，整个比赛过程包括四个环节：首先，各候选人的相关介绍以时长为四分半钟的短片进行展示；接着，候选人依次进行演讲，每人限时5分钟；第三个环节，由候选人抽取问题并进行作答，题目共有10道，用时要求为3分钟以内；最后一个环节是专家提问与选手答辩，

---

① 伯恩德·H·施密特.体验式营销［M］.张愉，徐海虹，李书田，译.北京：中国三峡出版社，2000：49.

每位候选人有3分钟的作答时间。

（2）教育经历

对于教师而言，个人教育经历是重要的成长资源，对教师在职业选择以及教学过程当中所秉持的教育观念、所采取的教育行为等都会产生深刻的影响。教师在个人职业成长的历程中积累教育经验，取得育人成果，逐步成长为一名综合素质优秀的卓越教师。

2016年"年度教师"的比赛现场，第一位老师走向了舞台中央，她的教师生涯已经持续了整整12年，她以语文教师独特的、充满感性的表达方式，将自己的教育故事娓娓道来。她温柔而坚定地说："'走了那么远，我们去寻找一盏灯。'这是顾城的一句诗。对我来说，那盏灯就是我一直在寻找的教育理想。""记得刚站上讲台的时候，我模仿传统教学方式，每一堂课都是字词句篇、条分缕析，为了提高分数，我让学生把大量时间都花在背诵和练习上。直到有一次我提醒一个上课睡觉的孩子，他突然很厌烦地说：'上课真没意思。'我愣了，我很生气。但冷静地想一想，这样的课堂确实缺失了激情与灵魂，远不能彰显语文课的人文性，信息时代的学生又怎么可能会喜欢呢？语文课到底应该教什么？知识与能力当然重要，但情意、审美与人文教育同样重要。语文老师能否成为学生的人生导师？带着这样的困惑，我开始了寻找。……'寻找'是我今天演讲的主题，作为一名资历尚浅的选手，12年来，我也曾遇见过教育人生中许多美好的风景。但我的寻找之路还很漫长，深圳教育之路正高举着改革的旗帜，我该扮演什么角色？我将去往何去？我又能有何作为？'年度教师'候选人当然有义务回答这样的追问。"这位老师诗意化的表达和执着的理想信念让现场观众倍感鼓舞与亲切。

2号选手是一名生物学科的教师，她演讲的内容围绕着"发现"这个主题展开："哲人说，人类总是在发现中前行。对教师而言，懂得发现更加意义非凡，发现贯穿教育的全过程。所以今天我演讲的题目是'发现'。老师要善于发现学生的个性和潜能，发现潜能就是发现了未来。2001年，我大学毕业来到南山，正赶上全国第八次课程改革，成为首批科学老师，教一门谁都没有教过的课程，我凭着探索的勇气迎难而上。我将教学内容分解为一个个研究性课题，鼓励学生开展自主加合作的探究式学习。渐渐地，学生的潜力提升了。在讲解'水循环'一课时，我把学生分成四组，让他们从不同角度了解水的分布和特性。有小组提问：'深圳是多雨城市，又是缺水城市，这不矛盾吗?'又有小组提问:'同深圳一样靠海的以色列,是如何将海水淡化的?'我肯定了这些问题的价值,并且鼓励他们关注国际前沿资讯,带领他们请教专家,开展无边界学习。"

这位老师接着讲道:"作为家中第 12 位站在讲台上的人,选择当老师,过去我未曾迟疑,将来也不会离开。因为这份信念已流淌在我的血液里,铭刻在基因中。在一次次矢志不渝的坚守中,我发现与学生的邂逅是一生的缘分,跟教育的牵手是永久的承诺。在一回回百折不挠的追寻中,我发现一个老师生命中最大的幸运,莫过于用思想唤醒思想,用智慧启迪智慧。在一声声求真、求是的问道中,我发现作为一个平凡的理科老师,我的教育使命就是在孩子心中播下科学的种子,植入创新的基因,让深圳这座传奇的城市充满理性、专业和现代的科学气息。"平和、真诚、深刻而精彩是这位老师打动在场观众的关键,每一位观众仿佛看见教师的坚定使命在一代代人的选择中传承,教师的无私精神在一辈辈人的成长中得以发扬。

第三位候选人作为一名工作了 25 年的舞蹈老师,深情地说道:"花的绽放没有声音,但是花的绽放一定很美,我认为舞蹈教育正是一门以美育人、静待花开的艺术。""舞蹈源于生活,又高于生活。在学习舞蹈的过程中,孩子们收获的并不仅仅是舞蹈的技能,更多的是心灵的成长……在舞蹈课上,我要像一位父亲,严格地引导孩子们去追求艺术之美;而在舞蹈课下,我又是一位母亲,一百来人的舞蹈团,事无巨细都要靠我去打理。一届又一届的孩子来到深高舞蹈团,一届又一届的孩子又都离去,但他们从未真正远离,感恩和懂事的他们,时刻都陪伴在我的身边,我付出了爱,更收获了爱。他们不仅是我教育生涯的全部,更是我人生意义的所在。舞蹈团的每一个孩子,都是我自己的孩子,我就是世界上最幸福的妈妈!"

"年度教师"评选的舞台上,有着来自各个学段和各个学科的教师,他们独特的教育经历和体会既真挚动人,又发人深省。

"怕什么真理无穷,进一寸有一寸的欢喜。"即使是站在"年度教师"评选舞台上的资深优秀教师,在自己职业生涯的开端,也会有困惑、迷茫、无助的情绪,同样会遭遇无数的困境,遇到大大小小的难题。这对于教师同行,尤其是年轻教师的成长是有着积极的启发意义的。将困难、困惑化作求索的动力和前进的方向,寻求到个人独特的教育教学风格,并耕耘出属于自己的一片教育天地,是卓越教师发展成长历程中具有重要价值的部分。几位候选人分享的教育经历,既完成了对自己成长历程的梳理、回顾和反思,也为教师同行提供了珍贵的可供借鉴和学习的范本与材料。

(3)育人实践

陶行知曾提出"教学做合一"的教育理念,教师的理论研究和教育观念,最终需以实践的形式落地,才会真正产生价值。只有经过实践检验的观念和理论,才能供他人借鉴。教师的教育实践,是经过长期的积累形成的智慧精华,有时候会对学生的健康成长产生重要甚至关键性的影响。

2016年深圳市"年度教师"决赛现场,专家提问环节中,专家根据候选人的特点、理念、经历有针对性地提出了理论与实践相结合的问题,各位候选人的回答也是精彩纷呈。例如,在问到2号选手时,专家的问题是:"身为初中阶段教授科学学科的老师,您在实践中是如何做到将人文、科技与艺术相结合的?"二号选手娓娓道来:"我是一名科学老师,所以我很关注前沿科学,也关注国家大事。我记得当时宇宙飞船上天的时候,有网友说,正是因为有科学,宇宙飞船才得以上天。下面有评论说,光有科学,飞船上了天也会掉下来。我认为这就体现了科学与人文的结合。科学是桨,人文是舵,桨离不开舵,舵也离不开桨。所以,科学与人文的结合在教学中非常重要,我在课堂教学中注重体现科学与人文的结合……实际上,开学第一课我上的就是一节科学与人文融合的课,我讲解了量子卫星的发射,介绍了墨子,提到墨子的思想,即兼爱、非攻。谈到习近平总书记在党的十八届五中全会提出的五大理念——创新、协调、绿色、开放、共享。我想这五大理念的提出实际上是向世界传递这样一种思想:'我们这个民族始终是追求和平、追求发展的。'我们的科学和我们的科学家,也始终为了人类的进步在努力。这就是科学和人文的结合。我在教学中始终这么做,而且也会一直做下去。因为深圳是我们国家的创新高地。"教学实践是一个复杂的过程,在其中融入教师所要传达的价值观和广阔的视野,能够实现综合育人的效果。

专家向4号选手提问:"在实际的教育教学过程中,是否有过痛苦、失败的经历?是如何调节的?怎样实现在教学、人生和教育方面理念的改变和革新的?"四号选手答道:"急流遇到礁石,其实就意味着遇到了挫折。我还是来谈我的小组合作。小组合作这一形式很多人谈之色变,因为大家认为小组合作一放就乱、一管就死,而我也不是那个创造奇迹的人。我在课堂上开展小组合作时,也遇到了种种问题,比如,不合作的、不交流的、不服从分配

第三章 何谓卓越教师：深圳市"年度教师"评审的背景与政策

的……一堂课下来，三分之一的课堂任务没有完成，怎么办？放弃？承认失败？但是任何一次变革，刚开始都会出现种种问题；任何一次进步，不都是摸着石头过河吗？还是那句话，混乱就是要解决的问题。于是我就在想，为什么会混乱？原因是学生不懂得交流，五六个人扎堆儿，都不知道听谁说，个个都在说，鸡同鸭讲，一团糟。怎么办？分解，再复杂的问题都可以分解成一个个小问题。六人的合作不行，咱们两人合作行不行？两人的沟通交流完成后，再扩展到四人，然后再扩展到六人，于是就顺理成章了。还有目标，那么一大堆任务呈现在学生面前，别说学知识，连目标都理解不了。怎么办？分解，再分解。像语文园地就可以分解为三个目标——读正确、说发现、发现其中的规律，并据此拓展。合作流程呢？学生不知道先干什么、后干什么，就再分解，对流程进行分解。先是独立思考，接着组内交流，然后分配任务，最后进行重点帮助。有了这么一套流程以后，学生按照步骤一步一步做，就有条不紊了。在合作过程中，教师不是旁观者，我在密切观察，认真评价，用我的评价来引导他们，使之明确怎么做才是对的。发现混乱了，或发现好的情况，就打断一下。同学们，刚才老师发现你们合作得非常好：你看这个小组，大家把头都聚在一起，这样好啊，能听得进别人的发言。那个组把腰挺得最直，有精气神，就是要这么干。老师会继续观察，发现优秀的表现继续褒奖。"这位选手的表达朴实无华，却充满了可贵的探索和凝练的智慧，对于在场参与的人员而言，也是一种很好的启发。

（4）现场投票

在所有选手都进行了展示之后，现场的领导嘉宾分别作了总结和点评，首先他们肯定了 6 位候选人感人至深、精彩纷呈的现场表现，华东政法大学葛大汇教授用"教育的大爱、出色的技能、强大的气势、职业的血性和激情"称赞了所有选手在现场所带来的触动与震撼，作为经历了层层选拔的代表学校、各区甚至深圳市教师行业最高水平的优胜者，所有选手的表现，让在场的所有观众经历了一次印象深刻的教育和洗礼。

接着，专家们肯定了深圳市"年度教师"评选在全国教育行业内的先导性。同时，该评选在时间维度和空间维度上都具有相当的代表性：在时间上，体现了明显的时代精神，展现了 2016 年的风采与荣耀，引领了 2017 年的目标与方向；在空间上，具有明显的深圳本土特色，充分展示了特区教师卓越的教育智慧、先进的教育思想和良好的精神风貌。此外，专家们还肯定了评选过程当中引入的大众评选环节，认为其具有合理性、创新性和优越性，为全国范围内教师荣誉制度的完善和发展贡献了不可低估的宝贵经验。

"年度教师"所代表的，不仅仅是一种掌声雷动的尊荣，更是一份沉甸甸的责任，它的背后承载着一座城市推动教师队伍走向卓越发展的信心和决心，时任深圳大学师范学院副院长的李臣提到，"年度教师"这一殊荣不仅仅属于某一位老师，而是在其生成的过程中，已发展为一种方向、一种标志、一种符号，它将对深圳市范围内教师群体中的每一个人产生隐性与显性并存的巨大影响，深圳市"年度教师"的比赛现场，可能就是教师自身专业成长最好的培训场域。

第三节　影响辐射

"榜样的力量是无穷的。"深圳市"年度教师"的产生受到万众瞩目，同时评选出的优胜者是象征着深圳全市教师行业业界标杆的人选，因而在同行中应起到示范引领的作用，所影响的范围包括但不局限于深圳市范围内，正如市委教育工委副书记范坤所提及的，"年度教师"评选的目的是在树立榜样的同时，树立标杆，从而引导广大中小学教师努力奋进，成为习近平总书记所提到的符合新时代要求的"四有"好老师，真正能够引导学生健康、全面成长，"年度教师"所代表的内涵，不仅仅是可敬、可信，更重要的是可学。事实证明，数年来评选出的"年度教师"，在教育行业的诸多领域持续发光发热，产生了更广泛、深刻、有益的影响。

一、赋能区域：带动全市教师队伍高质量发展

为了充分发挥"年度教师"在教育方面的辐射引领作用，深圳市教育局在评选活动结束之后，会组织当年的"年度教师"（或获得"年度教师"提名奖的人员）开展巡回分享活动。以 2016 年为例，在评选活动结束后，市教育局组织当年的 1 名"年度教师"和 5 名"年度教师"提名奖获得者组成了巡讲分享团，正式踏上巡回演讲分享之路。报告团成员在 148 天的时间里，先后走遍了深圳市福田、罗湖、南山、盐田、宝安、龙岗、龙华、坪山、光明、大鹏 10 个区及市内几所学校，传播"年度教师"团队集体的教育智慧，用教育实例打动人心，引发共鸣和启迪，从而实现了深圳市范围内培养出、选拔

出的优秀教师最终回报了整个区域的教育事业发展的目标。

为扩大"年度教师"巡讲活动的影响力和针对性,每一次的巡讲都会有相应的主题。2016年,深圳市"年度教师"巡讲团在市内分别开展了主题为"'年度教师'的成长之路""在教育的路上不断寻找""教育的路上需要感恩和信仰""一个人走得快,一群人走得远""如何激发学生潜能""给学生装上梦想的发动机""我们需要走心的教学""对教师职业要保持敬畏和好奇""在潜移默化中培养孩子的品格""为学生创设'玩'和想象的氛围""老师是学生的心灵捕手""教学是师生间的一场对话""今天的态度决定明天的高度""教育的诗和远方就在我们心中""为未知而学,为未来而教"等十余场巡讲活动。这些活动分别从不同的角度分享了教师关于教育领域相关问题的理解与感悟,将"年度教师"所代表的十足的正能量和他们所积累的好故事,以及"年度教师"的风采在整个深圳市范围内进行传播,为深圳这座敢于创新、敢为人先的城市增添了教育行业浓墨重彩的一笔。

"你有多努力的现在,就有多不惧的未来",在一场演讲中,一位"年度教师"以这样一句话作为演讲的开头。她以亲身经历说明,付出一定能够有所收获,很好地回应了很多老师在职业倦怠期所产生的职业虚无感,为更多教师追求卓越提供了前进的动力、方向的引导和方法的指导。正如她在另外一次巡讲时所提到的,身为一位好老师,需要自身具有对于教育事业的信仰,有了这份虔诚而坚定的信仰,才能够支撑教师走向更远、更好的未来。因为教师是学生生命里的摆渡人,他们身上肩负的是每一个生命的未来,更是中华民族的未来,因而,教育事业任重道远且意义深远,每一位教师自发追求卓越既是自身追求,也是职业要求,更是使命所在。

"年度教师"的市内巡讲活动兼具高度、深度、广度、温度,让每一位受众受益匪浅,增强了教师群体的职业认同感,为推动深圳市内教师专业发展发挥了重要作用。

二、引领示范:以"年度教师"工作室孵化优秀教师

"独行快,众行远。"对于教师的成长来说,借助于团队的力量,与他人形成协作共进的团体,是实现专业成长与发展的重要途径。因而,致力于促进中青年教师专业提升的名师工作室往往会成为教师成长发展的孵化器和摇篮。为了进一步发扬深圳市"年度教师"所展现出的高尚师德师风——忠于

岗位、忠于职责、勇于开拓创新、为教育事业无私奉献的卓越精神，充分发挥深圳市"年度教师"的辐射、引领、带动作用，全国首个"年度教师"工作室在深圳市南山区挂牌，此后每一届"年度教师"都设立相应的工作室，实现了辐射、引领、带动作用的制度化、专业化、常态化。"年度教师"工作室不同于广泛意义上的学科名师工作室或名班主任工作室，其所致力的教师培养业务能力范围有所扩大，能够引领工作室成员走向综合素质全面发展的卓越成长之路。

深圳市"年度教师"工作室的成员和学员往往是由来自不同学科、不同学校、不同学段的教师组成，打破了学科、学段、学校的壁垒，在一种自由、平等、融恰的氛围中，成员们得以拓宽教学研究的视野，提升教学、教育、教研等方面的综合素养，加快成长速度，逐渐在学习和探索的过程当中形成自己独特的教育教学风格。在"年度教师"的专业引领之下，中青年教师的综合素质实现了提升，进而在奋进的过程中成长为新的名师，凭借着先进的教育教学方法更好地投身于教育事业，在此基础上，对整个区域内教师队伍的专业成长和素养提升起到关键性的作用。

工作室成员在学习求索的过程中，通过参加集中培训、交流研讨活动拓宽成长的渠道；通过共同撰写研究材料、申报并完成教研课题等方式深化研究能力；通过专业培训、赛前辅导等走向更大的展示舞台，获得更多的奖项荣誉；通过参加工作室组织的课堂展示活动，学习借鉴教学技能，提升教学水平；通过工作室组织参与广播电台、电视台的节目，发出属于教育界独特的声音，传递教育的正能量；通过疫情期间捐善款、录制网课等线上课程，彰显铁肩担道义的社会担当和高尚的道德情操。短短几年，深圳市"年度教师"工作室已孵化产生了数十个省市区级名师工作室，为区域教育事业的提升做出了巨大的贡献。

深圳市"年度教师"从深圳这座创新之城的沃土中生长起来，同时以自身卓越的素质和能力回馈整座城市的教育事业。负责的工作室成为一种学习的协作共同体、辐射引领带动的新平台和名师专家成长发展的孵化池，这形成了一种良性的循环。同时"年度教师"积极参加广东省中小学"百千万人才培养工程"项目，站在更高的发展平台上，发挥更大的辐射引领作用，从市内引领走向市外帮扶，从名师工作室走向省级平台，将自身的专业成长融入新时代教师队伍的建设和发展之中，为加强高质量教育体系建设贡献自己的力量，真正发挥卓越教师的标杆作用。未来，"年度教师"也会在专业的道路上继续前行，带领团队"抱团成长"，实现立足于课堂、立身于深圳、立行于全国、放眼于世界的目标，成为并培养出专业化、现代化、全球化的新一代名师，真正成为深圳教师的优秀代表，助力全国教师成长，将评审活动的效能，再次落实到教育教学的实际中。

深圳市"年度教师"在获得殊荣后，并未就此满足，反而以此为契机，在各自的岗位上继续发光发热，展现出更加卓越的教学能力和领导风采。"路曼曼其修远兮，吾将上下而求索"，深圳市"年度教师"作为区域内教师卓越发展的楷模与典范，在进行发展道路选择时，有的承担起了更大的社会责任，成为学校的部门负责人、校长，或在市、区教育行政部门担任重要角色，在更具挑战性的岗位上，持续求索，躬身入局，为区域教育高质量发展建言献策，继续发挥独属于深圳市"年度教师"的光与热，成为更多教师走向卓越的引领者和示范者。

"年度教师"群体中，有的成长为学校教师发展中心、教科室的负责人，凭借自己的成长经历言传身教，积极为校内教师创建发展路径、提供帮助、搭建平台，努力助力每一位老师走向精彩；有的被委以重任，担任一所学校的书记或校长，主持学校全面工作。"年度教师"以身作则，把办好一所学校作为自己新的职业追求，为教师们树立起身边的标杆和榜样，从而激发教师持续追求职业成就。他们充分利用各项社会资源，调适内外部环境，为学校教师发展提供机遇，推动教师迈向新的职业境界。

"年度教师"成长于一线，走上行政岗位之后，在制定教师成长相关政策、思考教师成长相关问题、谋求教师成长的环境条件时，能够充分做到从一线教师的角度出发，这使得各项事务和政策更易被教师群体接受和认可，有力推动了一所学校乃至一个区域教育事业的良性发展。

总之，深圳市"年度教师"们在获得殊荣后，并没有停下脚步，反而以更加饱满的热情和更加坚定的信念，为党和国家的教育事业无私奉献。

三、辐射带动：对口帮扶市（县）的协同提质

"一枝独秀不是春，百花齐放春满园。"深圳市"年度教师"评审工作在深圳市范围内开展，但其着眼和辐射的范围却不仅仅局限于深圳市内。首先，该评选活动带动了诸如河源、南昌等地相继开展了此类以评选促进教师专业

发展的活动；其次，深圳市评选出"年度教师"后，所成立的巡讲团足迹遍布省内对口帮扶的河源市、汕尾市等地，还远赴广西百色、河池等地进行巡讲，带去了深圳市先进的教育理念，共享了深圳教育的经验与智慧，引领、辐射、带动、助力上述区域的教师实现专业成长。

在汕尾和河源两地，"年度教师"巡讲团进行了题为"给学生带得走的能力，而不是背不动的书包"的主题演讲。在"好课堂蕴含着精神的力量"这场演讲的分享中，生物学科的"年度教师"以"你们住过的最好的房间是什么样的？"这一问题开启话题，为学生生动讲解了课前引起不少骚动和羞涩不安情绪的《人从哪里来》这一课。他用一张蜷缩在子宫当中的胎儿图片告诉学生："这才是你们住过的最好的房间，而你们这一辈子都不可能付清房租。"教师将本节课从简单学习科学知识引向生命教育、情感教育的新高度。同样分享了让学生在课堂当中习得技能、提升境界的方法的另一位教师，运用在音乐声中静坐的"心灵瑜伽"方式，让学生学会缓解紧张、焦虑等情绪的方法，为孩子打开了一扇心灵的窗户。

教育中既要有落到实处的方法，也要有引领高度的理论。"教育是个共同体，让我们一起遇见了最好的自己。"一位提名"年度教师"候选人的教师这样说。她从自己的学习和阅读经历出发，认为自己求学时曾遇见了引路的"贵人"，因而在从事教育行业之后，也致力于成为学生学习生涯中的"贵人"。教育的意义和传承就在这样的理念中实现了，师生本是教育的共同体，协同合作，教学相长，是高质量教育的样态。另一位教师则用四个"情"分享了自己的教育理念：首先，面对学生，教师要做到心怀无限柔情；其次，对待自己所选择的这份职业，教师要保持万丈豪情；再次，面对日常繁复、琐碎的工作，教师要保持十足的激情；最后，面对自己所选择的这项伟大的事业——教育，教师要饱含深情。真诚而朴实的表达打动着现场的听众，教育这项平凡而伟大的事业，深深扎根于每一位教师的心中，成为大家此时共同肩负的重要使命。

"年度教师"巡讲团的足迹还抵达了百色、河池等地。深圳市委教育工委副书记范坤在巡讲团临行前着重强调：需展现出深圳特区教师群体独特的教育理念、智慧和情怀，所作报告需要具备理论的高度，同时也要落到实处，要做到所分享的案例、经验"可学、可信、可敬"。百色、河池当地政府部门高度重视此次巡讲活动，热情接待了巡讲团一行。时任河池市副市长的顾楠洲评价此次深圳市"年度教师"前往河池所进行的巡回演讲,是东西部协作在教育领域打响的第一枪。河池11个县的教育行业从业人员通过网络分会场领略了深圳市"年度教师"的卓越风采,还有人在百色高级中学的千人报告厅见证了这场教育界的盛会,此次活动对两地教师队伍的专业成长起到了引领示范作用。

朱自清认为,教育者须对于教育有信仰心。这是每一位教育人心中所需要秉持的烛火。深圳市"年度教师"巡讲团在河池、百色的汇报以"把教育当作此生信仰"为主题展开。

"面向他人的教育,亦是朝向自我的教育。"一位"年度教师"这样说道。教师开展教学活动的教室,物理面积是非常有限的,但是对于孩子的教育探索却是没有穷尽的,要在客观有限的空间里,挖掘出每一位学生身上独特的潜力,这才是教育这一信仰最终指引的方向。另一位教师则谈道:"只有用心才能看清楚,真正重要的东西,用眼睛是看不见的。"真正宝贵的东西,诸如教育的过程、教育的责任、教育的结晶,都是在潜移默化的过程当中,以隐性的方式存在的,却发挥着巨大的作用。除此之外,教育还要保持强烈而持久的热情,如此才能够让教育的诗与远方,长存于每一位教育人的心中。

巡讲报告活动结束之后,两地教师同行盛赞"年度教师"所代表的行业高标准。河池市金城江区第八小学的一名教师谈道,深圳市"年度教师"团队有着令人敬佩的精神品质,他们所分享的成长经验值得借鉴和学习。这些"年度教师"对整个教师行业群体起到了激励、引领作用,同时对各级、各类单位探索教师专业发展具有重要启示作用。百色市果化镇中心小学的一名教师在听取了分享汇报之后感慨道:一线教师要始终保持勤奋向学的态度和热情,不断努力、不断前进,才能够实现厚积薄发,真正让自己的课堂成为育人的阵地。

深圳市"年度教师"评审活动,是我国教师荣誉制度探索中积极有益的尝试,且经得住多年时间和实践的检验。"年度教师"群体是榜样,是标杆,是范本,更是卓越教师成长路径探索的实验对象。在数年的探索历程中,活动形成了公正、公开、公平的评审流程,确立了广受认可的评审标准,其终场角逐精彩纷呈且万众瞩目,"年度教师"的评选制度发展至今,已颇具规模、广受好评、影响深远,同时在不断实践的过程中持续完善与改进。越来越成熟的深圳市"年度教师"评审机制,是深圳教师专业成长的重要探索成果，必将在探索的过程当中形成更具价值和意义的长效发展机制，也必将助推区域内教师真正实现卓越发展。

深圳市"年度教师"的影响是多元而深远的：首先，它助力"年度教师"群体实现自我价值；其次，它是区域探索建立卓越教师成长长效机制的成果；最后，它是我国教育事业领域的一大创举。正如东北师范大学教育学部柳海民教授在"年度教师"工作室会议上所说：深圳市"年度教师"评审工作是"为教育事业立心，为学生发展立命，为优质教育创新理，为教书育人开未来"！

第四章

卓越教师是谁：深圳市"年度教师"群像素描

第四章 卓越教师是谁：深圳市"年度教师"群像素描

评选优秀教师是世界各国推进教育发展、引领先进教育理念的重要方式。美国自 1952 年开展年度优秀教师评选项目，这是其历史最悠久、影响最深远的教师评选机制。在英国，虽然没有国家层面的年度优秀教师表彰制度，但地方和民间力量也在持续推动教师评价机制完善，以此促进教师的专业发展。而在德国，虽然同样不评选优秀教师，但出台了更高的教师教育标准来引导优秀教师的成长。无论是开展优秀教师评选活动，抑或是出台教师评价标准，这些国家的行动不约而同地指向对优秀教师的统一要求，即具备良好的专业基础、关注每一位学生成长、探索教学创新途径等。

深圳市教育系统一直致力于培养出色的教育工作者，并在这个过程中积极探索何为卓越。自 2015 年起开展的"年度教师"评选活动，旨在在教师队伍中树立卓越的榜样，彰显深圳优秀教师的特质。那究竟何为深圳"年度教师"呢？官方有过这样一段描述：深圳的"年度教师"不是单一的劳动模范，但必须有劳模的精神境界；不是单一的师德标兵，但必须是师德高尚的教师；不是单一的教学专家，但必须在教学中独树一帜；不是单一的科研能手，但必须有相当的科研能力与科研成果；不是单一的教书育人楷模，但必须有突出的教育教学业绩；不是单一的优秀班主任，但必须有很多感人至深的教育故事；更不是单一的演讲高手，但必须有很好的表达能力。因此，从这个层面来说，深圳的"年度教师"就是优秀教师、卓越教师的典范和代表，深圳"年度教师"的评选，就是要树标杆、立榜样，明确教师的发展导向，激励教师们奋发有为。

本章聚焦于深圳市教育界被授予"年度教师"荣誉的教育工作者群体，他们不仅是知识的传授者，更是理想信念的坚守者、仁爱无私的育人者、勇立潮头的教学者、育人使命的担当者和未来教育的践行者。我们把关注点投向"年度教师"的群体特质，通过对深圳市"年度教师"的群像素描，深入探讨"年度教师"的卓越内涵。基于横向结构视角，从教育信仰、教育态度、教育行动、教育的使命意识以及教育的未来视野五个维度出发，理解这些教育工作者的故事、理念和实践，以及他们如何通过教育塑造了学生的未来。这种横向的视角为我们提供了更为综合和多元的视角，让我们能够更好地理解何为卓越的"年度教师"，以及如何在教育领域追求卓越。

第一节　理想信念的坚守者

在深圳市"年度教师"群像素描中，我们不仅要探究教育工作者的教育方法和成就，更要深入了解他们背后的理想信念，以及这些信念如何推动他们不断追求卓越。"年度教师"们不只是教育工作者，更是一群执着于教育事业、充满激情、坚守理想的人。他们相信教育有着深远的影响力，能够改变学生的命运、塑造社会的未来，这种信仰是他们追求卓越的动力，也是指引他们不断前行的方向。我们将深入探讨这些理想信念坚守者的故事，了解他们的教育理念，以及他们如何将这些理念付诸实践。通过这些故事，我们能认识到他们在教育领域中所面临的挑战和困难，以及他们是如何克服这些困难、坚守自己的信仰的，从而为我们揭示教育领域中那些不屈不挠的理想主义者——那些坚信教育能够改变世界的人的故事。

一、怀揣着对教育的热爱，将职业变成事业

从工作到人生舞台，怀揣着对教育的深情与热爱，"年度教师"们演绎着一场充满激情和使命感的戏剧。他们不仅是教师职业的从业者，更是教育事业的倡导者与践行者。这是一段承载梦想和愿景的旅程，秉承着对教育的坚定热爱，他们认真对待教师工作，持续学习，不断追求卓越、挑战自我。通过自己的奋斗与坚持，他们将热爱和信念转化为塑造未来的力量。

1. 对教育事业的坚定热爱与执着

这是深圳"年度教师"群体最鲜明的特质，也是我们看到这个群体在舞台上呈现出来的典型状态，他们普遍具有良好积极的精神面貌和旺盛的生长力，对教育事业有着坚定的热爱与执着的追寻。这集中表现在他们对职业的高度认同感、责任感和使命感上。热爱教育事业，这是根基，教师的工作热情和状态取决于教师本人对这份工作所肩负的责任和使命，只有由内到外显示出高度一致，才有可能满怀热情、充满干劲地奋战在教学一线，从而体会到职业的价值和意义。

有研究表明，教师积极的心理品质与自我效能感、工作投入度、职业发展意向、身心健康水平、人际关系等呈正相关，与职业倦怠、离职倾向等呈

负相关。① 教师是一份需要持续付出的职业，而且由于教育的滞后性等问题，短时间内并不能有明显可见的效果，这在很大程度上会挫伤教师的积极性，极易导致职业倦怠并使教师陷入自我怀疑。因此，能在长期的工作中克服职业惰性，保持热情与积极向上的态度，是难能可贵的，这也是"年度教师"群体能保持优秀的内在原因。

X 教师在评选总决赛上说：那是一种即使在幽暗的处境中也要追寻光的执着。因为这份执着，我走到了这里。因为这份执着，我还会带领着更多的学生向光而行。（来自访谈）

也正如 S 教师所说：选择当老师，过去我从未迟疑，将来也不会离开，因为这份信念早已流淌在我的血液里、铭刻于基因中。在一次次矢志不渝的坚守中，我发现，跟学生的邂逅，是一生的缘分；与教育的牵手，是永久的承诺。在百折不挠的追寻中，我发现，一位教师生命中最大的幸运，莫过于以灵魂塑造灵魂，以思想唤醒思想，以智慧启迪智慧。（来自访谈）

C 教师为了实现"将舞蹈艺术深厚内涵和培养学生人生素养紧密结合起来"的教育理想，毅然放弃高校的工作，她这样说：1991 年，我从中国舞蹈最高学府——北京舞蹈学院毕业后，因学业优异，留校任教。那时，我已经有了许多优秀的学生，她们后来都成了优秀的舞蹈工作者，在国家舞蹈事业发展中发挥着重要作用。但最终，我还是毅然放弃了众人艳羡的大学工作，选择来到普通中学做一名默默无闻的舞蹈老师，一切都要从头开始。但我深知，要想做到把舞蹈艺术深厚内涵和培养学生人生素养紧密结合起来，只有普通中学才能给予我实现教育梦想的广阔空间。（来自访谈）

X 老师也提到，如果把教育只当成一份工作，那么自然而然会产生疲惫、厌烦之感，但是如果对教育有深沉的热爱，将其作为一份事业，那么就会有满满的幸福感。他说：因为我深深感受到了那股从内心升腾的热爱，当我踏入教室时，我感到满怀喜悦。这是一种热爱，一种深沉的热爱。每一次与学生相处，都会给我带来满满的幸福感，这是我深深享受的时光。确实，如果把教育只当作一份工作，一个谋取经济利益的工具，那么可能上完课就会匆匆离去。但是，为什么要这样做呢？教育是我们的事业，是我们的责任。有些老师抱怨，下班后还要接家长的电话，觉得很烦，但事实上，这也是我们

---

① 赵月，黄峥. 积极心理健康教育视角下特殊教育教师职业倦怠应对策略研究［J］. 中国特殊教育，2017（5）：15-18.

的责任,不是吗?(来自访谈)

不难发现,正是由于"年度教师"们对教育事业的深沉热爱,将其视为终身事业,才让他们在教育领域产生了卓越的影响并做出了杰出的贡献。他们内心深处的热情和责任感,是他们职业生涯发展的动力源泉,也是他们为学生和社会做出杰出贡献的根本动力。这种热爱和责任感不仅驱使他们全身心地投入教育工作,也激励着他们不断挑战自己,持续追求卓越。这种热爱和责任感不仅影响了他们自身,也对学生产生了深远影响。他们的教育不仅是一种教学行为,更是一种引导,是学生成长道路上的坚定陪伴。

2. 用心对待教育,持续学习进步

人类社会是不断发展进步的,无论哪一个行业,都应顺应时代发展的潮流,持续不断地学习,在变化中谋求进步。从我国基础教育的几次重大改革来看,我国对基础教育领域的认识是不断深入的,随着不断的探索和实践,逐渐摸索出符合学生身心发展规律和教育规律的育人目标体系。从"双基"到"三维目标",再到"学科核心素养"的提出,立德树人的根本任务找到了可落实的依托和路径,这对我国基础教育的高质量发展有着重要意义。在时代的发展中,教师只有不断学习,才能跟上时代的步伐,才能肩负起培育未来人才的重任。如果一个教师除日常教学外,放弃了继续学习,那么他的思想将停滞不前,最终也很难成为一名合格的教师。

几乎世界各国对教师入职后的继续教育工作都十分重视。例如,德国相继出台的《教师教育标准:教育科学》(2004年)和《各州通用的对教师教育的学科专业和学科教学法的内容要求》(2008年),都对教师的再教育提出了具体要求和标准。相关研究分析表明,教师知识积累可以分为两大类:一类是实践性知识的积累,包括情境性知识、体验性知识等;另一类是非实践性知识的积累,主要体现在学科专业知识上。教师可以采用阅读大量书籍、深入思考和与同事交流等方式进行知识积累。教育学中有"教育临界点"的概念,是指教学活动量的积累达到使教学活动主体的状态发生转化的关键点。①著名教师教育研究者李·舒尔曼(Lee S. Shulman)更是在前人研究的基础上,提出了学科内容知识、教学法知识、学科教学知识等教师所需的知识类型。由此可见,教师仅靠在学生阶段习得的理论或实习知识,并不足以应对在工作中可能面临的各种难题,在真正走上岗位以后,更需要不断地学习,

---

① 李志厚,刘兴然. 论教学临界点的研究价值 [J]. 教育理论与实践,2008(25):44-47.

才能拥有足够的知识和经验去解决工作中的问题,并在此基础上,寻求职业生涯的更大突破和成就。

"年度教师"们有主动学习和终身学习的态度与能力,在他们身上,我们看到了学习者的榜样形象,尽管他们在各自的学科专业领域已经是佼佼者,但他们始终没有放弃继续学习,提升自我。他们坚信,只有通过持续的学习和进步,才能更好地引导学生,将教育力量发挥到极致。因此,他们投入大量时间和精力,不断提高自己的专业素养,保持热情和积极的态度。这不仅使他们成为学生成长的引导者,更让他们成为教育领域的倡导者和改革者。

X老师认为,卓越教师的特质就是永不止步、永远学习:卓越的教师拥有永不止步的品质,永远怀有向上的力量。他们为自己设定了更高的标准,从不停歇,即使在休息之时,内心依然燃烧着对教育的热情。就拿"年度教师"培训来说,昨天整整一天我都在参加培训,很累。但听到专家们的发言,我就开始反思:为什么以前我没想到这些?为什么我没有提出类似的观点呢?我始终怀着一颗永远渴望学习的心,时刻感到自己还有很多不足之处。这种心态能够激励我们不断成长。作为老师,甚至作为一个社会中的个体,持续学习是至关重要的。(来自访谈)

在谈到自我学习时,X老师提到了持续学习与进步对于家庭教育以及个人事业发展的重要意义,他这样说:作为老师,一定要有不断学习的能力,否则就会过得束手束脚,这种所谓的束手束脚的"幸福"其实不是真幸福。每个人的心态不一样,对自己的要求不一样,对自己的规划也不一样。但是我自始至终认为,这个人如果上进,那么在事业上、家庭里,甚至对待将来的孩子,都是会很用心的。好的教师就是既能教育好别人的孩子,也能教育好自己的孩子。因为你的这种奋进精神一定是孩子最好的榜样,是一种无声的教育。(来自访谈)

而C教师在调入深圳市高级中学以后,就习惯了与孩子们凌晨六点的约定,她这样回忆:你们知道学舞蹈是要出早功的,为了督促孩子们出早功,十多年来,我都坚持每天早上不到六点就起床陪同孩子们跑步、练功。在陪伴孩子们成长的过程中,我也保持了良好的舞蹈功底。在"深高"这座美丽的紫色城堡中,晨练的舞蹈团的孩子们是最美丽的风景。晨曦中,她们在运动场上练习下腰、压腿、弹跳……高高盘起的发髻和一袭黑色的长裙,是"深高"舞团的标志;浅浅微笑的脸庞和自信优美的舞姿,是"深高"舞团的象征；滴滴晶莹的汗珠和双双磨破的舞鞋，是"深高"舞团辛勤的付出；内心的坚定和高度的自律，是"深高"舞团不懈的追求。（来自访谈）

通过对"年度教师"群体的调查研究，我们发现，大部分"年度教师"本身已具备较高学历，但在入职后依旧选择深造，攻读硕士或博士研究生学位，通过理论与实践的深度融合，更好地指导自身的专业成长，他们是真正的终身学习践行者。终身学习不是一句口号，而是一个人顶级的自律，正所谓"自律即自由"。党的二十大报告指出："建设全民终身学习的学习型社会、学习型大国。"无论是谁，只有持续不断地学习，才能跟上时代发展的步伐，创造幸福的人生。

二、怀揣着对教育的信念，陪伴学生成长

教育，是一首灵魂的奏鸣曲，是一个承载希望的使命。在这个伟大的使命中，"年度教师"们扮演着引领者和陪伴者的双重角色。他们怀揣着对教育的坚定信念，不仅传授知识，更是学生成长道路上的陪伴者。他们相信教育的力量，坚信每个学生都有无限的潜能等待开发，要教给学生一生有用的东西，努力成为孩子的筑梦人。他们坚信教育是改变学生命运的力量，以美育人，让学生做到内外兼修。

1. 在教育中陪伴学生成长

在教育中陪伴学生成长，不仅是一份职责，更是一项神圣的使命。这一使命不仅塑造着教育者的内心，也深刻影响着学生的未来。"年度教师"们怀揣着对教育的信念，以坚定的决心和无私的奉献，陪伴学生走向光明的未来。

C老师秉承着以美育人的教育信念，将舞蹈艺术从专业教育扩展至更广泛的普通教育领域。她坚信，以美育人不仅是身体上的修炼，更是运用文化对学生人格进行塑造的过程：

用爱心传递舞蹈艺术，培育更多的孩子，这是我一直以来的信念。

到海南中学之后，我做了一个创举——率先在普通中学开创了面向全体学生的舞蹈课程，并组建了海南中学校园舞蹈团。当时我的决心就是要将舞蹈艺术深厚的内涵和国民的素质教育、审美教育相结合，应该说这是一种比较超前的美育、舞育理念。

我一直把中华优秀传统文化关于人格塑造的核心内容——自律、修身作为进行舞蹈教育的理念，寻求舞蹈教育除技巧之外对人的品格素养、行为养

第四章 卓越教师是谁：深圳市"年度教师"群像素描

成等深层次方面的教育作用，这一点也是深受领导、老师、家长认可的。幸运的是，从北京舞蹈学院到海南中学，再到深圳市高级中学，经过几十年的不懈努力和探索，在我的自律舞蹈教育理念下，培养出一批又一批优异的学生，他们被输送到世界各地的名校。我所带的学生舞蹈团队在参加各种外事文化交流、公益演出、舞蹈比赛等活动中成绩斐然。（来自访谈）

作为历史教师的 W 老师对历史学科有着自己的解读，他认为历史不是一些死记硬背的知识点，而是在记忆中蕴含温度与力量的内容，历史应该教给学生一生受用的东西：

当时，我就问了自己一个问题：历史教什么？

历史不是死记硬背，不是照本宣科。历史，有温度，有深度，更具生命力，应该把这些东西呈现给学生，即"教给学生一生有用的东西"。

时光如流，11 年过去了，我如今仍然在为上面那段"宣言"而奋斗，激情澎湃，不忘初心——认认真真备好每一节课，掏心掏肺上好每一堂课。（来自访谈）

教育不仅是知识的传授，更重要的是助力孩子的成长。对学生的关心以及秉持"陪伴，是最好的教育"的信念，成为 W 老师在教育中的信仰与行动指南：

陪伴，是最好的教育。在海边与孩子们一起玩沙，这也是一种教育。这十一年，我走了许多路，始终围绕着学生们的进步；吃了很多苦，总是为了给孩子们更多的甜。

我不忍看到我的学生：未曾年轻便已衰老，未曾追求便已放弃，未曾拥有希望便已绝望！

我祝福过的每一粒种子，都已绽放成春天；学生奋斗过的每一片麦田，都已渲染成金黄。

我坚信，只要方向正确，总有一天，阳光会洒在脸上。所谓的光辉岁月，不是后来闪耀的日子，而是屡遭挫折时，你对梦想的坚持。你是否有勇气，对自己忠诚到底？（来自访谈）

"年度教师"们怀揣着坚定的教育信念，他们相信每位学生都拥有无限的潜力等待被发掘，教育工作不仅在于传授课程内容，更在于启发思考、培养品德，引导学生塑造自己的未来。这种信念促使他们成为学生成长路上的陪伴者。他们将教育视为一项伟大的事业，一种持续不断的责任。这种信念已经深深融入他们的血液和灵魂,成为他们不懈奋斗的原动力。

2. 相信教育是一种改变的力量

在"年度教师"群体中,对教育力量的坚定信仰也是他们的共同特质之一,他们不仅仅将教育视为一种职责,更将其视为一种强大的力量,一股能够引导学生走向未来的力量。他们深信,教育不仅能够传授知识,更能激发学生的潜力,帮助他们实现梦想,改变命运,最终成为生活的主宰。这种信念不仅仅是一种理念,更是行动的指引。"年度教师"视教育为改变学生乃至社会的有效途径,他们相信每个学生都有无限的潜力等待发掘,而教育则是点燃这股潜力的火炬。这一信念驱动着他们不仅传授知识,还引导思考、培养品德、激发创新思维、鼓励勇敢尝试。他们相信,教育能够改善社会,培养未来的领袖,让每位学生都有机会实现自己的梦想。

"不是杰出者才做梦,而是善于做梦者才杰出。"W老师认为教师就是为学生筑梦的人,应在学生的成长道路上提供帮助,助力学生实现自己的梦想:

身为老师,我的价值何在?依我的理解,老师就是帮助学生构筑梦想的人。

我上好历史课,任备课组长,成为优秀班主任,做好年级长。这一路,陪伴着孩子们,也见证他们的成长。我不停为他们加油。因为他们的希望就是我的希望,他们的苦难就是我的苦难。

我看着他们泪流满面,我看着他们活出精彩……我看着他们,不停地为他们加油,因为我感觉自己就是他们的一部分。

孩子们放暑假、大学毕业、工作后都会回母校找我,说说笑笑,聊聊各自的近况,谈谈将来的打算。

我们不常见面,可每次见面,别离时,都会紧紧拥抱着,在彼此耳边轻声问:"十年后,你会是谁?"

那一刻,有一种力量,从指尖悄悄传来;有一种关怀,从眼中轻轻流露。

不是杰出者才做梦,而是善于做梦者才杰出。

我是谁?我是帮助学生建筑梦想的人。(来自访谈)

X老师也对教育满怀信心,他相信即使他和孩子们处于一所被很多人不看好的职业院校,但只要有信念且努力付出,教育就能够改变这一切,而这种改变带给人的震撼是巨大的。对于一名教师来说,能够见证这样的改变发生,就很满足了:

第四章　卓越教师是谁：深圳市"年度教师"群像素描

要有信心，我对这些孩子有信心，对自己有信心，对这个班级有信心，我一定能把他们管理好、教好。我们每个人都应该有理想信念。尽管目前我们来到了一所职业学校，这里可能被很多人不看好、瞧不起，但我们一定要有这样的信念：我们要改变！我们的目标不是毕业后去打零工，去麦当劳，去某个咖啡厅，或者去某个卖场，不是这样子的。通过接受职业教育，我们要能够凭自己的能力，改变生活现状，甚至改变整个家庭的状态。

我觉得这样的教育带来的改变是非常震撼的，作为普通老师，看到这样一个又一个的改变正在发生或者即将发生，我觉得非常满足。（来自访谈）

正是因为坚信教育具有改变的力量，能够改善现状、帮助学生实现梦想，教师们才会持续努力，让教育真正产生深远影响。他们相信每个学生都有无限的潜力，无论学生的背景如何，都有机会取得成功。这种信念使教师在教育中不仅传授知识，还注重培养学生的品格和自信心，鼓励他们追求梦想。教师们坚信，通过教育，他们可以改善学生的生活，改变他们的未来，帮助他们实现梦想。这种信仰不仅能够推动教育事业的不断发展，也能够为学生的成长和社会的进步做出重要贡献。相信教育力量是教育工作者的核心动力，也是教育事业不断前进的推动力。

第二节　仁爱无私的育人者

"年度教师"不仅是知识的传递者，更是学生生命中的引路人，是情感的滋养者，是人格的塑造者，是仁爱无私的育人者。他们以无私的奉献、温暖的关怀和深刻的理解，助力学生成长。他们在学生心中播下一颗种子，期待着有一天种子会发芽，长成参天大树；用爱点燃学生心中的生命之光，让学生健康成长；用智慧引导学生发展，让学生也发展了人生智慧。师生间的互动，为我们揭示了人与人之间深厚的情感纽带，以及教育对于个体和社会的深远意义。

一、教育是播下一颗种子

教育是一个漫长的过程。吕叔湘先生把教育比喻成生态农业——把种子种到地里给它充分合适的条件，如水、阳光、空气、肥料等，帮它除草和耕耘，让它发芽生长、开花结果。任何急功近利和放任自流的做法都会有害于教育的效果，所以教育最需要的是坚持投入，守望与等待每一颗种子的成长。学生不正像一粒粒蕴含着各种希望的种子吗？愿每一粒种子，都长成他们最美的模样！"年度教师"们怀着无私的热情，默默地播下知识、智慧和价值观的种子，用关怀和指引滋养着这些幼苗，引领他们茁壮成长。

播种后，并不一定会立刻产生效果，也许需要时间与契机，而教师唯一应该做的，就是在学生心中播下一颗种子，静待发芽。Y老师讲述了一个播种后三年才发芽的故事：

有一个学生，成绩就是提不上来。但是我们要明白老师的责任，老师就是在播种，你播下去了以后，她在你眼前可能没有发芽，没有生根，但是在适当的时候她就会发芽。如果你不播种，等谁去播种呢？这个学生在初中的三年时间里，成绩差，又跟同学打架，又不学习。后来在高中时，她发了一个朋友圈："Y老师是我初中三年的'克星'，在办公室的时间比在教室的时间还长，但是现在Y老师是我最想念的老师。"我看了她的朋友圈后很感动，也就是说当时她不优秀，没有达到很多人的期望，但是我们播下的那颗种子在一定的时候会发芽，那时候她就会理解，她就会懂了，适当的时候她会找到人生的价值。（来自访谈）

C老师将传统文化精神播种到学生心中，让这些精神营养成为学生人格塑造的重要资源，让学生能够健康成长，C老师说："我觉得成功不是拿第一，也不是获一等奖，而是通过我们的教育理念和实践，让每一个孩子都能健康快乐地成长。我把学生一生的发展和终身幸福作为自己的教育目标，把中华优秀传统文化中有关人格的自律、修身、养成等核心概念作为舞蹈教育的重要理念，播种进孩子心中，滋润他们的成长。"

二、用爱点亮孩子的生命之光

学生并不是千篇一律的，再优秀的学校，再优秀的班级，都会存在个体差异，这也是所有教师必须面对、不可逃避的问题。作为教师，最头疼的事莫过于碰到"问题学生"，让他们从"问题"中走出来，回归正轨，走上成长的道路，正是教育的神圣之处。在这个纷繁复杂的世界中，爱是最纯粹、最温暖的力量。"年度教师"们用爱点亮孩子的生命之光，他们怀着对每个孩子的深切关怀，用慈爱、耐心和理解，为孩子们铺平前行的道路，引导他们探索知识的海洋，激发他们的潜力，让他们的生命充满希望。

1. 耐心倾听，用爱育人

教育的最终目的是培养人格健全和身心健康的人，而教师则要成为塑造学生品格、品行、品味的"大先生"。我国大多数师范院校以"德高为师、身正为范"为宗旨，这充分说明了教师是学生为人处世的示范者和榜样，优秀的教师应当遵守学生身心发展规律，与学生真正平等地相处，关心、尊重和信任学生，设身处地为他们着想，并正确地予以教导，只有这样，"爱"才有通向学生内心的可能。

G2 老师提到她当班主任期间经常有学生不配合的情况，面对这样的问题，如果教师意气用事，尽管是一片好心，但是可能会让师生走向对立，唯有用心倾听孩子们的需求，用爱感化孩子们，才能真正地实现育人效果：我在教育管理的过程中，常常会遇到学生们各种各样的不配合甚至对抗的情况。"恨铁不成钢"是教师最容易产生的心态；如果不改变，师生关系就会出现隔膜甚至走向对立，就容易断送教育个体的发展可能，这样的例子实在是让人心痛。而有了长期准备，投入了足够的智慧与关爱，往往会出现让人惊喜的教育效果。说到底，教育尊重人的主体需求，措施得当，教育也就有了价值和意义。（来自访谈）

S 老师面对"问题学生"，秉承着不抛弃不放弃的信念，用真诚、用爱心、用坚持来唤醒孩子们的生命之光：生而为师，注定要与各类学生打交道；教育对象的千差万别，要求教育手段也必须有差异性与针对性。面对"问题学生"时，教师要有坚定、坚忍的情怀，在面对任何生命个体时都不抛弃不放弃，尊重每一个孩子的天性，允许他不够优秀却又想尽办法帮助他自主地相对平衡地获得发展。现实中教育经常会出现这样那样的困境，但陪伴学生、赏识学生、辅助学生，是教师责无旁贷的职业使命。我其实也没有什么绝招，靠的就是真诚付出，用爱与赞许一点点唤醒学生的内心，点亮孩子的生命之光！（来自访谈）

陪伴是最长情的告白，教师只有获得学生的信任，才能打开学生的心扉，用爱发现学生的问题，帮助学生解决问题，助力学生成长。X 老师为了打开学生心扉，与学生聊相同的话题，甚至与学生共同观看歌手的演唱会，对学生的爱与付出可见一斑：

与学生相处，关键是有共同语言，有共同语言就可以跟他们拉近距离，慢慢融入他们，就能得到他们的信任，得到他们的信任之后，就是那句话了

——亲其师信其道，问题就能够得到妥善的解决，最后会发现学生们的闪光点。我把问题梳理出来，找到原因，然后对症下药，接下来问题基本就解决了。然后就要考虑怎么培养他们，让他们在原有的基础上更进一步。其实就是树立目标，给他们树立信心，再慢慢地给他们树立榜样，再加上一些管理手段，整个班级的氛围就好起来了，班级管理有了效果，教学问题就不大了。

在这个过程中，如果发现了问题之后束手无策怎么办，解决办法就是"陪伴是最长情的告白"，依然是我的陪读、陪聊、陪玩原则。首先，老师要舍得时间，因为这些孩子的心灵是很脆弱的，也是很敏感的，我就以大哥哥的身份，慢慢地融入他们，你缺陪伴那我就陪你，这样他们就少打游戏了。其次是陪聊，我们要聊到他们的心坎里，不是直接问"你什么情况啊""你哪里有问题"，而是要获得他们的信任，然后再聊。最后，从他们感兴趣的东西聊起，如他们喜欢的游戏，他们喜欢的歌曲，他们喜欢的明星。记得有一次为了和班上的一个学生拉近关系，我和他去看了一场演唱会，那次之后，他就和我拉近了关系。（来自访谈）

2. 用尊重搭建沟通的桥梁

教育需要智慧，更需要一颗高尚无私的育人之心，好的老师会深入学生的内心。S教师曾接手学校有名的"问题班级"，这个班两年里换过六任班主任。接班后，她将班级命名为"风雨彩虹班"，寓意风雨过后，终见彩虹。S教师深入学生中间，认真倾听每个孩子的每一句话，从不取笑他们的幼稚观点，也不用有色眼镜看他们，她知道，孩子们最需要的是尊重。很快，一座看不见的信任之桥悄然搭建起来。中考时，这个曾经被断言"升学无望"的班级，七成学生考上了他们梦寐以求的高中。不放弃任何一个孩子，是卓越教师的共识和信念，其实班主任工作也并非某个人的专长，只要用情至深、用心至诚，以信任和关爱，激活孩子的潜质与正能量，就能帮助孩子们实现蜕变，在这个过程中，教师与学生会共同成长。

X老师在教学早期也曾遭遇学生的排斥与不理解，但他始终坚持"教育为了学生的成长"这一核心目标，也曾诚恳地向学生道歉，以尊重和爱搭建了与学生的沟通桥梁，最终实现了教育的育人价值：

刚来学校时，虽然我对学生满怀一腔热血，但是由于方法不对，受到学生们的排斥，甚至被学生举报到教务处，最后副校长找我谈话，我一开始也很委屈，但是，最后我低头向学生认错了。因为教育的目的就是让学生成事，而不是互相埋怨,甚至互相瞧不起。最终,我开了一节班会,把这个问题彻彻底底地分析了一遍:我的问题在哪里?你们的问题在哪里?我们现在需要做的是什么?班会开到最后,几个女生哭了,哭了之后,我拥抱了她们,我说:"其实我们都有问题,但是我觉得我们现在需要放下芥蒂,因为我们都需要成长。"

这件事是一个转折点,从那之后班级发生了很大的变化。大家慢慢地成为朋友,班级氛围变好了,大家也更愿意学习了。(来自访谈)

在学生管理工作的过程中,作为职业学校教师的 X 老师特别强调了交流在教育中的关键作用:

学生管理很重要,学生经常会有成年人的思维,在这种情况下,就需要跟他们进行深入交流,交流要比说教管用很多。有时候,我会向学生提出问题,问他们怎么处理这个问题,将问题摆在他们面前,然后询问他们的看法。这样,他们就有机会表达自己的想法,因为没有标准答案,所以我鼓励他们各抒己见。跟他们说话的时候,低下头,弯下腰,俯下身,这样交流的效果会更好,即使是年纪小的孩子,也要征求他们的意见。因为现在的孩子与我们的学生时代不同,他们接触的信息更广泛。了解他们的兴趣爱好对建立彼此的联系很重要,要理解他们的内心,减少焦虑感,才可以更好地与他们沟通。他们有很多种话语体系,不懂的话就很难融入他们,跟他交流就是隔靴搔痒,这样效果就不会很好,很难拉近关系。我们不是低下头,而是主动借鉴他们的生活方式和语言,这样可以提高工作效率,让工作更轻松,也让教育更有效果。通过交流,我们可以更好地指导他们,避免他们走弯路。我还经常告诉年轻的老师,我之所以提出一些期望和要求,就是因为我不想让他们再犯我曾经犯过的错误。如果处理方式不妥当,即使再努力,再出于好意,结果可能都不尽如人意。(来自访谈)

三、用教育智慧引导学生发展

教育者如同灯塔,守护着迷失的船只,用智慧的光芒照亮学生前行的道路。"年度教师"们是智慧的传播者,引导学生思考、探索和成长。在这个知识爆炸的时代,智慧成为关键,因为它不仅帮助学生获取信息,而且帮助他们理解和运用这些信息,发展自己的潜力。"年度教师"们都有着自己的教育智慧,通过智慧促进学生发展,成为学生的欣赏者,鼓励学生不断突破自我,也通过智慧告诉学生教育是为了幸福地生活,甚至有教师不仅通过智慧影响了学生的发展,更通过智慧的行动让家长也收获了一份成长。

1. 用智慧引导学生的人格发展

教育不只是知识的学习,更是为了幸福生活做准备,正如赫伯特·斯宾塞在《教育论》中提出:教育为完满生活做准备。当代也有教育学者提出:幸福比优秀更重要。"年度教师"这个群体一直坚持着自己的幸福教育实践,不放弃每一个学生。W老师就通过自己的教育告诉学生,幸福地生活比金钱更加重要:

有人追求成为"高级人"。我希望我的学生不要成为那样的"高级人",而是做一名普通人,成为快乐的平凡人。

"那些高高在上、享尽奢华的有钱人拥有你所没有的东西,他们的东西一定比你的东西更好,因此,他们一定比你更幸福。"

这是错误的认知。

高级,无关乎金钱,而在于心态。

生活,没有高低。有人吃肉,有人喝粥。我喜欢有人哄我睡觉,但我不喜欢被人赶去睡觉。这是我的快乐。

从今天起,那生活的喜悦告诉我的,我将告诉每一个孩子。(来自访谈)

教育的力量不只体现在孩子们身上,智慧的教育者甚至能够通过孩子的发展为家长们带来一些影响与改变,从而让教育的力量更加深远。Y老师就为我们讲述了一个通过学生影响家长的例子:

我的学生的座位是自己选的,每半个学期选一次,学生愿意坐哪个位置就坐哪个位置,这样学生会觉得很公平。

这个座位到底是怎么选的?我定了几条规则:女生先选,男生后选,排好队,个头由低到高。选了几次之后小个子的同学就不选第一排了,到最后是高个子坐在前面,怎么办?坐就坐了,也没什么要紧。座位排完以后,我跟学生讲,如果在选座位的过程中有困难就举手,我和同学都会伸出援手。那遇到问题怎么解决,比如,有学生提出来不愿意坐这个位置,会有学生说:老师我跟他换。这就激发了孩子相互帮助的欲望。

有一次开家长会,有一个个子很高的学生就坐在第一排,而且是第一排最边上的位置,他妈妈见了就生气了,觉得孩子这么高,不应该坐在最边上,而且不跟老师说。孩子跟他妈妈说:妈,这个位置我不坐,总要有人坐。他

第四章 卓越教师是谁：深圳市"年度教师"群像素描

妈妈听了孩子的话后很感动。我没有更多的麻烦，学生之间的自我教育，相互尊重，也可以影响家长。家长觉得我们家孩子长大懂事了。在这个环境里，学生形成一种认知：不是学习成绩好的就可以坐前面，成绩差的就全坐在后面，而是大家要懂得互相尊重。几年的时间下来，大家都很自然而然地谦让，相互之间也会讲一些心里话。

虽然选座位是一件小事，但是要先给学生讲一些条件，每次我都会补充一句话：我保留我做班主任最后调配你座位的权利。也就是说让学生自己选座位虽然自由，但作为班主任，也要有强势的地方，虽然我很少使用这个权利，但要有这些准备。（来自访谈）

2. 用心、用情、用智慧帮助学生成长

作为职业院校一员的 X 老师，在使用教育智慧化解问题学生的困难，引导学生走上学习之路这方面有着丰富的经验，他总结了自己的"三用"原则：用心、用情、用智慧。

对待学生，对待工作，管理班级首先要用心，才能取得优异的成绩，X 老师讲述了他带领班级参加校园会的故事：

回顾当班主任的八年，最关键的就是用心。我那 8 年带的班级在学校真的是声名鹊起。我们学校每年都有一场校园会的入场仪式要评比，大概有三四十个班级参加。我记得除了第一年我没摸到门道之外，剩下的每一年的一等奖得主基本都是我们班。

为什么呢？就是因为用心。入场仪式的评比主要评的是创意，创意就要用心。我跟孩子们一起，想方设法，根据我们专业的情况，根据学生的情况，结合整个校园会的主题，来设计入场仪式。每次其他老师都会跟我说：期待你们班的入场仪式，你们的入场仪式已经成了校园会的压轴看点。（来自访谈）

"用情"是化解问题学生学习困难的关键方法，只有与学生建立了良好的情谊，才能在此基础上引导学生进入学习状态。对待学习英语困难的学生，X 老师也有自己的想法：方法道理他们听得太多了，所以，主要是跟他们打成一片，之后讲方法。学习英语是没有捷径可走的，不背单词不行，单词就像米饭，吃一粒转成一粒的能量，这就是背单词的作用，不吃就没有能量，也没办法释放能量。所以我盯紧学生背单词，天天陪他们背，上课也背，放学也背。

而 X 老师也用自己的故事体现了"用情"在教育过程中的重要作用：

第一年做班主任时，班上有一个叫小 C 的学生。他打架斗殴、无照驾驶、抽烟喝酒，各种各样青少年反叛的顽疾都体现在他身上，10 个行为中有 8 个与学校的规定背道而驰。顽固、叛逆、嚣张、目中无人、不可一世、飞扬跋扈，这样的形容词用在他身上都不过分。我参加工作第一年的工作日记，前 15 篇有 12 篇都是写他的，主要写他怎样以叛逆的姿态、大胆的作风与我对抗的事情。可见这个学生给刚大学毕业并承担班主任工作的我施加了多大的压力！

针对小 C 的情况，我一直在想对策，因为，第一，把这样的学生转化过来，对集体会有很大的促进。第二，他并不如外表表现的那样不羁，我要想办法走进他的内心。

那么，怎样能让他的内心受到强烈的触动呢？正巧语文在学习描写人物，我就有了个想法——写写他吧，这不仅能提高学生写作的热情，而且也让他看看我眼中的他是什么样的。学理科的我用了两天时间写了一篇作文《我看小 C》，这不是一篇普通的文章，它花了我很多心思，我记录了从他第一天来学校，几个月来的点点滴滴以及他各方面的细微变化，我的所感所想，等等。这篇文章感动了我们班的语文老师，她把我对小 C 这一人物的描写作为范文分析了整整一堂课。下课后，语文老师和班级的好多同学把我围住了，孩子们说："老师，你也写写我吧，太让人感动了！"多愁善感的语文老师眼睛湿润了，她告诉我：小 C 哭了！那个顽固、叛逆、嚣张、目中无人、不可一世的家伙哭了！

第二天，我发现自己的办公桌上躺着一封信，上面只有两句话：您太让我吃惊了，我会让您更吃惊！（这里他用的是"您"）

中考时小 C 以 3 个 A+，2 个 A 的成绩考入了深圳市重点高中。教师节前夕，我收到了他的贺卡，有几句话让我很感动，他是这样写的：

"不知道现在的您，是否还一如既往地披星戴月；不知道已为人母的您，是否还多愁善感，天真烂漫；不知道您是否还惦记着我。早来的秋风，拂起了阵阵思念，思念穿过从前，卷入心间，无言，无言，何以载我到从前"。（来自访谈）

对待有些问题学生，如果直接硬碰硬会激化师生矛盾，唯有借用智慧，获得对方的信任，才能真正发挥教育的力量，X 老师讲述了这样一个用教育智慧改变学生的故事：

一个男孩子，身高一米八几，头发长得遮住半张脸。对，是非主流风格，因为那时候很流行这种风格。我很想扭转他叛逆的心态。但是怎么办呢？没有办法，好说歹说，怎么说都不听，就是不改正，宁可断头，不可剪发，找家长也不行，因为家长也管不了他。

我就开始想办法。新生来之前我都会让他们填写一个情况调查表，通过调查表可以了解他的一些家庭信息、成绩、爱好，我发现这个孩子喜欢打篮球，另外他的数学成绩特别好。于是，我决定让他当数学课代表，于是召集班委开会，一开始他还是反抗的，其实就是源于不信任。后来我就跟他交朋友，他打篮球，我就用打篮球的策略，我带篮球队训练，与他逐渐拉近了关系。拉近关系后还是从数学入手，因为数学他是出类拔萃的学科。我就跟数学老师商量，让老师多表扬他，配合着我"演戏"，然后我再和他沟通，说他数学成绩好，能不能帮同学们辅导一下，他同意了。放学时，我跟同学们说："咱班有个特别好的资源，课代表数学成绩很好，主动提出来课后给大家辅导作业，帮助大家解决一下数学难题。"当一切向好的方向发展时，我就开始提出要求，比如：希望他能理发，他也就顺理成章地理了发。我还特意给他理发前后两张照片对比了一下，我说："你看哪个帅？"其实他自己也知道怎么回事。

后来，他考进了大学，在大学里成长得很好，还成了礼仪社的社长。在后来的联系中，我说：你成为礼仪社的社长，就是源于你对美的认知，你对仪容仪表、礼仪礼节是有深刻的认识的，这不是单纯地挂一个名号。他毕业后，在金融领域发展得很好。（来自访谈）

第三节 勇立潮头的授业者

时代在发展进步，教育理念和教育手段在更迭。从 1904 年的癸卯学制，到新中国成立以来基础教育领域的八次课程改革，无论是课程观，还是教学法的变革，可以说，在培养人的问题上，我国一直在探索和实践。在教育变革的浪潮中，"年度教师"们是一群特立独行的教学者，他们敢于挑战传统，勇立潮头，引领着教育的创新与改革。他们不满足于教育的现状，他们相信教育可以更有活力、更有深度，可以更好地满足学生的需求和社会的发展。

他们用自己的教学智慧化解了教育工作中遇到的困难，转危为机，以此为契机推动学生的发展，同时他们还积极探索新的教学方法，培养学生的学习能力与思维，让学生拥有持续进步的潜力。

一、教学智慧助力教学效果

教育之路充满了困难，但教育者的教学智慧是化解这些困难的灵丹妙药。在教育的舞台上，"年度教师"们是教学智慧的运用者，他们善于洞察学生的需求，灵活应对各种教育困难，并找到最合适的解决方案。他们通过智慧的眼光发现学生的优点，并运用教学智慧为学生重塑信心；他们探索新教学方法遇到困难时，擅长运用教学智慧将难题一一化解。他们的智慧不仅在于应对学科教学，还在于了解学生的个体差异，以及适应不同学习风格的需求。他们能够识别教育中的障碍，并采取有效的措施帮助学生克服困难，激发潜力。他们是教育的智者，为学生提供方向，帮助学生战胜困难，走向成功之路。

1. 通过发现优点为学生树立信心

好老师善于发现学生的个性和潜能，发现潜能，就是发现了学生的未来。中小学阶段，学生的心智尚未完全成熟，拥有较为鲜明的个性特征，此时需要教师更耐心、细心地呵护，注意发扬学生的长处，挖掘其潜能，进行鼓励教育。T老师曾经遇到一个自卑的学生，通过观察，她发现该学生对《三国演义》颇有心得，于是，T老师以此为契机，多次在课堂上表扬这个学生，让他越来越自信，最后这个学生考取了北京大学的研究生：

现在，这个孩子已经是北京大学的研究生了。高考结束那个夏天，他居然组织了一次小学同学聚会。大学毕业后，也是他召集小学同学请我吃饭。当然，因为他们都还只是纯消费者，最后，大家是在我家吃的饭。

只是，我在想：他为什么会有这么大的反差？曾经那么自卑的他为何变得如此优秀？曾经甘于沉默的他，为何变得如此有担当？我想，这与他初中、高中的努力和际遇有密切关系，但要追根溯源的话，应该从小学的一篇周记开始。五年级，我从他的周记中了解到他在读《三国演义》，而且颇有心得，中间有几句话写得还挺有见地。自然，他的周记被我作为范文拿到班级宣读了。读完后，少不了一通夸赞。他呢，默不作声，仍然低着头。不过，在后来的周记中，他写关于《三国演义》的内容越来越多，周记越来越长，语言越来越生动。自然,他的周记被宣读的次数也越来越多。渐渐地,他的面部肌肉放松了,和同学的交流多了。在毕业检测中,他的各科总分由曾经的倒数第十名,跃居到前十名。(来自访谈)

正因为 T 老师有一双智慧的眼睛,发现了这个学生的优点,用自己的教学智慧对其进行鼓励,让学生变得自信,最后才有了这段师生佳话。

2. 用教学智慧化解教学难题

T 老师面对从带高年级到带一年级的转变,首先遇到了她的课不被学生喜欢的困难,为了化解这个困难,她尝试使用小组合作的方式,激发学生兴趣,但尝试新的教学方式又遇到了许多新的困难,T 老师秉承不放弃的信念,用自己的教学智慧将难题一一化解:

那一年,常年带高年级的我头一回教一年级。课上我尽心地讲,费力地教,可小家伙儿们自说自话,漠然的小脸儿上分明写着三个字——不喜欢。备受打击的我不禁思考:如何才能让他们喜欢我的课?

我决定改变他们的学习方式,采用小组合作的方式进行学习。"呃,让一二年级的孩子合作学习,那不是一团糟?"很多人发出这样的质疑。事实上,一开始就让低年级的五六个孩子扎堆讨论,简直就是鸡同鸭讲一团糟。这样折腾下去,一节课的学习任务,三节课也未必能完成。可这有什么关系呢?大多数的变革和实验,起初不都是问题重重、混乱不清吗!质疑,就是宝贵的意见;混乱,就是要解决的问题。合作困难?没关系!我可以把合作分解成几套简单动作;喜爱玩耍?没问题!展示分享就是闯关游戏;容易混乱?有办法!建立口令、击掌、榜样三大评价体系。有了这三板斧,课堂上,孩子们一扫颓废之气,快乐地"折腾"着,时而独自思考,时而相互交流,时而兴奋点赞。当然,合作中也时常跳出不和谐的音符,有走神的,有受冷落的,那情景也很让人抓狂。其实这就是最佳的教育契机。我们可以通过评价,借助团队的归属感让他们学习包容,学习帮助,学习负责。解决一个问题,学生的交往能力、合作精神就上升一个台阶;解决一个问题,小组合作就像小溪越过巨石,又快乐地奔向远方。小组合作如同一支神奇的魔棒,将孩子的心又拉回了课堂,那张张小脸儿上绽放着三个字——好喜欢!(来自访谈)

二、教学方法强化学习效果

教育的目标是为学生提供有意义的学习体验,让他们能够全面发展并取得成功。而实现这一目标的关键之一就是采用有效的教学方法，以增强学习效果。教育者需要深思熟虑，根据学生的需求和教学目标，选择适当的方法，激发学生的兴趣、促进深度理解和知识应用。"年度教师"们不仅在教育领域积累了丰富的知识，而且在教学中使用新的教学方法，帮助学生建立批判性思维，提高解决问题的能力，以及塑造学生的价值观和品格。他们是学生的智慧导师，为其提供方向，使其在知识的海洋中追求更高的境界。

1. 多种方法引导学生深入学习

方法是一套用以解决问题的程序与规范，不同的方法会产生不同的效果，也各有特色与不足，"年度教师"们结合相关教育理论，探索新的教学方法，他们善于把课程与教学研究成果运用于学科发展，乃至学校发展，善于将教育教学中的问题转化为课题研究，以科学研究促进课堂教学，引导学生爱上学习，并学有所得。

T老师在接受专家学者的培训后，将自己的实践知识与理论相结合，探索构建了将学习游戏化的教学方法：

2014年底，我的第一期工作室结业后，我作为福田区语文核心组成员到北京大学参加培训，听了北京大学教育学院尚俊杰副院长做的一场关于游戏的讲座后，我突然脑洞大开，心想：学习是学生的必需，游戏是学生的最爱！如果将教学游戏化，就是把学生的"必需"变成他们的"最爱"。游戏需要伙伴，这其实就是小组合作的形式。如果将小组合作策略与游戏化教学结合，那岂不是金庸笔下的倚天剑与屠龙刀双剑合璧？于是，我把第二期工作室的研究目标定位为"基于小组合作的小学低年段语文课堂游戏化学习探索和研究"。2015年，第二期工作室正式成立，我的研究目标就是教学游戏化。如果说，教学可以是一场游戏，那老师就是游戏的总策划人，是规则的制订者、程序的设计者、过程的观察者、流程的优化者。正好，那个学期我教一年级，我再次感受到拼音对于一年级孩子来说，是何等抽象和枯燥。那就从拼音游戏开始！我邀约几个同伴一起研发了一套七彩拼音牌，并设计了一系列游戏及规则。

第一版拼音牌出来后，我们认为文字版的游戏规则对于学生来说太抽象，于是拍摄了指导游戏的视频。老师们，当枯燥的拼音学习变成有趣的游戏时，你们能想象孩子那种兴奋吗？即使你设定了种种游戏规则，他们也愿意跟你玩！而且，一玩起来，还停不下来！这一项技术还获得了国家专利。工作室第二期成立后，我通过拼音牌，将游戏的理念带给新的团队。我把小组合作策略及拼音游戏做成教师培训课程，我们先自己玩，再带着学生玩，还带着老师玩；不但在深圳玩，还到武汉玩，到北京玩。虽然所到的城市不一样，玩游戏的人不一样，但游戏带来的喜悦和成就是一样的。当然，我们还在研究识字游戏、句式游戏、阅读游戏，研究的路很长很长，我们一直在路上。学习是学生的必需，游戏是学生的最爱，而我们的目标则是将他们的必需变成最爱。（来自访谈）

W老师在历史教学过程中，结合传统文化、历史背景以及辩证思维，创新历史教学方法，为学生提供了多种理解历史的角度：

历史怎么教？

跟大家分享一下我的做法。

（1）借助古诗词

为了帮助学生理解古代中国经济的男耕女织，我引用了《木兰辞》中的"唧唧复唧唧，木兰当户织""东市买骏马，西市买鞍鞯，南市买辔头，北市买长鞭"，这是对唐朝坊市制生动的诠释。"门前冷落鞍马稀，老大嫁作商人妇"则突显了唐朝商人的社会地位。

（2）以小见大

提到革命圣地井冈山，学生总会问：为什么是井冈山？而不是梧桐山？

我就问学生：你们观察过年级走廊吗？你们觉得哪些地方纸屑或者尘垢最多？

答案就是班级与班级之间交界的地方。2班认为那是3班的责任区，3班认为那是2班打扫的范围。井冈山地处湘赣两省交界，这个位置最危险也最安全！

（3）哲理思辨

我常常问自己：课堂的改变，能给学生带来什么？

在我们的生活中，从来不缺乏偏见。提到唐朝就想到盛世，谈及清政府就想到腐败无能。有人以为搞化学的就是摇试管的，搞考古的就是挖掘古墓的。所有这些都是想当然。

课堂是我破除各种偏见的主战场，它总能给我力量和温暖。虽然在课堂上我的解说不一定权威，但客观的思考角度是有益的。（来自访谈）

2. 从改变思维出发改变学生的学习能力

毫无疑问，学生的思维方式对学习效果具有深刻的影响，通过改变学生的思维方式，可以有效地提高他们的学习能力。这个过程不仅有助于学生更好地理解和掌握所学知识，还能够激发他们的学习兴趣，培养更深层次的学习技能。"年度教师"们通过多种方式，从改变学生的思维方式出发，为学生铺垫了一个更好的未来。

改变学生思维需要跨学科学习的参与，鼓励学生将知识从一个学科应用到另一个学科。这有助于他们建立更全面的知识体系，提高他们的综合学习能力。通过鼓励学生们像科学家一样思考，主动查找与阅读文献书籍探寻答案，让学生们学会自己解决问题，D老师引导学生从被动思考转向了主动探究：

作为班主任和语文老师，我发现孩子们提出的问题总是千奇百怪，有的问题根本无法解决，索性我就带着孩子一起去探索、开展研究性学习。我喜欢孩子，在我的眼里，每一个孩子都是天生的科学家，都可以像科学家一样思考。为了帮助他们找到答案，我经常带着孩子们去泡图书馆，带着他们学习运用专业文献检索系统，指导他们怎么阅读知识类读物和工具书，引导他们用科学阅读来答疑解惑。我还会利用课余时间，带着孩子们走进实验室、大学校园、采访专业人士，开启多角色、多课堂的创新探索。

我认为阅读是为了更好地开展研究。比如，以往解决学生的问题，都是老师课下通过翻阅书籍、查找网络、咨询相关学科老师等方式，找到答案之后告知学生，其实，我们可以换个思路，即让学生自己阅读书籍、查找答案。所以，我建议学生阅读《昆虫记》和《十万个为什么》《昆虫世界历险记》等，学会自己解决问题。

随着阅读的深入，他们提出的问题也越来越多，随之课外阅读补充书目也越来越"杂"，班级里呈现一种求知若渴的景象：一是孩子们通过自身努力解决阅读中的困惑，由"被动接受者"变为"灵活思考者"；二是孩子们在一本带多本式的阅读中体会到了阅读的广度和深度；三是扩大了阅读书目类别，增加了知识积累，由以往的童话书籍、文学书籍扩大到百科类、工具类书籍的阅读；四是我会非常注意尊重、兼顾阅读的性别差异。我带着这样的思考和发现，13年坚持实践，逐渐建立了一套"图书馆阅读＋实验室写作"的创新人才培养模式。（来自访谈）

在实际应用中，D老师的跨学科"阅读＋"写作模式，将思维方式改变与实际问题解决相结合，学生在学习中不仅获得了更深远的见解，而且提高了创新和创造能力：

我记得我的学生小严和小王的论文《人工湿地技术的应用——农村老家生活污水处理的思考》灵感源于周末去公园的经历，他们在公园里水塘边发现一些奇怪的水管，后来了解到这些水管竟然是用来净化污水的。这让两位学生联想到了农村爷爷家门前那条脏兮兮的小河，他们通过阅读8份科学文献，理解人工湿地的原理后，开展调查、访谈、实验、测绘，最终确定了治理爷爷家门前小河的方案，最终，他们撰写的小论文获奖了，两人获得了"中国少年科学院小院士"称号。（来自访谈）

改变学生思维意味着教育者需要采用不同的教学方法和策略，以满足不同学生的需求，包括使用多样化的教材和教学资源，便于学生找到更适合自己的学习方式。改变思维方式还能激发学生的好奇心和探索精神，鼓励他们提出问题、思考解决方案，并积极参与课堂讨论。对于改变学生思维，物理学科的Y老师有自己的见解，他提到物理教学更重要的是传授物理思维与方法，而非生硬的物理学知识：

关于物理学科的教学，教师要明白到底教的是什么。物理教学最本质的东西不是教物理知识，而是教授学生认识自然的方法。

物理知识是什么？物理知识是认识自然的方法，而不是认识某些结论和结果。其实物理应该教会学生认识自然是如何变化的，学会了这个，其他结论都可以通过推演获得。我从1982年开始教物理，物理知识的语言描述已经历了多次迭代，比如，牛顿第一定律文字描述随便怎么说，但是本质的东西是保持不变的，这才是最重要的，所以教物理应该教的是本质。不管什么时候，我的第一节课讲的都是测量。我问学生什么是测量？学生就蒙了：为什么老师第一节课不讲什么是物理，却讲什么是测量？

测量是什么？测量就是拿把尺子量呗。我说：错了，测量是比较。我拿两张纸，问学生：哪张长？哪张短？他们都会说：老师这一看就知道，那张长，这张短。

实际上，老师拿的两张纸哪张长哪张短不重要，重要的是获得结论的方式，但他们都违背了踏实地认识自然的方式和思维。学生们不去实际比较，而是靠猜测。想知道这两张纸哪个长哪个短，就直接做比较，两张纸一端对整齐，到底是哪张长哪张短就知道结果了，这个测量也就结束了。学生就知道测量是怎么回事了。然后我再拿出一张更短的纸,和前面短的纸进行比较,问哪张纸比较短。我说:"后面的短对吧,那么刚刚短的纸怎么变成了长的呢?学生就明白了,测量是比较,比较是有对象的,认识世界的方法就是这种方法。(来自访谈)

同时,Y老师提到,现在很多课程没有触碰到真实的世界,孩子们需要在真实的世界里感知物理,感知化学,这样才能建立起知识与现实的联系:

我们在教学中没有把握学科本质的东西。比如,有些化学老师,两种物质反应有气泡产生,只要做实验就行了,却还要做个PPT,还要用动画演示实验过程。其实,拿来真正的试管递给学生看,里面气泡冒出来不就可以了吗?为什么要用PPT、用动画呢?这就不是自然科学的教学了。有一节实验课,我做的时候就很"搞笑",不合规。我跑到医务室要了几片VC片。我用大拇指把这些VC片捻在讲台上摁碎了,然后当着学生的面,把它弄到试管里面,溶液变红了,就说明它是酸性的。

这其实是不规范、不科学的操作,但是孩子感受到的是真实的东西。我和学生说,Y老师这样不是正规的操作方式,但最关键的是你们感受到的是真实的东西。(来自访谈)

这种感受过程能够积累感性认知,这对从感性认知到理性认知的发展十分关键:

要培养学生的自学能力,就得多带学生参观,让他们获得各种各样的感知信息,因为这些信息是知识根基,是从第一信号系统到第二信号系统,从感性到理性的发展过程,是人认知的基本规律,是不会随着时代的进步而改变的。人想直接跳跃到理性认识,是几乎不可能的,认识一般是从感性到理性的。这是孩子成长过程中的自然规律,想让思维发展突飞猛进,都是不切实际的。

这是我的感觉,不一定正确。但是,一定要带着孩子们接触真实的世界,孩子学电流发热的时候,我拿来2B铅笔芯和两节干电池,然后拿两个夹子夹着铅笔芯,学生一摸烫手,就真切地感受到电流发热了。学生不是在凭空想象,而是感受到了电流发热。这就是感性认识,手摸上去被烫得缩回来的那种感觉,才是真正的感受。(Y老师)(来自访谈)

第四节　使命担当的肩负者

"年度教师"不仅是教育工作者的荣誉称号，而且代表一种根植于为党育人、为国育才理念下，服务于社会的责任担当。他们的卓越，不仅是教师个人的卓越，更要带动身边的人一起走向优秀，"一枝独秀不是春，百花齐放春满园"，辐射、引领更多的人，传播教育理念，分享教育智慧，共享教育情怀，这是"年度教师"的使命和责任。他们怀揣着深切的责任感，为了学生的成长，为了推动社会的进步，义无反顾地投身于教育的海洋。这些使命担当的肩负者，是教育事业中的灯塔，指引着学生走向光明的未来，也为其他教师树立了榜样。

一、作为教育者应对学生负责

"年度教师"肩负着塑造未来一代的使命，为学生的综合成长和成功做出了重要的贡献。他们承担着众多责任，这些责任不仅包括教育领域的任务，而且涉及培养品格、引导价值观、培养爱国情怀等方面。"年度教师"面对来自孩子们、家长们的信任，承担起作为教师的责任，努力让每一份信任都不被辜负，让孩子们都有美好的未来。

1. 不辜负信任，履行教师责任

C 老师最初来到深圳市组建舞团时，15 名学生以及学生家长和 C 老师的父母都对她给予了很大的信任与支持，为了不辜负这种信任，C 老师付出了十分努力，数十年如一日的早功陪伴，就是其中的一抹剪影，也正是这份用心与用功，让深圳高级中学舞团享誉全国：来到深圳市之后，我到了深圳高级中学，组建了深圳高级中学舞团，首批舞团团员共 15 个孩子，其中 7 个海南娃，8 个深圳娃。我记得第一次舞团专场演出是在深圳大剧院，我爸爸负责打灯，我妈妈负责缝补演出服，学生家长们也跟着一起忙碌，有的负责化妆，有的负责放干冰。正是因为这种信任，我觉得无论如何也不能辜负他们。学舞蹈是要出早功的，为了督促孩子们，十多年来我都坚持每天早上不到六点就起床陪同孩子们跑步、练功；中午，其他师生的午休时间，也是舞团孩子们的练功时间，我就带着孩子们反复练习着一个又一个动作。正是这样的坚

持与付出，让舞团的孩子们练就了扎实的基本功，最终取得了一项又一项喜人的成绩。（来自访谈）

X老师面对家长的信任与托付，给予了学生很多关注与爱护，最终让学生拥有了美好前程：当初我接手这个孩子的时候，他妈妈说了这样一句话：X老师，现在报到结束了，我聊了一圈，我就看好你，我儿子就交给你了。对，她就说了这么一句话，这句话分量很重，一个是信任，另外一个是托付。为什么会托付？她的孩子托付给我就是因为信任我，用三年的时间把孩子培养成才，这是多么沉甸甸的信任。一开始，这个孩子分数还是可以的，但是游戏耗费了他大量时间，然后就需要我不断地做工作，从网吧把他"拎"回来，他上课时我去"盯梢"，去提醒，课后去陪伴。到高三他就慢慢好起来了，因为他前期学了很多，最后他考入了深圳职业技术大学，再后来，他通过自学考试，去国外留学了。（来自访谈）

D老师则是不辜负国家对教师的信任，在教学过程中自觉地将传统文化融入其中，陶冶学生的品格，培养学生的爱国情怀：在2011年和2013年，我以五年级下册语文书"丝绸之路"主题单元内容为抓手，尝试开展主题阅读，同时共读《丝绸之路2000年》《从罗马到中国》等书。暑假的时候，我们又沿着河西走廊行至吐鲁番，与西安华清小学成为"手拉手学校"；2017年，我用了三个月时间读完历史作家陈卫平的《写给儿童的中国历史》（14本）。这些年算起来，我和孩子们利用暑假去过西安、洛阳、北京三大古都，走进了13家国家级、省级博物馆。让学生与祖先传承下来的丰厚遗产无缝沟通，汲取养分，感悟智慧，自觉养成对中华传统文化从认知、认同到归属、依恋的家国情怀，这是一件非常有意义的事情。有人问我累不累，肯定是很累的，但是没有付出，怎么会有收获呢！（来自访谈）

2. 不放弃每一个孩子

作为新时代教师，必须树立正确的价值观、学生观和教育观，我们要坚信"成功转化一名后进生和培养出一名大学生同等重要"。苏霍姆林斯基在《给教师的建议》中也提到，不放弃每个儿童。"问题学生"落后的根源是多重的、复杂的，但大都与原生家庭有着密切关系，原生家庭的局限性和贫乏性，造成了现实存在的问题。因此，教师进行教育的首要原则就是维护每一个孩子的自尊心。深圳市"年度教师"在帮扶薄弱学生方面，倾注了全身心的爱与教育，诠释了何为卓越教师。

第四章 卓越教师是谁：深圳市"年度教师"群像素描

Y教师在以培养拔尖和创新人才著称的中学工作，但他毅然决然地选择了最普通，甚至成绩比较靠后的班级任教，他关注到"后三分之一"，Y教师认为，关注"后三分之一"的学生，是素质教育的一个方向，或是一个检验。对于学校或教师而言，有没有关注、帮扶这些学生，是衡量教学态度、教学观是否正确的一个标准，也是衡量是不是在做真教育的标准：

他们（援疆所在班级的学生）一开始对学习并不感兴趣，可以说是毫不情愿，也没办法找到学习的感觉。但是，在我教导一段时间后，他们慢慢地有所领悟，产生了一种新的看法，发现学习可以用不同的方式进行，而且这样的学习方法会带来积极的结果。这对他们来说就好像打开了一扇窗户，不再是单纯的机会，而是一个新的世界。他们发现原来自己还可以这样，这可能是教育中要做的一件重要的事情。

从新疆维吾尔自治区支教回来以后，我意识到尽管我们正在强调教育的精准性，但事实上，很多学校仍然存在资源分配的差异。在这种情况下，我们要问，谁来关注那些较弱的学生呢？因此，支教回来之后，我主动要求负责指导一些学习基础稍微薄弱的学生，但作为一名教师，我个人的能力是有限的，而且期望能让所有学生都发生翻天覆地的变化是不切实际的。尽管如此，至少我可以让这些孩子感受到被关注。这种被关注的感受很重要，因为它让这些孩子明白他们不会被边缘化或被忽视。有的时候，老师会有意无意地说出这样的话：你不要闹事，哪怕你上课睡觉也没关系，只要不扰乱课堂就行。这给学生的感觉就是"我被放弃了"。（来自访谈）

事实上，不止是"后三分之一"学生，Y老师的教育信念包括了每一名学生，即"每一名学生都应该得到培养"，这种信念在他选择班长的故事里体现得更为明显：

我当班主任时，我的班长是抽签抽出来的，班长是班主任的得力助手，但不意味着是某些人的专利，如果一年甚至三年都是这一个人作班长，班主任就可以轻松很多，他能帮你做好多事情。但我没有这样做，我的班长是抽签抽出来的，抽到谁就是谁。对于我来说，第一是体现公平，第二，我觉得还是那个理念——所有人都能有机会得到培养。

所以，苦就苦了我自己了，每抽签抽出一个班长之后，我要手把手教这个班长很多事，开始怎么做，之后怎么做，需要怎么样等诸多问题。（来自访谈）

141

卓越：教师专业成长的向上力量

二、作为教育系统成员的使命担当

"年度教师"不仅仅承担着作为教育者的责任，作为教育系统的组成部分，教师队伍中的一员，他们更是肩负着代表教育系统形象，作为教师榜样指引其他教师发展的重要责任，无论是要为职业教育正名的 X 老师，还是希望传递优秀教育经验的 Y 老师，都体现出作为教育系统成员的使命担当。

1. 宣传职业教育的使命担当

X 教师在谈到自己为什么参加"年度教师"评选时，认为宣传职业教育，让大家认识职业教育，是他作为一名职业教育教师站到台前的使命：

当初让我去参加"年度教师"评选的时候，我是不太愿意的，因为我是职业学校的老师，其实也可以说是我不够自信，不够强大。后来，我反复思考自己为什么不愿意参加评选，我是一个职业学校的老师，我为什么不能去参加？我是哪里不如别人？是对不起教育事业，还是对不起学生家长，或是对不起自己的良心？既然没有对不起谁，那我为什么不能走到台前？我们既然做了那么多事情，我们有这么多的学生，这么多的家长，这么多的同行，这么多的教育业绩需要被知道、被了解、被关注，我为什么不站到台前？我改变了自己的想法，我对自己说：我一定要站到台上去！

我可能不会成为最终的王者，但是我要在这个舞台上让更多人了解职业教育。我就是职业教育的代言人，因为到现在为止，没有其他职业学校的老师站上这个舞台。我的使命就是让在座的各位专家，电视机前或者现场收看、关注比赛的所有人都能了解职业教育，看到它阳光、积极向上的一面。它并不是大家印象中的"黑白色"职业教育，它是多彩多姿的，我秉持着这个理念参加了比赛。现在国家大力发展职业教育，重视职业教育，但是很多人却并不认可职业教育，就是因为他们不了解职业教育。让大家了解职业教育，重新认识职业教育，这就是我的使命，我的担当。在这个时候，必须有人站出来，因为通过其他方式介绍职业教育都不会有这么好的效果。（来自访谈）

2. 有一种教育的爱可以传递

"年度教师"有这样一种特质，他们希望让更多的教师成长起来，成为卓越教师，让教育变得更加美好，让学生的未来发展更加美好。秉承着这样的信念，他们希望通过自己的榜样力量以及广泛宣传让更多教师发现卓越，向着卓越发展。

第四章 卓越教师是谁：深圳市"年度教师"群像素描

T老师谈到自己参加"年度教师"评选时，曾经遇到学生问他，为什么参加评选，他说这是在向老师们传递一种关于教育的爱：

我参加"年度教师"评选的时候，需要拍一个视频，我找了一些学生协助拍摄，然后一个学生就问我：老师你不是最不在意这些荣誉吗？为什么还要参加"年度教师"的评选？

在我带的班级教室里面，没有那种墙壁文化、奖状摆放之类的，我的教室里面没有一张奖状，我们班学生获得的任何奖状都不会贴到墙上。我们班足球比赛是学校的总冠军，即使拿了深圳市班级足球联赛初中组的总冠军，奖状也从来不出现在教室里。我跟所有同学讲：你眼前的样子才是重要的，你的状态才是重要的，你努力去学习，这墙上有什么东西都是努力的结果。因此，关于我为什么参加评选的问题，是学生对我的一个灵魂拷问。我想了片刻后跟孩子说：老师相信有种爱是可以传递的，我去参加"年度教师"的评选，和平常先进标兵之类的评比不太一样，我要站在台上去展示，也就是说，我用这种方式去传递一种精神，我希望能够通过我的展示，为更多的老师带去方向上的指引，也为更多的老师加油打气，传递关于教育的爱。（来自访谈）

心中有信仰，脚下才会有力量。S教师获评"年度教师"后，在承担满工作量教学任务的同时，作为深圳教师的代表，她讲述深圳教育的好故事、传播深圳教育的好声音，巡讲120余场，支教120余次。同时利用深圳市"年度教师"工作室孵化产生10个区级工作室、1个博士工作室，数名工作室学员在国家级、省、市大赛中获奖。工作室已然成了深圳教育的课改实验室、辐射新平台和名师孵化池，涌现出一批又一批积极向上、蓬勃进取的跨学科骨干和精英。她在巡回报告中说道："老师们要爱自己的事业，爱自己的专业，爱孩子们和自己的家人，爱我们的学校。教育教学，其实是书写爱的过程。"通过分享，"年度教师"们将自己的教育情怀和教育理念带给身边更多的人，将积极的影响一直传递下去，在活动过程中，专家、与会老师积极互动，互相启迪、碰撞，也从另一个角度推动教育的均衡和优质发展。

三、作为教师的奉献精神

教育是一项伟大的事业，而奉献精神是这一事业的灵魂。每一位教师都肩负着为学生开启智慧之门、引领他们踏上成功之路的崇高使命。这一使命不仅仅包括传授知识，更包括对学生的全面关怀和引导，以培养他们的品格、价值观，激发他们的潜力，也包括教师们承担的社会责任。在这个过程中，奉献精神成为教师的强大动力和内在动力。

　　D老师在特殊时期，带领着自己的团队坚持开展线上直播课程，产生了很大的影响力：我记得在特殊时期那几年，南山有195个名师工作室带领团队，借助牛视云开展"南山名师天天在线"直播课程。我当时和团队一起利用CCTalk校园版、腾讯会议等平台带领全年级师生开展线上"整本书领雁式阅读"24次，制作推文31篇、微视频24个，辐射港澳台在内的全国32个省、自治区、直辖市，包括美国在内的多个国家都有收看，总收看量超过450万人次。我个人也因为在线上居家教学期间承担的直播课程最多，且成效显著，获得2020年广东省"最美教师"称号，这是对我的认可也是鼓励。做了将近30年班主任，我带着老师、学生和家长，用13年时间，坚守每晚的"家庭读书会"线上分享，师生和家长读书笔记达百万字。（来自访谈）

　　Y老师也在访谈中说道："年度教师"们事业心很强，用教育理念来讲的话，就是奉献精神很强。这是我感触很深的一点，每一位卓越教师都在自己的教育岗位上全身心投入，不计较时间、待遇等。（来自访谈）

　　S教师也说道：我爱教书，我爱每一个孩子。这句话发自肺腑，近似信仰，却又超越信仰，深入灵魂。很多人说我身上有教师基因，我将其视为自己的荣誉与使命。我希望将这份看似平凡琐碎却令人肃然起敬的事业进行下去，让良善与聪慧的种子在学生的心田牢牢生根、美美开花。（来自访谈）

　　D老师是一名"疆二代"，为祖国教育奉献的理念融入了她的血脉之中，为孩子一生幸福奠基成为其毕生奉献的方向：我是一名"疆二代"，我家两代人与祖国的发展同呼吸共命运。13年的新疆教学生涯，培养学生热爱祖国的语言文字，用经典阅读孕育着大写的中国人；在20多年的深圳教学生涯中，我浸润在南山教育高地的氛围中，激发了我用阅读培养创新人才的内生动力，成了创新型语文教师，成了著书立说的研究型教师。我还坚持德育为先，通过正面教育引导人、感化人、激励人。作为班主任，作为语文学科教师，我的工作不仅仅要以情感人，更应具备德育智慧，树立以人为本的新型德育理念，结合教育内容探索教育手段、教育方法的实效性。小学大成，我将倾尽全力为孩子一生的幸福奠基。（来自访谈）

　　C老师为舞蹈教育事业奉献自己的时间和精力，重视学生培养也关注年轻教师的培训，将自己的青春专注于舞蹈教育事业：

　　舞蹈教学是我挚爱的事业，教书育人需要时间的投入，的确，我为了这些热爱舞蹈的孩子，投入了很多时间和精力，在培养学生和年轻教师的过程中，我能够做到年轻教师的每节课必听、必评，并且格外注重培养年轻教师的品质素养。

　　这么多年走过来，我没有后悔过，我希望通过自己的努力让人们看到舞蹈并不是"锦上添花"的"摆设"，我通过努力做了很多有价值和意义的事情。比如，从舞蹈教学来讲，从国家到地方也没有针对中小学生成熟的舞蹈教材。我把审美教育、道德品质教育、文化素养教育、创新教育、心理健康教育融入学校舞蹈教育实践和研究之中，注重学生人文精神与科学精神的培养，全面提升了学生的综合素养。（来自访谈）

第五节　未来教育的践行者

　　近年来，未来校园、智慧校园、未来教室、智慧教室、未来教师等未来教育概念兴起，信息技术的快速变革，已经渗透到教育领域的各个方面，教育开始迈进数字化时代。在这个快速发展和不断变化的时代，"年度教师"们敢于面对新挑战、积极探索创新教育方法，他们是未来教育的践行者，他们认识到传统教育模式不能满足当今学生的需求，因此，他们不断尝试新的方法和理念，以塑造一个更具活力和适应力的教育体系。同时，为了跟上时代发展的步伐，他们也在不断地了解新技术与新理念，成了与时俱进的学习者与实践者。

一、未来教育思维的引领者

　　教育是不断演进的过程，随着社会和科技的发展，教育方法和理念也在不断改变和更新。为了更好地迎接未来的挑战，教育者需要拥有未来教育思维，这意味着教育者要具备前瞻性、创新性和适应性，以满足学生不断变化的需求。未来教育思维要求教育者能够预测未来社会和工作环境的需求，以便为学生提供相关的知识和技能。创新性是未来教育思维的另一个关键要素——教育者需要积极探索新的教学方法和技术，以激发学生的创造力和批判性思维。教育者应该鼓励学生解决复杂问题，培养创新思维，使他们能够适应不断变化的环境。未来教育思维还强调适应性，因为教育者需要考虑每个学生的独特需求和学习方式。个性化教学将变得越来越重要，以满足不同学生的需求，帮助他们充分发挥自己的潜力。教育者需要灵活地调整教学方法，以确保每个学生都能够成长。

D老师发现跨学科发展以及创新思维的培养对于学生适应未来具有重要意义：我发现自己成了一个资源整合者，打破校园、课堂的界限，串联起学科，让孩子们可以自由地取用广阔世界的创新资源。我乐于陪着孩子们一起学习，一同进步。我觉得跨界融合、学科统整是未来教育的潮流。语文老师不仅要培养孩子的创新思维，而且要培养孩子的动手能力。我觉得任何一个学科教师都应该意识到跨界融合、学科统整，是未来教育不可阻挡的潮流。（来自访谈）

而C老师则从国际视野出发，关注舞蹈教育的未来发展方向：在学校的大力支持下，2015年我们成立了"深高发展教育研究院舞蹈研究中心"，我的团队以国际战略研究视角，从更高、更深的层面继续研究和丰富"自律"的内涵，确定了"舞团建设发展""舞蹈课程研发"及"舞蹈拓展研究"三个研究方向；开设面向全体学生的舞蹈课程；探求舞蹈教育除技巧之外对人的品格素养、行为养成等深层次方面的教育渗透；把审美教育、创新教育、道德品质教育、文化素养教育、心理健康教育贯穿到学校舞蹈教育实践和研究之中，注重学生人文精神与科学精神的培养，全面提升学生综合素养。（来自访谈）

S老师作为科学老师，十分关注学生未来的发展：为了拓展学生的思维广度与国际化视野，我充分利用互联网技术手段，引导学生们开展无边界学习，VR创新课堂、MOOC（慕课）、PAD教学等，这些在我和学生手里已经成为常态化教与学的得力工具。深圳市诸多科技创新企业，如光启实验室、大疆无人机设计室、腾讯总部、前海蛇口自贸片区展示馆，都留下了我和学生"约会科技"的足迹。就这样，崇尚科学的种子在一点点萌芽，探求未知的习惯在一天天形成，我用创新的理念与手段为学生营造了最好的学习条件和氛围。我的探究式实验课成了学生最喜爱的课程，我们率先在学校成立了"少年科学院"。在全国小实验家比赛中，我带领着小院士们一路过关斩将，晋级全国总决赛，一举拿下4个金奖、2个银奖；在全国科普竞赛、市创新大赛等竞赛中获大奖人数达到50余人次。由此，点燃了学生学习探索的热情！（来

自访谈)

此外，S老师还潜心思考信息技术与教学的深度整合策略，并带领团队钻研VR＋STEAM创新课堂的建构，努力实现传统教育向未来教室、未来教师、未来学校的转型；她同时示范新技术课堂，培育新课程，努力实现课堂的新变革。她申报的深圳市教育科学"十三五"重大招标课题"基于课程统整理念下的未来教育的设计与实践研究"已取得重要成果，并作为深圳市名师工作室代表在全国互联网＋名师论坛上做主旨发言。努力促进学生学习的个性化，引导教师由传授者转为学习的合作者、由教材的解读者转为资源的整合者、由教学技术的关注者转为学习个体的研究者、由教学结果的片面追求者转为教育过程的全面评价者。

二、与时俱进的学习者与实践者

在这个快速变化的时代，学习已不再是一个有限的过程，而是一种终身伴随的态度。"年度教师"们需要了解新兴技术和行业趋势，以便为学生提供与未来市场需求相符的教育。这意味着他们需要不断更新自己的知识，保持对行业动态的敏感性，不断追求知识、适应变化、积极发展技能。他们不仅具备扎实的学科知识，还具备创新和适应变化的能力，他们愿意主动掌握新技能，探索新思想，拓宽视野，这让他们能够更好地应对现实挑战，并为未来教育做好准备。

X老师作为中年老师，仍然乐于尝试新技术、新知识，因为他知道如果不与时俱进，那么他就不能在教师的岗位上持续发光发热：我是我们学校最早一批学微课、做微课，然后给大家示范的老师。作为一个中老年教师，其实这是不容易的，因为学习这些信息技术我跟年轻人比还是有差距的。但是这些技术既然能助力我的教学，那我就要去学，这就是一种持久的学习力。我很爱学习，除了读书看报，学习教育理论或者什么东西外，信息技术等我也是经常学的，因为不与时俱进，就一定会被淘汰。（来自访谈）

深圳市"年度教师"作为深圳市卓越教师的一张亮丽名片，更要承担起探索未来教育的实践使命，如S教师，在获评"年度教师"后，依然在三尺讲台上，在专业化上继续成长，在课堂学习方式变革探索中教书育人，自我超越，努力成为具有信息化、全球化视野和创新能力的新一代名师。S老师作为科学老师，对未来有着更深的理解，她认为教育的魅力就在于"未来"：多年的科学学科教学中，我和学生一起经历了一个个成长故事，我发现作为一个理科老师，我的教育使命就是在孩子心中播下科学的种子，植入创新的基因。在我看来，老师既要善于发现学生的潜能，又要善于探究教学方式，以灵魂塑造灵魂，以思想唤醒思想，用智慧唤醒智慧。就如我在"年度教师"评选现场提问环节所诠释的一样，"现在的老师要生活在未来，否则他未来的学生就会生活在现在。"在教育教学中，我始终秉承一个理念，那就是为未来而教。老师最需要与时俱进，最需要不断学习，不断进行教育教学的研究，这样才能掌握更加科学理性的方法。（来自访谈）

G2老师的专业背景是现代教育技术，对信息化是非常敏感的，她认为数字资源是资源协同共享中最为适用的资源，每一位卓越教师都需要具有数字化能力，唯有此，方可适应走向未来的教育：

2016年我开始接触Office365在线平台，并带领团队研究学校落地应用。虽然受网速和一些客观因素制约，我们没有更好地拓展使用，但是资源协同共享的思路已经成为团队教师的共识。随着技术的发展，目前国内主流办公自动化系统已经逐渐向Office靠近。

技术让教育发生改变，为教育教学的变革提供了可能。我在研究Office365的过程中，将科学课堂中的数据反馈尝试用学生小组提交数据、其他同学在线共享的方式来反馈科学课堂相关数据，这种方式支持了我们的研究：将课堂实验的数据充分展现，这是学生思维外显和思维碰撞的基础，这也对课堂深度探究提出了具体要求。课堂学习的真正发生，必须建立在充分的探究和充实的数据基础上，没有深度学习和数据碰撞，学生的思维就不会产生火花。

除此之外，我还通过家校联动，在线收集学生在家里的学习数据，事实证明，在家里的学习比在课堂上的学习对学生的触动更大，因为那是学生们独立、亲手获得的实验证据。（来自访谈）

第五章

卓越教师个案：深圳市"年度教师"典例深掘

每一位深圳市"年度教师"的教育经历都是不断突破自我,追求"卓越"的风雨旅程。"学高为师,身正为范",他们不仅以精深广博的专业知识传道授业解惑,更以如一的实际行动释放着榜样的精神力量。在对历年来深圳市"年度教师"教育教学活动和巡讲报告进行研究与分析后,我们可大致勾勒出"年度教师"们所体现的核心属性与统一特质,恪守信念、吃苦耐劳、仁爱无私、终身学习等特质,在"年度教师"的每一节课堂上,每一次帮扶时,每一次奔赴中都留下了"耕耘"的真实印记。若想完整地呈现并还原卓越教师专业成长路径全貌,深掘其缘由,则需从个案深描中深刻剖析每位"年度教师"背后的点滴积累与优秀教育事迹。教师是在个人主体性因素和环境客体性因素共同作用下成长起来的。其中,个人主体性因素起主导作用,外在环境客体性因素起支持促进作用。本章通过选取S、X、D、Y、C五名卓越教师的专业成长案例作为研究对象,试图全方位地还原其背后一步步迈向"卓越"的"真相"。

第一节　S教师:怎样做一名时代的"科学+"

一、立春—惊蛰:从自我成长到示范担当

S教师出生于1979年,生活在五代传承的教师之家,是家里的第12位教师,在步入教师岗位的第一天,96岁高龄的祖父用其名字提笔赠语:"立足三尺土,春耕育桃李。"这也成了她教师生涯的激励和信条。

我的祖父曾说:"讲台是老师的根,你只有站好了讲台,才有立身之本;你什么样,你的学生就什么样。"一直以来,我都牢记着祖父的谆谆教诲,秉承着"为未来而教"的信念。不忘初心,努力践行,乘风破浪。(来自访谈)

源于对"敢想敢干、敢为人先"的深圳精神的向往,2001年,S教师从D师范大学毕业后即来到深圳市N区工作。入职之初,S教师便在学校举办的"青年教师基本功大赛"中获得了全能一等奖的好成绩;工作的第一年,S教师精心陪伴学生成长,用心设计每一节班会课,在认真教书的同时潜心育人,其所带的班级获评"自主发展优秀班级",个人获评全校唯一的"N区优秀班主任"。走上讲台这一年里,S教师感受到了来自学校领导和同事们的信任和鼓励,这让她铆足干劲,更加全身心地投入教育教学中,这成为其专业

卓越：教师专业成长的向上力量

成长初始阶段一个特别重要的节点。

我觉得各类培训以及比赛对我的专业成长起到了重要作用，通过开展内容丰富、形式多样的比赛，锤炼教师的专业水平，让教师在比赛中得到自我锻炼和成长，建构起对教育教学新的理解和体会。作为一名教师，最重要的就是将自己的专业知识牢牢地把握在手中，无论什么时候都不丢掉专业。这些小成绩激发了我内心的无限潜能，我也更加珍惜这片教育沃土了。（来自访谈）

作为与深圳特区同龄的一代人，S教师是深圳教育的亲历者、见证者、建设者，从教以来，曾任九年一贯制学校教学主任、教科室主任、德育主任、中学部负责人、副校长、校长、书记等职务。在走上学校管理者岗位后，S教师感觉到肩上的担子更重了。N区教育处在广东省教育的最前列，教育是N区最闪亮的金字招牌，如何带领近2000人的C学校以更昂扬奋发的姿态走进新时代，S教师始终在求新求变的过程中不断探索。名字中带有"立春"节气的她，也结合节气表达她对教师专业成长的思考："小满"代表的是过去的成绩，心中却永远不能有"大满"，卸下荣誉，轻装上阵，才能攀上新的高峰，在此过程中，需要经历"大寒"的考验，教育实践没有捷径，要学会以谦卑的匍匐，以更加深邃的沉淀与思考，进一步接近现代教育的本质规律，培养造就更多能面向未来的行业栋梁，才能真正做到为党育人，为国育才。

成为一所学校的管理者不仅要时刻提升教师专业素养，还需要自我管理能力和团队合作能力，有效地管理自己的时间、情绪和压力，以保证教学质量和自身健康。在工作中，经常需要与同事合作，共同完成教育教学任务，因此需要具备团队合作能力，同时还要做好示范引领，以卓越引领卓越。（来自访谈）

作为科研型、学术型校长，在职攻读教育博士的S教师十分关注创新人才的基础培养：学校与知名企业合作共研，开设合作校本课程，培养学生的编程与动手能力；与北京大学深圳研究生院重点实验室联合开发中国少年芯等创客课程，让学生接触创新型产品来优化自己的设计报告；建设校园创客体验中心，让学生可以随时开展科创探索；每年举办科创嘉年华活动，通过数十项创客活动的开展，让学生将科创技能学以致用，并通过各类高端项目的体验，丰富学生对科创领域的认知。S教师带领团队锐意改革，提出"让每颗星星都闪亮"的办学理念。在免修、跨年级选修等课程建设方面积极探索和改革，受到业界的一致好评。

2016年9月3日，对S教师来说是一个难忘的日子。那一天，她历经选拔赛和晋级赛，代表N区挺进深圳市"年度教师"总决赛，最终凭借出色的综合表现一举夺魁，荣膺2016年深圳市14万教师中唯一"年度教师"。正是这次从立春到惊蛰的觉醒，厚积薄发，她便有了更高的理想信念、责任担当和示范引领。2017年，S教师被深圳市委、市政府授予"深圳市劳动模范"荣誉称号。

"年度教师"获选的经历不仅让我看到了自己的潜能，也让我有了更高的理想信念。经过"年度教师"评选和100余场巡讲的磨砺，我发现自己攻坚克难的能力提升了不少，遇事不恐慌、不焦虑、不纠结了。在这个过程中，我认识了很多优秀的人，发现很多名师都是赛出来的、磨出来的、拼出来的、比出来的。我也常和年轻教师分享：大赛是青年教师成长的熔炉，今天的态度决定明天的高度。年轻教师就是要苦练本领，志存高远。三尺讲台需要先站稳，再站高；先仿照，再创造。（来自访谈）

2018年，S教师来到了一所朝气蓬勃、追求卓越的新学校——深圳N学校。秉承学校"建一所、优一所"的办学理念和"追求卓越，敢为人先"的办学精神，两年来，其创校团队围绕"建设未来学习中心"的理念，开展了一系列创新教育的探索和实践，致力于培养适应和引领未来的创新型人才。奋勇向前，勇立潮头，努力探索未来教育新样态。N区连续5年都有教师获评市级"年度教师"，S教师的卓越成长历程无疑为众多青年教师学习进步树立起了典范标杆。

作为深圳市2016年唯一的"年度教师"，我有义务和责任辐射带动教师群体的成长，激励更多的年轻教师为教育事业发光发热。因此"年度教师"评选后，在市局的精心组织下，我们在全国开展巡讲、帮扶、支教活动120余场，2023年，作为全国工会十八大代表，我有幸参加了在北京人民大会堂举行的中国工会第十八次全国代表大会，提交了关于教育优质均衡发展的提案，一直致力于为公平而有质量的教育发声。因为我也是一名在读教育博士，在工作之余常常会思考：如何为更多孩子播下探索真理、创新未来的种子，如何培养和影响更多的青年教师成为教育的行家里手，如何为新时代实现公平而有质量的教育做出更有价值的贡献。（来自访谈）

S教师回顾自己20余年教书育人的历程，坦言道：自己每个阶段也会遇到不同的困惑。有新岗教师初为人师时的茫然，有新岗班主任面对问题学生的焦虑，有临聘教师时期的苦恼与委屈，有事业上升期又恰逢孕期的努力平衡，更有头顶荣誉光环后的压力和挑战。也许是流淌在血液中传承祖辈对教育的坚韧信念，S教师始终保持充沛的热情和对卓越近于"偏执"的追求，苦练教育教学基本功，尽其所能给学生呈现最好的课堂，给教职员工呈现最进取的状态。特别是作为一所学校的管理者，积极磨炼过硬的业务本领和深厚的行政素养，深受学校教职员工的爱戴。S教师在担任校级领导的六年时间里，每一年的教职工评议都在全区名列前茅，是深圳市众多骨干教师、行政干部的榜样标杆。

二、谷雨—芒种：从高效课堂到全面育人

教师的教育生活既具有专业性，又具有日常性，是教师—学生、物质—精神、专业—日常等多维一体的生活。丰富的教育教学经历和生活经历给教师带来了丰富的实践经验。教师对教育教学系统的整体把握，会对教育不同岗位、不同角色有全新的认识，并逐渐具备教育大局观。

我认为成长为一名卓越的教师需要具备扎实的通识知识，同时还需要熟练掌握所教授学科的专业知识，还应该具备较强的沟通能力，因为教师需要与学生、家长、同事等多方进行有效的沟通。卓越教师还需要创新能力、学习能力，教师应不断学习和更新自己的知识储备，不断探索全新的教学方法和手段，以适应新时代的教育需求。（来自访谈）

春风化雨、润物无声，将一切美好赋予如一张白纸般的孩子，为他们的"破茧而出"保驾护航，正是教师的天职；来到芒种，则需要精心播种、精准施肥、精确调理，给每粒种子最适切的生长环境，接下来就可以静待花开，见证成长的奇迹。教育的魅力，正在于对"未来"的期许与守望。在多年的教学生涯中，教学相长愈发清晰——教师的成长和学生的成长紧密相连、共生共荣。教育的使命是在孩子心中播下科学的种子，植入"创新"的给养，耐心静待一朵朵花开。教师既要善于发现学生的潜能，又要善于探究教学方式，以灵魂塑造灵魂，以思想唤醒思想，用智慧唤醒智慧，同时将个人理想与国家利益、社会群体、人类命运相结合。

我认为现在的老师要生活在未来，否则未来的学生就会生活在现在。在教育教学中，我始终秉承一个理念——为未来而教。老师最需要与时俱进，

第五章 卓越教师个案：深圳市"年度教师"典例深掘

不断学习，不断进行教育教学的研究，这样才能掌握更加科学理性的方法。我是一个科学老师，所以我很关注前沿科学，也关注国家大事。宇宙飞船飞向宇宙是因为有科学，可光有科学也不够。科学是桨，人文是舵，桨离不开舵，舵也离不开桨。我曾在新学期的"开学第一课"上了一节科学与人文的结合课，讲到"墨子"量子卫星发射的同时，也引入了墨子的思想："兼爱、非攻"，借此告诉同学们，科学和科学家，始终为人类进步而不懈努力；科学没有国界，但科学家永远怀有对祖国的赤忱之心。（来自访谈）

在与教育打交道的几十年中，S教师一直秉持着自己独有的教育理念深耕三尺讲台。站住讲台—站稳讲台—站好讲台，是每一位教师必然经历的成长阶段。在教师职业幸福感、教学风格、教学方法、育人经验、职业形象等方面，S教师都有着自己独到的见解与实践收获。这些闪光的关键点拼凑出S教师教学活动历程的完整画卷。

我觉得卓越教师成长的过程仅靠时间的叠加是无法完成的，需要教师不断地设定目标，拥抱变化，迎接挑战，持续学习。在无数次实践中磨炼自我。教师只有把精力放在对业务的钻研上，对课堂教学的打磨上，才能真正成为学生的领路人。（来自访谈）

教师的课堂风格是教师的教学观点和教学技能以及具有独特性的教学作风，是在多年的一线教学过程慢慢形成的，是教学能力的个性和稳定性的体现。其中课堂风格是指教学活动的特色，是教师的教育思想、个性特点、教育技巧在教育过程中独特的、和谐的结合和经常性的表现，课堂风格的形成是一个教师在教学上趋于成熟的标志。S教师结合自身对学科的理解和个人特质，把对科学文化的热爱和追求倾注于对学生的关爱和期望之中，言行举止间充满着对学生的高度尊重。S教师认为一节优质课堂教学要包含以下五个维度：一是清晰的课堂教学结构，二是促进学习的课堂气氛，三是创建有意义的师生交流，四是促进学生个体发展，五是明确的学习成果期望。这五个维度的高质量呈现，需要教师对任教学科及课堂教学有深入的理解。

我平时讲课情绪饱满，讲到动情处往往情绪高涨，慷慨激昂，学生会产生强烈的情感共鸣，师生之间共同营造出一种渴求知识、探索真理的热烈气氛，学生在这样的引导下，所获得的不仅仅是知识价值，还包括人格、情感的陶冶。（来自访谈）

教育需要智慧，优秀的教师需要深入学生的内心，教会学生如何学习，

卓越：教师专业成长的向上力量

而不仅仅是将书本知识灌输进他们并不成熟的头脑当中，应将知识转化为技能与能力，智育的结果应使学生健康地成长，并使得他们真正感受到知识与智慧带给人的自我认同感、成就感、价值感，充分发挥他们的主观能动性去追寻大千世界的奥秘，对世界、对人生始终保持好奇心和探索欲，这样才有助于他们成长为健全的大写的人。教师要善于发现教学的规律和本质，培养学生的核心素养，特别是与学科相关的理性思维，以及质疑批判、勇于探究的科学精神。

我曾经接手过学校有名的"问题班级"，是我12年班主任生涯里带过的一个最特殊的班级。这个班两年里换过6个班主任，接班后，我经常走到学生中间，认真倾听每个孩子的每一句话，从不取笑他们的幼稚观点，也不用有色眼镜看他们，因为我知道孩子们最需要的是信任和尊重。这个曾经被许多人断言"升学无望"的班级，最后多数学生考上了他们梦寐以求的高中。现在这个班级的孩子还和我保持着联系，时不时发来温暖的问候。这些都成为我心底坚实的力量，坚定了我"不放弃不抛弃任何一个孩子"的信念。（来自访谈）

因材施教是一项重要的教育方法和教育原则。教师需要根据不同学生的认知水平、学习能力以及自身素质，选择适合每个学生特点的教育方法，进行有针对性的教育，发挥学生的长处，弥补学生的不足，激发学生学习的兴趣，树立学生学习的信心，从而促进学生全面发展。

学生C不爱说话，但特别喜欢观察和思考。我鼓励他大胆动手实验，帮助他课外拓展，发现问题并解决问题。师生观点的碰撞，激发了他探索科学的热情。仅两年时间，他在知识的广度和深度上都遥遥领先于同龄人，先是被深圳市重点高中自主招生录取，高二时又因竞赛成绩突出被中国科技大学少年班提前录取。微信聊天时他告诉我："最难忘的是在前海中学的物理实验室里度过的时光，那是对我最早的科技启蒙，谢谢您的爱与包容，让我保持好奇心，从而打开一扇扇科学的窗。"（来自访谈）

S教师带领团队多次走进教育薄弱县市，上公开课，进行学术交流研讨，引领着同行、辐射着同伴。在近百场的年度巡讲中，从深圳市十个区到直属学校，从教育薄弱县市河源、汕尾到革命老区广西的百色、河池，从新岗教师培训到全市、全省、全国名师论坛，S教师足迹遍布四省六市。在这样的高压快节奏巡讲中，S教师却没有耽误学生一节课，期末统考时他所带的科组、任教的学科在全区40多所学校中仍然名列前茅。

2017年，我申报的深圳市教育科学"十三五"重大招标课题"基于课程统整理念下的未来教育的设计与实践研究"已结题，并作为深圳市名师工作室代表在全国互联网＋名师论坛上作主旨发言，努力促进学生学习的个性化，引导教师由知识的传授者转变为学生学习的合作者、由教材的解读者转变为资源的整合者、由教学技术的关注者转变为学习个体的研究者、由教学结果的片面追求者转变为教育过程的全面评价者。（来自访谈）

三、小满—大寒：从价值创造到思想输出

"双减"时代开启，课堂革命的呼声日益高涨，改变僵化守旧的灌输式课堂，进行学科教学深入改革已经刻不容缓。站在《中国教育现代化2035》政策和"十四五"规划的蓝图下，教与学模式的重塑已箭在弦上。经过多年潜心探索与反复打磨，S教师提炼出了"3I"教学模式，"3I"的关键要素是以培养学生的创新能力（innovation ability）为导向、以开展探究活动（inquiry activity）为主线、以跨学科统整（integrated curriculum）为特色。这套教学模式符合初中阶段学生的学习特点与心理需求，带领孩子们走出课堂、走出校园，走向大自然、走向实验室、走近科学家，孩子们从过往的填鸭式教学"藩篱"中被"解放"出来，迸发出了惊人的创新潜力与探索精神。为了拓展学生的思维广度与国际化视野，S教师充分利用互联网技术手段，引导启发学生们开展无边界学习，将VR创新课堂、MOOC（慕课）、PAD教学等充分运用到日常教学中，并成为常态化教与学的得力工具。崇尚科学的种子在一点点萌芽，探求未知的习惯在一天天养成，S教师的探究式实验课成了学生最喜爱的课程。S教师用创新的理念与手段为学生创造了最好的学习条件和氛围。

我认为学校没有围墙、课堂没有边界，教师应该为学生的未来而教。于是我带领孩子走出课堂、走出校园，走向大自然、走向实验室、走近科学家，培养了数个全国科学院"小院士"，指导的学生多次获奖，获创新若干专利成果。孩子们说：老师给我们装上了创新的马达，按下了探索的按钮。（来自访谈）

教师工作与学习的大部分时间都是在学校中，与过去相比，现在舒适的校园环境、精良的硬件设施和高效的工作氛围，让教师在工作中感到愉悦幸福，工作效率也随之提高。比如，校园中先进的一体化教学设备、多功能实

卓越：教师专业成长的向上力量

验室等，可以使教师充分利用多元空间与学生深度互动，迸发更多的教学灵感，促进教学内容可视化、动态化、个性化。

教师在平凡琐碎的教育生活中，一定要学会发现身边人与事物的美好。比如，干净、舒适的校园环境，充满朝气、活力四射的中小学生。在校园的花园或长廊上休息片刻，能让人一扫疲惫，重新焕发活力，积极投入之后的教育教学中。教师一定要劳逸结合，如果过度透支身体反而会事倍功半。（来自访谈）

学校的评价体系在教师专业发展中扮演了"裁判"的角色。一所优秀的学校应树立以人为本的教师观，用科学的发展观构建激励性、人文性、多元性的评价体系，才能不断促进教师的专业成长。在评价中，除了学校的制度引领，还有教师的自我评价、学生及家长评价、教师互相评价、领导集体评价等多元评价。在教师的相互评价中，应以学科教研组为具体评价单位，结合个人教学工作的具体情况，把教师的工作效能与其他评价结合，客观、公正地评价教师的工作。学校科学的评价体系，充分调动了教师工作的积极性、创造性，让每位教师用最大的热情投身于课程改革与教学研究活动中，促进教师的专业成长。

我们学校为每位教师建立了个人专业成长记录袋，包括德育类、教学科研类、活动类、特长类等，每一个类别又各自有详细的评价体系，如德育类的"山海"评价，从班级常规精细管理到班级活动智慧组织，学校能看到每位班主任的成长和付出；教学类的"满天星"评价，从课程、课堂、科研等几个维度，为教师提供不同的成长路径；活动类的"最满意的一篇学生作业""粉笔字评比""青年教师演讲比赛""党员先锋课"等，让教书育人、乐于奉献的理念根植于教师心中。（来自访谈）

在工作中，融洽的同事关系是专业稳步发展的基石。无论是在日常教学过程中，还是参加大型比赛时，身边的同事们总是无私地分享教学方法，积极探讨教学问题，同事间紧密配合，团结互助。

我们学校开展"青蓝工程"活动时，新老教师积极报名，通过拜师、结对子等进行传、帮、带，无论是骨干教师还是青年教师，都闪耀其中，用光芒照亮彼此。我参加大型比赛时，学校会组建备赛小组，让各有所长的其他学科老师们加入其中，帮助我共同备赛，老师们始终都怀着一颗谦虚好学的心，相互促进，共同成长。（来自访谈）

第五章 卓越教师个案：深圳市"年度教师"典例深掘

卓越教师专业成长的旅程离不开教师自己的奋斗，离不开学校的科学评价，也离不开所在地区政府对教育事业的大力支持。深圳市对教师发展支持力度是巨大的，作为广东省第一个教育强区，"N区教育"已然成为全国一张亮丽的名片，其中一个很重要的原因就是非常重视教师的专业成长。

深圳市对于教师专业发展的重视度很高，我切实感受到了背后的强大推动力。比如，实施教师继续教育制度，教师参加继续教育，不断更新知识和技能，以提高教育教学水平。深圳市还通过评选优秀教师、优秀教育工作者等方式，激励教师不断提高教育教学水平，同时对有突出贡献的教师给予奖励。（来自访谈）

四、S教师个案小结

新时代场域下的教育教学之道，还需要一代又一代人不断探索、孜孜以求。S教师常常思考：在人和未来之间，如何一边守护日常一边奔赴愿景、一面看见生命一面扛起使命，培养面向未来的学生，教师要如何面向未来。创造价值，需要持续地耕耘，而输出思想，则需要跨越无人区的勇气与智慧，那是一种颠覆传统的冒险，那是一种"蓦然回首"的惊喜，更是一种"为伊消得人憔悴"的"终不悔"。节气轮回与育人规律，似乎有着某种巧妙的暗合。每当心中若有所思，S教师都会独自伫立在学校的教学楼楼顶眺望南海，她眼里的伶仃洋波涛翻滚、一望无垠，海天相接处，总有船帆点点、海鸥成群，那是更壮美的风景，但需要看得远一些才行。

S教师所具有的卓越特质：

1. 爱教育，爱孩子。有学术味，有人文情，将科学和人文高度融合。
2. 善于抓住一切教育契机，挖掘学生的个性和潜能。
3. 善于发现教学的本质和规律，实践探索，自主创新。
4. 为未来而教，与时俱进。为孩子埋下科学创新的种子，提升科学素养。

第二节　X教师：我要做一块"大国工匠"道路上的平凡基石

一、以爱为光，以心换心

X教师出生于1981年，2003年挥别母校，来到深圳市这片现代教育的热土。初入 B 职业学校工作时，X 教师怀着满腔热情和冲天的干劲踏上讲台，准备撸起袖子大干一场，然而还没开始就败下阵来。入职前，X 教师对职业学校学生的表现有所耳闻，但实际情况还是大大超出预料。很多学生敏感、自卑、逆反、厌学，没有目标，没有动力，纪律涣散，而且有较强的破坏性和攻击性。有些学生甚至情感冷漠，心仿佛被厚厚的坚冰包裹。

不夸张地说，所有老师能够遇到的"问题学生"在 B 职业学校都有，而且不是一个，是一群！职校学生综合素养和学习能力本身就处于劣势，很多学生特别没有自信心，有些孩子干脆"躺平"。起初，课堂无序、顶撞老师、违反学校准则的行为比比皆是，我不甘心就这样被打败，下定决心要弄清这些孩子究竟是怎样的一群人，弄清是什么让本该清纯快乐的少年变成了这副模样。于是，我开始查档案、家访、回访"问题学生"的初中老师……结果令我非常震惊。原来，这些孩子大都经历了不同程度的挫折，或因父母离异而失爱，或因家庭贫困而自卑，或因家庭暴力而恐惧，或因学习困难而被歧视。他们小小年纪，却已伤痕累累，生命之花尚未开放却已濒临枯萎。

我绝对不能放弃任何一个孩子！这些彷徨在人生边缘的孩子需要帮助，否则他们将失去最后的向上的机会！即使我不能让他们成为航天飞机、宇宙飞船的设计师，成为顶尖人才，也该让他们成为积极善良、懂得感恩、有一技之长、能体面生活的人。（来自访谈）

坚守对教师职业的信念，还需要积极的职业态度，饱满而又热情的精神状态可以感染每一位学生，让学生感受到教师的热情和关注。同时，教师应持续学习、终身学习，教育是一个不断发展的领域，教师需要不断学习和提高自己的知识和技能，以保持竞争力。通过参加培训、研讨会或自学，可以保持对工作的执着追求。

我告诉每一个学生："孩子，用你的心灵去聆听，你会感受到某种力量在你的内心涌动，这种力量，让你扬起头颅，举起双臂，向着光明缓缓走去。这，就是学习让你觉醒的第一步。"我始终用自己对教育的挚爱去感染每一个孩子，同时相信每一个孩子。我常对他们说："心有多大，舞台就有多大，哪怕是在偏远的大山中，哪怕现在觉得自己的未来很遥远，都可以通过自己的努力，去实现自己的理想，尽情感受生命的美好。"

在我看来，每一个学生都是值得我们尊重敬畏的独特个体。因此，我认为每一个学生身上都有潜能和闪光点。当我们秉持着这样的学生观，再通过细致的观察、真情的沟通、专业的教育知识、智慧的教育方法,就会发现学生的闪光点,并通过闪光点唤醒学生的潜能,帮助学生成长。比如,我曾教过的学生小渊,突然由活泼开朗变得沉默内向。为了更好地了解问题出现的原因,我采用了焦点解决技术与他交流。"小渊,你能告诉老师怎样才能帮助你找回原来的自己吗?""小渊,你想成为怎样的自己?"当我们交流的重点由问题产生的原因转移到正面导向时,小渊渐渐向我敞开了心扉,在深入交流中我发现了他的闪光点,再利用他的闪光点,搭建平台,用体验成功的教育帮助他自我发现、实现成长。发现学生的闪光点,让每一个学生都能"抬头",教育才有了真正的魅力和价值。(来自访谈)

滴水穿石,铁杵磨成针,在以心换心的教学与沟通中,学生们开始松动防线,让X教师轻松地融入他们。真正的教育,真实的改变,从此开始。经过不断努力,孩子们开始信赖X教师,并能敞开心扉,倾诉自己的痛苦与困难。X教师以这样锲而不舍的精神,让曾经顽劣不堪的学生说出"你是我见过的最好的老师,没有之一"这样令人意想不到的感恩话语。

我认为要真正地了解学生,关怀学生,就必须建立良好的师生关系,良好的师生关系是教学成功的基础。努力了解每个学生,关注他们的需求和兴趣,与他们建立良好的关系,这都是我保持热情和执着追求的方法。同时,寻求反馈和鼓励,通过了解自己的优点和不足,不断改进自己的教学策略。在工作之外,还要注重平衡工作和生活,面对压力,我一般是通过参加运动、社交活动来放松自己,让自己重新充满活力。(来自访谈)

在X教师的耐心教导下,班级局面开始逆转并慢慢步入正轨,当年那些并不被看好的"调皮鬼"纷纷发奋图强,有些还成了名副其实的"学霸",他们中不少都考上了心仪的大学。

如今,小峰已经是某大学的研究生,小彦也通过努力考入了广州大学。曾数次离家出走的小栋,大学毕业后成了某公司项目部的负责人,因打架差点被开除的小浩,大学时参军,在部队荣获三等功,英语原本零基础的小佳现在已经在新西兰怀卡托理工学院就读。我所带的班级,每一届都进步巨大、成绩优异,同事们的称赞、家长们的褒奖让我无比满足幸福,其实我并无良方绝活,唯有用情至深、用心至诚,以信任和关爱,激活孩子的潜质与正能量,让他们在蜕变中发现自己原来可以做得更好。(来自访谈)

在提升学生核心素养的同时,X教师的教育教学水平也得到了快速提升,先后荣获南山区首届骨干教师、首届榜样教师、深圳市中职学校"教学七认真"优秀教师、深圳市高考英语学科先进个人等荣誉称号;作为深圳市中等职业学校英语中心教研组成员,X教师主编、参编包括国家21世纪规划教材在内的教材教辅类书籍共计15本;获得国家省市区级各类比赛奖项16次;在2018届高职高考中,由X教师主抓的高三年级高考上线率99.37%,6名学生总分排名进入广东省前100名,9名学生数学单科满分,另有51人通过了高职院校的自主招生考试,家长们对X教师感激不已。

一位家长说:"孩子特别调皮又不爱学习,原本计划让他混完职校就去打工的,从来就没有想过孩子能考上大学啊!"大国工匠,职校担当,琢石成玉,匠心筑梦。在我看来,如今社会对职业教育的偏见仍然存在,职业教育在生源质量、教研能力等方面仍然与其他教育类别有较大的差距,但我决心终身与职业教育为伴,带着孩子们唱出职业教育"好声音"。(来自访谈)

二、识璞化玉,琢石成器

职业学校学生普遍存在不同的学习习惯问题,教师不仅需要有过硬的学识与能力,而且要具有教育教学的方法与技巧。多年的潜心探索,X教师摸索出一套有效的职教育人模式:以英语教学为支点,构建5C能力培养模型,即collaboration(合作)、competition(竞争)、creation(创新)、critical thinking(批判)、cross-culture(国际视野)。X教师将英语学科与其他专业融合,开发"珠宝英语""物流英语"等特色课程,在教育科研中,他不仅自己积极参加省、市、区课题研究,而且带领学生参与多项深圳市小课题研究,如"快递包装的回收与利用""超星探机器人"等,促进知行合一,激发学生内在潜力。在担任B职校教务处副主任期间,他主管国际班建设工作,深度参与学校国际化办学的一系列工作,为学生拓宽发展道路,使得学校国际班出国留学学生比例达到50%。

为了寻求能使孩子们根本转变的办法,我抓紧一切时间读书、请教、摸索,坚持每天写教学反思和班主任工作日志。十多万字的总结反思,持之以恒的探索实践让我找到了问题的关键所在:只有弥合心灵的创伤,重获自信和尊严,才能激发孩子们改变的欲望,并获得持续改变的动力。我也逐步形成了自己的教学和管理模式。在教学上,我采用小组层级式管理和点对点帮扶,根据三年的考试规划,设置定向越野式的目标达成考核体系。在班级管理上，坚持以心换"新"，秉持"做学生生命中的贵人"的育人理念，把学生当作自己的孩子，让他们感受到深深的友情和暖暖的亲情，并由此提炼出"转化后进三板斧"：发现亮点，做好陪伴（陪读、陪聊、陪玩），建立个人成长档案。（来自访谈）

数字资源是可视化的评价手册，是教科研的资料库，有了数字资源的补充和支持，每位老师和学生都能拥有个性化的电子档案。教师可以将学生的学科成绩、德育评价、体检记录、综合表现等存放在数字资源库中，一段时间后还能对比分析数据的变化，清晰地看到学生的动态发展。教师通过中教云平台，能建立专属的资源库、能看到备课数量和学生成绩的变化等，形成独一无二的教学发展个性手册，提高教学质量和效率。

数字资源一直是教师专业发展上的资料库，从深圳市职业教育平台到南山教育在线，再到学校搭建的数字资源库，不论是文本、图片、音频还是视频，都能在教育系统搭建的数字化平台中搜索到高质量资源，不仅提高了工作效率，而且帮助教师在成长中看到更多专家学者、优秀教师的智慧，如大量的学科微课、精品课等，可以在大量优质资料中找到新的灵感，优化自己的教学方式。X教师充分利用数字资源，结合自己的教学内容，给学生们带来一堂堂精彩的课程。

数字资源是电子化的备课本。在备课时，我也会用到中教云平台、学科网之类的数字资源。用数字资源进行备课方便快捷，教师可以随时随地用碎片时间书写记录，同时数字平台能清晰地记录备课过程，将资源分成视频资源、课件资源、学案资源、互动资源、练习评价资源等。此外，数字资源还能支持我将工作生成日计划、周计划，免去纸笔的烦琐，使工作更加清晰有条理。（来自访谈）

X教师的学校为教师成长搭建了多元的成长平台，积极开展资源分享，着眼共赢未来。针对教师专业发展，学校采取了很多措施：一是建立了完整的教师成长培训体系，在培训时，除了将专家请进来，还通过"自愿报名＋任务分配"的方式面向全体教师征集、选拔分享者，让教师结合自身情况扬长避短，寻找最适合自己的教育方法，教师在分享中双向成长；二是参与观课议课，促进理想与现实相融，学校要求老师们多观课、议课，在学校开展的"素养课堂教学研讨"活动中，教师们不仅自己上课，而且要多维观察，深度参与；三是加强科研引领，培养问题意识，学校特别关注教师的科研能力培养，鼓励教师从真问题入手，立足于课堂进行实际研究，从发现问题到解决问题，最后形成教学成果。

我通过学校组织的比赛和活动，将教学实践提炼为理念，完成从实践型教师到专家型教师的转变。依托学校的课题培训计划，我积极申报各级课题、项目，坚持用科学的眼光研究教学。在教学研一体化中，我的专业之路走得越来越远。（来自访谈）

三、X教师个案小结

2003年到2018年，从广东建华职业学院到B职校，是X教师在职教教师岗位上积极进取、筑梦成长的15年，恰好也是中国现代职业教育从式微走向繁茂的15年。X教师以三尺讲台为阵地，见证深圳新职教新发展，成长为职教领域有丰富教育经验和管理经验的教坛中坚力量。X教师是一位与深圳中等职业教育共同成长的践行者，与现代职业教育共同成长，是深圳职业教育当代发展的见证人。X教师领着一届又一届学生挑战风雨、迎接阳光。用自身的勤勉和至诚至善影响着学生。令其欣慰的是，这些品质也成为学生人格中的养分。

X教师所具有的卓越特质：

1. 教学高手、科研能手、务实创新的管理者、理性而专注的行动者。
2. 创建英语课堂教学"5C"能力培养模式，将合作精神、竞争意识、创新能力、批判思维和国际视野作为培养学生综合素养的基本维度。
3. "陪玩""陪聊""陪读"——"三陪"孩子王。"信任""信心""信念"——转化学生三部曲。
4. 以爱育人。相信有爱的教育才有力量，懂得尊重的教育才有价值，有爱和尊重的教育才能呵护学生的心灵。

第三节　D教师：怎么成为跨学科"小院士"之母

一、阅读研学，求真问道

来自新疆维吾尔自治区的D教师是1970年生人，19岁参加工作，29岁晋升为小学语文高级教师，31岁被选派参加首批教育部"跨世纪园丁工程"

中小学骨干教师国家级培训，2002年来到深圳市继续耕耘不辍，2020年当选南山区"年度教师"，同年当选深圳市"年度教师"。D教师热衷于创新语文教学，用"图书馆阅读＋实验室写作"的跨学科培养模式，努力点燃学生创新思维的火花，提升学生的人文、科学素养，D教师带领团队培养了33位中国少年科学院小院士。

阅读和研学是D教师教育教学活动中独树一帜的特色。阅读是教师职业生涯美好前景的基石，阅读是培养学生成为社会主义的建设者和接班人的摆渡船。D教师将读写结合聚焦如何引导学生从教室的"小课堂"走向社会和自然的"大课堂"。每一个孩子都是天生的科学家，都可以像科学家一样去思考。为了帮助孩子们找到答案，D教师耐心地带着孩子们认识图书馆，学习专业文献检索系统，阅读知识类读物和工具书，用科学阅读来答疑解惑，带领孩子们走进实验室、大学校园采访专业人士，开启了多角色、多课堂的创新探索。

作为一名班主任、一名语文老师，我发现孩子们提出的问题总是千奇百怪，有的甚至无法解决，索性带着孩子一起去探索、开展研究性学习。（来自访谈）

为落实立德树人的根本任务，培育社会主义建设者和接班人，阅读成为帮助学生成长的重要路径。在推动阅读这条路上，D教师实践探索了30多年，阅读成就了D教师与学生彼此的人生。我国著名语文课程论专家王荣生教授曾说：D教师是一名创新型语文老师，正因为她不是传统意义上的语文老师，所以才培养出大批符合国家未来发展需要的创新型人才。

2008年，我在二年级的课堂上大声朗读罗尔德·达尔《詹姆斯与大仙桃》的第十三章时，孩子们举手提问：萤火虫是昆虫吗？萤火虫能自由开"灯"关"灯"吗？……类似的现象引起了我的思考：以往解决这些问题都是老师课下翻阅书籍、查找网络、咨询相关学科老师找到答案后告知学生，如果换个角度，即由学生自己阅读书籍、查找答案是否可行。基于以上思考，我建议学生阅读相关书籍，自己解决问题。第二天作业显示：全班40名学生，34个学生在不同的书中找到了答案。

在随后的章节阅读中，学生们提出的问题越来越多，随之带来的其他课外阅读补充书目也越来越"杂"，班级呈现一种求知若渴的欣欣向荣景象。在这股浪潮中我深深地感到：一是孩子们通过自身努力解决阅读中的困惑，由

"被动接受者"转为"灵活思考者";二是在"一本带多本"式的阅读中体会阅读的广度和深度;三是扩大阅读书目类别,增加知识积累,由以往的童话书籍和文学书籍扩大到百科类、工具类书籍的阅读;四是尊重、兼顾阅读性别差异。带着这样的思考和发现,在长达13年实践教学的摸索中,我逐渐建立了一套"图书馆阅读+实验室写作"的创新人才培养模式。(来自访谈)

D教师用行动和时间证明,研究性学习反哺了语文学习,海量阅读提高了学生对知识的整体运用能力,渐趋严密的论文撰写格式增强了学生的逻辑思维能力。历年来,D教师教授的班级语文成绩都名列前茅,学生们通过自己的努力得到答案,通过自身努力解决阅读中的困惑,由"被动接受者"转为"灵活思考者",科普阅读为孩子们打开了探索求知的窗口,"一本带多本"的阅读方式拓展了孩子们阅读的深度和广度。

刚开始做科学文本书时,部分家长对我的做法提出了疑问:"这会影响学生的语文成绩!怎么能压缩语文课时间,去进行科学探索呢?这不是不务正业吗!"面对家长的担忧,一方面,我特别理解,另一方面,我仍然坚定自己的选择。"时间是挤出来的,也是规划出来的!"我每个月用三周时间高效保证学生学习语文课本,用剩下的一周开展科学探究,同时将四、五、六年级课文重构,结合科学阅读,开发多个微课程。剩下的就交给时间和学生们的反馈。我的学生尤其是"小院士"们,海量阅读、乐于分享、敢于实践、善于创新,这将成为他们一生的精神财富。我指导学生的《人工湿地技术的应用——农村老家生活污水处理的思考》论文就源于解决实际问题的过程。(来自访谈)

教学活动不是仅局限于书本文字中自我苦修的一方"死水",应是不断思索如何将知识与经验在自然和现实中通过触摸与调查而佐证的活水活源。一名卓越教师需不断启迪学生主动探索所学知识的所本、所因、所悟。D教师曾经三次开启"一带一路"倡议的研学之旅,将"教室—课本"的学习形式改为"体验—研学"的形式,利用大自然的神奇来释放孩子的天性与想象力,从而实现立德树人、实践育人的教育目标。近30年的班主任生涯中,D教师一直在阅读与研学的转换中践行自己的教学观点与教学理念。她带领历届师生家长,用13年时间,坚守每晚的"家庭读书会"线上分享,师生家长读书笔记达百万字。

D教师坚持了长达10多年的科学文本读写的实践研究,探索出"求知欲、自信、理解、合作、创新"的"5C"教学模式，构建"图书馆阅读＋实验室写作"跨学科创新人才培养模式。用"5C"教学模式，培养出中国少年科学院 30 多名小院士、2 名全国十佳小院士、5 人申请 9 项国家专利。指导班级学生做课题立项 20 多项，获得研究经费 30 万余元，创深圳市教育之最。

2011 年、2013 年，我以人教版语文教材五年级下册"丝绸之路"主题单元内容为抓手，开展主题阅读，共读《丝绸之路 2000 年》《从罗马到中国》等书，暑假沿着河西走廊行至吐鲁番，与西安华清小学成为"手拉手学校"。2017 年，用三个月时间读完历史作家陈卫平的《写给儿童的中国历史故事》14 本，利用暑假开启西安、洛阳、北京三大中国古都博物馆之旅，涉及 13 家国家级、省级博物馆。让学生与祖先传承下来的丰厚遗产无缝沟通，汲取养分，感悟智慧，自觉养成对中华传统文化从认知、认同到归属、依恋的家国情怀。推动读书是为了师生更好地行走，三次丝绸之路行走，两次中国科学院西双版纳行走、数次广州科学馆、香港天文馆、科学馆行走，我留下近 10 本摄影相册，13 篇研究论文，百篇行走随笔。由此，学校五年级"丝绸之路"研学课程，成为学校博物馆课程的标配。根据实践，2019 年立项的省教育厅德育课题"中小学研学实践运行体系建构研究"（2019ZXDY044），相关的教师用书和学生用书已经完成。（来自访谈）

二、循循善诱，头雁引领

中小学生处于对外部世界万事万物的表象、存在性、运行规律、社会规则等等的敏感探究时期，个体思考处于十分活跃的阶段。在学校的学习过程中，需要学生自己积极地树立问题意识，在教师科学合理的引导之下，完成提出问题和解决问题的全过程。每当学生提出问题，D 教师并没有直接让学生们开启探索之旅，而是先引导他们展开猜想，再引导孩子们解决问题生成小论文。在她的鼓励下，学生们的问题意识逐渐提升，养成了主动求知的好习惯，用探究性学习方法去求证问题。D 教师拥有 20 多年党龄和近 30 年的班主任经历，在精微之处打开学习的秘密，教给孩子们科学的方法，给予专业的指导，找到了每一个孩子内心的火种并让他们散发最灿烂的光芒。

我发现自己成了一个资源整合者，打破校园、课堂的界限，串联起学科，让孩子们可以自由地取用广阔世界的创新资源。我乐于陪着孩子们一起学习，一同进步。我觉得跨界融合、学科统整是未来教育的潮流。我觉得任何一个学科教师都需要意识到跨界融合、学科统整，是未来教育不可阻挡的潮流。我常常告诉自己，每一个孩子的潜能都需要老师去发现、去点燃，让他们绽放出最灿烂的光芒，这是我毕生的追求。（来自访谈）

学生的疑问与提问是他们基于对自然事物、事件的观察和对自然变化的思考。针对不会提问的学生，教师应给他们提供机会，给予支持和帮助，引导他们针对生活中的日常现象进行提问。但并不是所有的学生都擅长观察生活并提出问题，这需要教师架构内容，为孩子提供观察现象和提问的机会。教师在给出示范以后还要引导孩子逆向思维，让学生明白问题源于现象及问题产生的过程，由此培养学生的问题意识。

我还记得自己的学生小洋和小妍被孩子们投诉了。原来，小洋和小妍用数学老师的磁铁教具，无意间划了一下讲桌上的台式电脑屏幕，居然发现有一道彩虹痕迹，再划又是一道，于是，孩子们你一下、我一下直呼好玩。我赶到教室一看，电脑屏幕已经没了任何反应，我当时没有批评两个孩子，而是因势利导让始作俑者以"为什么磁铁弄坏了电脑显示屏"为内容展开科学探究。两周后，两个孩子的小论文《磁铁会影响电器工作的原理》诞生了。还有第一批小院士森森，六年级痴迷"光的波粒二象性"，如今已在中山大学就读光电专业；好奇"血液为什么会凝固"的扬扬，就读于深圳大学医学院，立志成为一名优秀的临床医生；迷上了"气态行星的结构"的飞飞，在山东大学攻读物理学专业。（来自访谈）

当学生提出问题之后，教师需引导学生解决问题。低年段应当从求解式阅读和摘录式写作两个层面逐一推进。学生提出问题以后，教师不应直接让学生开启探索之旅，应先引导学生打开思维展开猜想，最后引导他们解决问题，生成小论文或解决问题的方案。引导学生搭起框架，给予学生完整的写作指导。

要教会一年级小朋友学会使用图书馆，不能简单地站在讲台上直接向孩子陈述图书馆的价值和使用方法，而应选择贴合的绘本，利用绘本故事让孩子们在快乐情境中认识图书馆，了解利用图书索引快速找书的方法。了解图书馆构造后，带着孩子们到图书馆实践，手把手教会孩子们如何使用图书馆。不能用成人的学习习惯和思维教育孩子，那样往往会事倍功半。

我还想起"螃蟹为什么横着走"这一案例，当时，我手把手地教孩子们搜索技巧，一环扣一环地引导孩子查找、筛选文献，再对比文献资料，像科

学家一样思考问题、小心求证,还结合观察、实验和数学模型,最终得出了《螃蟹行走方式探秘》的案例数据。(来自访谈)

语文教学注重对文学篇目的阅读,D教师针对小学语文教师普遍存在的未能充分回应儿童好奇好问天性的教学困境,提出求解式阅读的概念,倡导让学生们带着问题、兴趣和任务去阅读,将普遍被忽视的百科类阅读带入孩子们的视野之中,百科类阅读对孩子综合发展具有关键作用。中年段与低年段的不同之处在于,随着学生提的问题越来越多,这些问题开始出现一定的交叉重叠,培养合作意识变得尤为重要,教师需引导学生学会在合作中进行实验,进而培养学生的团队意识。

我发现在提出问题的环节,中年段孩子的问题开始呈现一定的相关性。比如,孩子们会由"秋天为什么落叶"这一问题,进而提出"深圳市为什么春天落叶?""落叶为什么有的是黄色有的是红色?"这样彼此联系又结合生活的问题。同时在问题的解决过程中,与低年段利用图书馆解决问题不同,中年段学生在利用图书资源时,要上升到主题式阅读和比较式阅读,与此同时结合文献研究、实验研究以及观察研究,综合运用多种研究方法得出结论,利用"观点+事实+观点"的"奥利奥"写作法输出学习结果。(来自访谈)

从想法到现实,为引导学生从教室"小课堂"走向社会和自然"大课堂",为给孩子们提供更为专业科学的解答,D教师活化了家长、社区、社会资源,也调动起了各科教师的积极性。在D教师的努力下,孩子们得以走进实验室、大学校园等,接触并采访300多人次的大学教授、科学家和行业精英。

我利用暑假家校合作的契机,带学生到中国科学研究院西双版纳植物研究所开启探究之旅。由"丝绸之路"主题单元内容,开启"一带一路"研学之旅等。学生在真实情境中进行探究性学习,实现自身的综合发展。(来自访谈)

D教师手把手指导,积极培育团队,发挥"头雁"引领作用,努力帮带校内语文教师"雁阵"快速成长。D教师带队探索出一条语文教师主导下的小学跨学科教育之路,融"做小课题、写小论文、当'小院士'"为一体。作为深圳市"年度教师"、中国科普协会会员,D教师还将"薪火"传递到省外,在北京、上海、澳门等地开设工作坊,开展了266场讲座。从一个人的探索和坚守,到一群人行走,再到学校、区域的大力支持,D教师通过多场分享，让"语文＋科学"教学改革从深圳走向全国更多地方。D 教师走出学校，指导其他多所学校，带动更多教师开展"人文素养＋科学素养"的探索。

令我欣喜的是，我们去其他学校推广语文教学模式得到了一致好评，也让更多教师有所收获。S 小学 L 教师刚工作不到两年，就指导学生陈一禾以"孤独症儿童玩具的探究"为课题，获评"中国少年科学院预备小院士"。N 小学语文 Y 教师入职两年，指导学生立项 3 个课题，指导 4 名学生获评"中国少年科学院小院士"，这些成绩都离不开教师们自身的包容和思辨。（来自访谈）

三、D 教师个案小结

作为一名"疆二代"，D 教师家庭两代人的命运与祖国的发展同频共振。在十三年的新疆维吾尔自治区教学生涯中，D 教师致力于培养学生对祖国语言文字的热爱，孕育着大写的中国人。二十多年的深圳教学生涯，D 教师浸润在深圳市 N 区教育高地的氛围中，激发了她用阅读培养创新人才的内生动力，从而成为创新型语文教师，成为著书立说的研究型教师。D 教师坚持德育为先，通过正面教育引导人、感化人、激励人。作为班主任，作为语文学科的教师，D 教师以情感人、智德兼备、以人为本的新型德育理念，结合教育内容探索教育手段、教育方法的实效性，培养孩子的创新意识、创新能力、创新人格。

D 教师所具有的卓越特质：

1. 擅长跨学科资源整合，实施跨学科创新人才培养。
2. 作为国家级阅读的燃灯人，重视阅读问道，坚持阅读引领，是读写结合的卓越领军人物。
3. 能科学规划时间，既能高效完成学科教学，又能创新引领科学研究。
4. 发挥"头雁"作用，辐射引领教师团队发展。

第四节　Y 教师：人生为一大事来

一、一个都不能少，帮扶"后三分之一"

Y 教师 1960 年出生，S 中学物理高级教师、骨干教师。从教以来，担任

第五章 卓越教师个案：深圳市"年度教师"典例深掘

班主任及其他教育相关工作二十八年。2013年赴新疆维吾尔自治区喀什市支教，并担任副队长。Y教师胸怀教育热忱，勇于创新，敢于实践，努力探索"后三分之一"学生的教育教学，连续多年被评为S中学的先进教师、优秀班主任，是S中学最受学生欢迎的教师之一。

一次次教改课改，一次次结果落地的教育实践让Y教师深刻体会到教育事业正迸发前所未有的激情与活力。在多年的教育生涯中，Y教师全身心地投入教育活动之中并找到了自己所追寻的教改方向：帮扶"后三分之一"的学生。随着AI时代的来临，教育的改革和创新，不应只瞄准古往今来的精英教育，也需要聚焦"后三分之一"人群的教育，并采取主动积极的帮扶措施。

我一直致力于"后三分之一"人群的教育，谁在这率先取得突破，谁就将引领未来。"后三分之一"学生的心理需要重建，精神世界需要重塑，知识基础需要重置，这些值得教师倾尽全力。（来自访谈）

帮扶"后三分之一"学生是教育者的责任与担当。为了改变这些学生的学习被动局面，需要有的放矢，微调课程设置，对初中生物、地理、历史、物理、化学等学科内部结构进行重组，让学生重新构建对学科的认知，明确到底学什么。同时，针对学生基础薄弱，安排了各种培养学习能力的活动，Y教师的操作方法不是简单地降难度、放台阶，而是将台阶变为斜坡：零起点、缓坡度、上高度。在课堂教学上，Y教师突出对学生自学能力的培养，所有学科都设计了"提问卡"，注重问题导向，引导学生带着问题学、留着问题思考。

在我看来，每一个学生都是独特的个体，尤其是"后三分之一"学生，他们本身就不自信和迷惘。我认为每一个学生身上都有潜能和闪光点，当我们秉持着这样的学生观，再通过细致的观察、真情的沟通、专业的教育知识、智慧的教育方法，就一定可以发现"后三分之一"学生的闪光点，并通过闪光点唤醒他们的潜能，帮助他们成长。（来自访谈）

在长期的教育教学中，Y教师一直坚信"遇到好老师是学生的幸福"，他时刻告诫自己，处处严格要求自己，不能误人子弟。无论多么卓越的学校，都会存在"后三分之一"的学生。这个群体容易被忽略，面对他们不仅要关注，而且要大胆创新，探索一种适合这些学生也适应现行教育教学体制的方法。

对"后三分之一"学生的教育是一名教师迈向卓越的试金石，也是对一名教师教学态度与教学方法的真正磨炼。"后三分之一"学生需要教师倾注全力，他们是每一所学校、每一名教师都必须面临和着重帮扶的脆弱群体，不仅需要耐心、细心、因材施教，而且要倾注更多的关心与关注。

  帮扶"后三分之一"，首先，让他们树立正确的学习目的与价值观念，要为自己而学，为祖国的大义而学，学习知识能够获得成绩、荣誉，但只有将知识转化为能力与技术，才能在未来社会工作中掌握更高的主动权。他们起初是抵触与反感的，认为这是陈年旧论，于是，我利用有限的时间带领学生们去参观工作基地，在一次次实地考察中传输思想，渐渐地他们被感染并回到学习的正轨中。其次，要让他们掌握正确的学习方法，养成良好的学习习惯。我一直教育他们要学会自主学习，学会用头脑学习，学业本就差别人一大截，必须加速追赶，至少与大多数同学保持同步。最后，一定要与"后三分之一"学生的家长之间建立良好的监督与反馈机制，很多家长一股脑地认为学习是学校和老师的事情，对孩子的学习不上心、不用心，其实，家校协同十分重要，教师在学校竭尽全力地改变学生，如果在家中一直处于负反馈的状态，那再大的投入都难以扭转局面。（来自访谈）

  为了调动学生的感官参与到自学活动中来，Y教师利用课余时间带他们开展各式各样的活动：莲花山植被考察、中秋节晚会、仙湖植物园植物种类与分类的考察、梧桐山登高望远、大梅沙和小梅沙徒步、采集海水样本回学校晒盐、做各种物理化学实验、参观笔架山水厂了解水的净化过程、用石蜡模拟青铜器铸造（制模、翻砂、浇铸全过程）。这些实践活动帮助学生建立丰富的感性知识，激起学生们求知的热情，为他们今后的自学创造了条件，奠定了基础。事实证明普通生和学困生的教育是有规律可循的，学会了自学，其学习成绩自然会大幅度提升。

  很多学生入学时并不属于"后三分之一"，即使是"后三分之一"的学生，我坚信他们都是可塑的，通过合适的教育方法一定能让他们成才。那时初二才开始上物理课，我作为班主任包揽了班级的地理、生物、历史、物理、化学教学，为了把这些学科知识融会贯通地纳入自己的课堂，我有计划地培养学生的自学能力并重点帮扶"后三分之一"学生。当知识与生活、与社会联系在一起时，这个人才算真正掌握了这门学科。我利用每个月一次的社会实践活动，发展孩子们自主探究的能力。我还带领学生每天长跑，既释放压力又磨炼意志。（来自访谈）

  Y教师除了竭尽全力帮扶"后三分之一"学生，同时积极与学校教研组一同商讨育人经验与教学之道。教研组是解决问题的"定星盘"，是学术探讨的共同体。专业的发展离不开一群志同道合的伙伴，教研组是教师在专业发展上不可或缺的学习共同体。Y教师及时与其他教师商量针对重点学生的教学对策，及时与其他科任教师沟通学生的学习情况。

在常规的教研中，我们教研组每周进行多次教研活动，首先，确定本周的教学目标和教学重难点；其次，分享教学设计、教学方法、作业设计等；最后，基于一位老师的教学设计反复修改讨论，形成最佳教案，每一课都能生成一份独一无二的团队教学成果。在听评课后，教研组还会集中进行诊断，在专业层面为教师提供建议，通过反复磨课、修改，教研组的所有老师教学能力均得到持续提升。其余时间，我们会针对"后三分之一"学生在学习中遇到的各种问题进行细致地分析与研究，一同商量解决方案。（来自访谈）

教研组是记录教师成长的导航仪。在教师的专业成长路上，不论是提升教育教学能力，还是提高解决问题、钻研业务的能力，或者是贯彻"唤醒、激励"等教学理论，都离不开教研组的无私支持。教研组是教师成长的见证者，教师之间只有真诚交流，共同进步才能形成强大的凝聚力，才能全面掌握班级的学习情况，突破"后三分之一"学生的难题。

每当看到学生在学习上出现问题时，我都是第一时间寻求教研组的帮助，他们是我解决问题的"军师团"。一些共性的问题，同科组的老师们都遇到过，我们会一起交流探讨，找到更适合的对策。有时，我们会通过集体备课等活动，厘清这些问题背后的本质，再根据不同学情设计个性化方案，持续跟踪波动较大和"后三分之一"学生的变化，进行正向反馈。在教研组的共同努力下，很多问题迎刃而解，教师个人的能力也在解决问题的过程中不断提高。（来自访谈）

二、为一大事来，做一大事去

2013年，已有31年教龄的Y教师怀揣一颗奉献、仁爱之心，赴新疆维吾尔自治区喀什市支教一年。看着漫天的风沙，感受到这里的孩子对阳光雨露的渴望。Y教师说，在新疆维吾尔自治区教学期间，既是支援喀什市教育事业的契机，也是他锻炼学习的机会。Y教师教授初三毕业班的物理课，针对初三备考的要求，精心教学，特别是针对学困生，做到不放弃每一个学生，始终耐心引导与及时辅导。

我接手的班级，物理平均31分，最高63分。那边的教学实验器材相对缺乏，我就自费给实验室配备了器材，让学生都可以在实验室动手动脑学习物理。那个时候很艰难，刚带他们到实验室时，没有学生听实验要求，自顾自在那里疯玩。于是我耐着性子哄着、吼着，就这样坚持了下来。改变悄然发生了：孩子们的学习兴趣被点燃了，学习热情被激发了，第一次考试，全班的平均分就接近及格线，最后达到了72分。一群抽烟、打架的孩子，获得的不仅仅是分数，更是看到了希望！当孩子们得知我要回深圳时，把连夜制作的光碟送到机场。回到家，我打开光碟，满屏的"老师，我爱您！"扑面而来，那种通过教育获得的感动和满足，让我终身难忘。（来自访谈）

在喀什市支教期间，Y教师热心辅导青年教师，开展各式各样的教研活动，为推进喀什市的物理教学做出了贡献。Y教师同时担负培养年轻教师的工作，多次进行学科教学示范，与青年教师交流教学体会，指导他们如何改进教学。即使没有和他签约师徒关系的青年教师，他也耐心指导，毫不保留。从喀什市回到深圳中学后，他又积极投入学校的"青蓝工程"中，支教经历让Y教师对教育有了更深刻的思考：自己的教学水平再高，也只能影响所带班级的学生，如果能培养一部分青年教师成长为好教师，就可以惠及更多人。

从喀什市回到深圳市，我主动申请接手基础最薄弱的班级，给学生最深度的陪伴。每天风雨无阻地长跑、雷打不动地午间学习，一做就是三年。我不仅包揽了除语数英外的大部分学科，还经常带他们走出校门，开展丰富多彩的实践活动。我深信教育就是一个灵魂唤醒另一个灵魂。毕业后孩子们动情地说："Y教师，这三年改变了我的一生！"这是对我终生沉浸在教育这一大事中最高的奖赏！我所在的学校，是以深圳市这座城市命名的——深圳中学，这里聚集了一群优秀的孩子，或许他们就是创造未来世界的中流砥柱。（来自访谈）

在深圳市刚刚推行《科学》课改时，身为教了近30年物理课的Y教师，还需承担教授化学、生物等学科的教学任务。近花甲之年，面对如此全新的挑战，在教育使命感和责任感的驱使下，Y教师没有退缩，出色地完成了各项教学任务。优秀的教师不仅要在学业上助学生们飞得更高，更要引领他们坚守道德、扛起使命，学生们的精神世界决定了民族的未来。除传授学科知识外，Y教师还始终以身作则向学生输出正确的价值观、学习观，关注学生道德品质的培养与提升，使每个学生乐观、正直、自由地遨游于知识的海洋之中。

第五章 卓越教师个案：深圳市"年度教师"典例深掘

我的班长陈添锴带头刻苦钻研，初二学完了高中化学后，他又捧起了大学教材。那一年中考，我带的班科学成绩在全市遥遥领先。后来陈添锴从北大给我寄信说："原来我以为努力学习是为了自己。您告诉我们，不是！我们应该像周恩来那样，成为为中华之崛起而读书的民族栋梁。我铭记在心。"他还透露了当年拼命学化学的初衷，就是为了能帮到我，这让我瞬间泪流满面。孩子们的精神世界决定着民族的未来，教育这一大事值得老师执念终生。（来自访谈）

三、Y 教师个案小结

Y 教师从教 37 年，始终关注"后三分之一"学生群体，努力探索他们的教育教学规律，时刻怀揣一颗奉献、仁爱之心，支援新疆维吾尔自治区的教育事业，将他们这一辈人的教育经验、思考以及对教育的爱传递给更多人。作为教师，不能只沉浸在得天下英才而教之的简单愉悦中，在教育这件大事中，每一个孩子都很重要。Y 教师退休前也不忘将教学经验传递给更多教师，她虽年事已高，但每周都要为全校教师上一节公开课，她将自己多年的教学经验和对教育教学的思考无偿奉献给各位老师，让尽可能多的教师全面理解物理知识、思维以及体系，发展属于自己的教学风格和类型。Y 教师时常勉励年轻教师：不要操之过急，只要一周上一节好课，学习一些新的招数，几年下来肯定有所提升，一定能成为优秀的教师。陶行知说："人生天地间，各自有禀赋。为一大事来，做一大事去。"这句话道出了 Y 教师内心的教育理念。Y 教师扎根杏坛，教育是她毕生的热爱，是她无悔追求的大事。

Y 教师所具有的卓越特质：

1. 挚爱教育事业，无私无畏，具有强烈的责任心和使命感。
2. 珍爱每位学生，有教无类，倾心帮扶"后三分之一"。
3. 花甲之年不言退，标杆示范，堪为榜样楷模。

第五节　C 教师：用爱舞育人生

一、孔雀东南飞，因爱而追随

C 教师出生于 1967 年，特级教师、正高级教师。深圳市高级中学学生舞蹈团创始人、艺术总监,先后被评为教育部全国学校艺术教育工作"先进个人",教育部全国中小学艺术特聘专家,在广东省文明办、省教育厅共同组织的"寻找'最美教师'"活动中,10位教师从全省120多万中小学教师中脱颖而出,获得"最美教师"称号,C教师是深圳市唯一获此殊荣的教师。

C教师毕业于北京舞蹈学院。品学兼优的她,在留校任教后毅然选择到海南中学做了一名舞蹈教师,并下定决心要把舞蹈艺术深厚的内涵和国民的素质教育、审美教育结合起来,她率先在普通中学开创了面向全体学生的舞蹈课程,并组建了海南中学校园舞团。

来到海南中学之后,我做了一个创举,就是率先在普通中学开创了面向全体学生的舞蹈课程,并组建了海南中学校园舞团。当时我的决心就是要把舞蹈艺术深厚的内涵和国民的素质教育、审美教育结合起来,应该说这是比较超前的美育、舞育理念。(来自访谈)

2001年,时任深圳市高级中学校长唐海海到海南考察,对海南中学校园舞团印象极其深刻,随后便向C教师伸出了橄榄枝。为了追随C教师,海南中学校园舞团的7个孩子跟着她来到了深圳市。

特别让我感动的是,海南中学校园舞团中的7个孩子也跟着我来到了深圳市。那个时候刚到深圳市,条件是很艰苦的,每到周末,7个孩子就跟我一起挤在一个出租屋里,我们同吃同住,我一下子就成了7个孩子的"妈妈"!我爱孩子们,孩子们也爱我,家长放心将孩子托付于我,一是认可我这个人,认可我的专业能力,二是全力支持孩子所热爱的兴趣。这让我时刻都充满了力量,我绝对不能辜负家长们的信任和期待。(来自访谈)

2011年,C教师来到深圳市高级中学。那一年学校成立了舞蹈团,很多在深圳市高级中学上学并酷爱舞蹈的女孩子,找到了让自己梦想成真的舞台。她们在舞蹈团第一次知道了什么是舞蹈,她们的中学生活,也因为一次次起舞、一次次掌声变得充实,变得不同寻常。C教师用爱让孩子们爱上舞蹈,享受艺术之美,让孩子们在人生的路途上收获满满,让每一个孩子都能健康快乐地成长。

我到了深圳市高级中学后,组建了深圳市高级中学舞团,首批舞团团员共15个孩子,7个海南娃,8个深圳娃。我记得第一次舞团专场演出是在深圳大剧院,我爸爸负责打灯,我妈妈负责缝补演出服,学生家长们也跟着一起忙,有的负责化妆,有的负责放干冰。正是这种信任,让我无论如何不能辜负他们。学舞蹈是要出早功的,为了督促孩子们,十多年来我坚持每天早上不到六点就起床陪孩子们跑步、练功;中午,其他师生的午休时间,也是舞团孩子们的练功时间。(来自访谈)

从以前凌晨五点半起床参加舞蹈团的晨练,到现在牺牲午休见缝插针地辅导孩子们,C教师过的是一种"非典型"的教师生活。而这种完全忘我的生活,一过就是近三十年。正是这样的坚持与付出,无数次的练习与排练,舞团的孩子们打下了扎实的基本功,最终取得了一个又一个喜人的成绩。

舞团的另一位教师刘畅,曾经是深圳市高级中学舞团的一名学生。"C教师对我们既严厉又温暖。在专业学习上,她对我们要求非常高,一个动作经常要练上上百遍才能达到她的要求;在生活上,她又像一个妈妈,细心地照顾着每一个学生!"刘畅说,C老师在她心中留下了太美好的回忆。因此,当她以优异的成绩从韩国中部大学舞蹈专业毕业后,毅然选择回到母校、回到高老师身边,做了一名舞蹈教师。从国外留学回来,有诱惑力的发展机会真的很多,但是她只想做一名舞蹈教师,就像C老师那样。C老师的教导已经影响到了她的世界观。(来自访谈)

师者父母心,C教师待学生亦师亦母,细致负责,会为一名团员的数学成绩忧心,也会想着新生来了能不能适应住宿生活。C教师陪着学生从"开范儿"开始,一个动作一个细节地抠,见证着她们动作越来越流畅。

舞团团员小妙说:"C老师就是我们的另一位妈妈。她在教我们舞蹈的同时,更教了我们许多做人的道理。"家长李先生的女儿是高级中学一年级学生,加入舞团半年时,李先生说:"这半年,我感觉孩子像变了一个人,变得特别懂事、特别自律,也特别能体贴父母。这正是C老师教导的结果。"(来自访谈)

C教师认为让学生们参加比赛的意义不只是拿第一,更是要通过教师教育理念的传输和实践,让每一个学生都能健康快乐地成长,她始终将学生一生的发展和终身幸福作为教育目标。为了这些热爱舞蹈的孩子们,C教师把自己对艺术的追求化为生命的寄托,在特区艺术教育这方沃土倾注着自己的深情。

在深圳市,深圳市高级中学舞团是"神话"一般的存在。作为一个非艺术学校的普通中学舞团,连续15年参加教育部全国中小学生艺术展演,年年捧回一等奖奖杯,从未间断;舞团还先后代表教育部、外交部、文化和旅游部，赴英国、美国、日本、朝鲜、澳大利亚等国参加国际重大外事文化交流演出，被教育部授予"杰出贡献奖"；舞团的孩子们仅利用课余时间练习舞蹈，文化课几乎没有受到影响，不少舞团团员毕业时都被顶级名校录取。

"看着舞蹈团结出的累累硕果，我很庆幸自己曾经的选择。在普通中学做舞蹈老师，我觉得自己找到了一个更大的舞台。在专业院校里当老师，可能十年只能教出十几个学生，但是在中学，我可以让更多的孩子领略并感受艺术的魅力，从而提升他们的综合素质。这件事情对提升国民素质的意义更为深远。"（来自访谈）

二、以舞育人，以美育人

在柏拉图的理念中，灵魂是情与意的综合，其中情感带有审美的色彩，而意志则侧重于道德，因而，灵魂的发展最终所达成的是美育与德育的全面发展，美育让学生具备足够丰富多彩的灵魂，德育则使学生能够达成灵魂与人生的共鸣。舞蹈是审美教育，可以对人格、心灵塑造产生影响，C教师提出了独具特色的以"自律（Self-discipline）"教育为核心的"以舞育人"理念，希望通过舞蹈教育给学生带来受益终身的习惯和品质。"没有爱就没有教育，我想让每个孩子都抬起头来舞蹈！"C教师把中华优秀传统文化中自律、修身等要素，融入舞蹈教育之中，得到教育同人、家长、社会的高度赞扬。

我将自己的艺教思想总结为八个字：以舞育人，以美育人。什么是"美"？如何培养孩子们美的品质？我制定出自律、独立、意志力、责任感、高效、团结协作、感恩七条标准，其中的核心就是自律。美就是内在和外在的统一。因此，最主要的是要求孩子们学会有序、规范地生活和学习。学生们随身携带的团规里包括60条"不允许"，从行为习惯、自主管理方面，让他们严格要求自己。比如，随团登车，先上车的学生一定会选择最后一排座位，自觉地从后往前入座；在机场换登机牌，一定有一个学生负责统一拿票，其他人安静排队等待；出行前，学生们的行李一定是自己收拾整理，不需要家长提醒和检查。在C老师的管理下，孩子们习得了科学管理和有序自律的能力，这将是她们一生的财富。（来自访谈）

自律是C教师在几十年来的舞蹈教育实践中积极探索的舞蹈教育理念。实践证明，C教师的舞蹈教育理念不仅在提高学生个体的行为素养、审美素养和促进学生全面发展等方面成效显著，而且对舞蹈团队的作风建设和发展有着灵魂性的引领作用。深圳市高级中学学生舞蹈团的自律教育理念，被教育部在全国学校艺术教育工作中加以推广。

自律是对艺术的尊重。舞蹈不只是身体的律动，更是素质教育的抓手。我记得在教育部组织的展演活动中，我们的舞蹈团在候场时始终安安静静。没轮到孩子们上场时，孩子们就安静地写作业；离开场地的时候，孩子们会将垃圾全部带走，不留下一点杂物，展示了很高的综合素质，令业界人士纷纷赞叹。舞蹈是对品格的磨炼，做任何事情都要严谨、认真并且坚持，这才是孩子们最宝贵的一课。（来自访谈）

为了全面贯彻落实国务院《关于全面加强和改进学校美育工作的意见》，C教师坚持将普及教育与专业教育、课堂教学与课外拓展、团队建设与面向全体学生的美育相互渗透、相互配合，积极探索科学的美育课程体系和美育育人机制，为提升全体学生的审美素养而努力。

我所带的学生舞蹈团队参加过众多外事文化交流活动，不但让孩子们开阔了眼界，也能将艺术之美传播到国际舞台。其中，"黑珍珠"这一称号便源于我带领学生参加教育部首届全国中小学生艺术展演活动。在外界眼中，学舞蹈的孩子走到哪里都是活泼喧闹且引人注目的，但是我所教导的孩子除了表演时奔放活跃外，舞台下却十分安静。来自南方的她们，统一穿着黑色的羽绒长大衣，仪容行止与其他团队形成鲜明对比：她们不声不响地在现场安静地学习；标志性的行李箱和小背包整齐地摆在一起；就餐自觉排队，离开时不留下一片垃圾；仪容整洁，训练有素……这些表现，给与会者留下了深刻的印象。党史教育部有关领导当场由衷赞叹："看，这是来自南方的黑珍珠！"闭幕式结束后，组委会宣布，将第二届全国艺展的主办地定在深圳市。"黑珍珠"的称谓，也就此不胫而走。我的孩子们除了形体优美外，还特别讲礼貌，习惯也特别好，在校园里一下就能被辨认出来。原来，舞团有一本小小的"团员手册"，孩子们随身携带着，里面从日常内务管理、发型着装、床铺摆放到行为举止，都有相应的规范。无论身处何地，这本"团员手册"都在帮助孩子们自律守礼。（来自访谈）

为了这些热爱舞蹈的孩子，C教师错过了自己的最佳生育期，毫无保留地将对下一代的期盼倾注于培养学生和年轻教师，坚持每节新岗年轻教师的课必听必评，并且格外注重年轻教师的品质素养。

C老师说："我没有孩子，学生们就是我的孩子。我把一切都献给了学生，她们就是我生命的延续"。C老师笑称自己对学生可以随时待命、"拎包就走"，但对于父母，她的心中并非没有亏欠："父亲去世前病重，我忙于带学生参加演出，没有时间尽孝。我的母亲去年才来深圳市与我团聚，但由于工作太忙了，很少有时间陪伴母亲。"

"我有一名学生双耳失聪，但热爱舞蹈的她坚持训练，并在教育部全国中小学生艺术展演中获得最高奖项。然而，升入大学的她依然命运多舛，不久前查出心脏有问题，几经辗转医治，最近要接受心脏移植手术。"C老师很担心这个柔弱的女孩承受不了打击，但这个学生发来了一条信息："老师您放心，我是舞蹈团的孩子，我会坚强！""看到我的学生如此懂事坚强，我更愿意全心全意地付出我的一切。"（来自访谈）

在教学之余，C教师潜心舞蹈教育理论研究，先后完成了教育部委派的全国中小学生第一套、第二套校园集体舞创编工作；策划、设计、指导完成了教育部农村中小学现代远程教育工程教育资源库（小学舞蹈教程），现在，深圳市已有30多所小学在使用其名师工作室创编的《音乐与舞蹈（小学阶段）》教材，由人民音乐出版社出版发行，填补了深圳市基础教育舞蹈教材的空白。

这么多年走过来，我没有后悔过，我希望通过自己的努力让人们看到舞蹈并不是"锦上添花"的"摆设"，我通过努力做了很多有价值和意义的事情。比如，在舞蹈教学方面，从国家到地方都没有针对中小学生的、成熟的舞蹈教材。2011年，我的市级名师工作室成立之后，陆续拥有了很多志同道合的伙伴，我们一起开展了一系列严谨有序、多学科交融的舞蹈教育教学实验研究。在教育部和清华大学专家的指导下，我完成了"中学舞蹈团的教学与管理"课题研究，广东省普教系统"百千万人才工程"省级教育专家高级研修班学业和"舞蹈教学提高人的文化素养的策略研究"等省级科研课题。我们的研究成果还走进了深山大山，让恶劣环境中的孩子们也可以享受美的教育。2016年6月，应甘肃省陇西县教育局邀请，我和第二期工作室老师远赴甘肃省陇西县开展"送培下乡"公益活动。山区气候条件很恶劣，有时一天就要经历二三十度的温差变化，这对于南方教师而言是极大的挑战。但是名师工作室全体老师克服了困难，全身心投入其中，为山区的孩子们带去了生动的舞蹈艺术课，深受当地教师和孩子们的喜爱。（来自访谈）

广东省精神文明建设委员会办公室、广东省教育厅组织开展的广东"最美教师"评选活动结果揭晓，10名教师从全省120多万中小学教师中脱颖而出。作为深圳市唯一教师代表，C教师获此殊荣。"最美教师"究竟"美"在哪里？C教师说："美就美在默默地牺牲、默默地坚守。"

我是幸运的，这个奖项是对自己默默坚守在一线的褒奖，是对所有艺术教师的肯定，更体现了深圳市对艺术教育的重视。我要为艺术中心进行整体规划，为青年教师搭建平台，同时为学校构建艺术课程，让艺术教育惠及更多孩子。当然，希望深圳市高级中学（集团）在艺术教育方面的管理经验，能为深圳市更多学校借鉴，起到示范、辐射作用。（来自访谈）

三、C教师个案小结

C教师坚持"以舞育人"，一直扎根于深圳市的学校艺教课程实验，为深圳市的艺术教育创造了一个又一个"神话"。这正是她"以美育人"教育理念的体现，也是C教师"立德树人""向真、向善、向美、向上""尊重为先"的教育方式的成果显现。因其卓越的教育成就，C教师被权威专家称为"GJ现象"，受到了教育同人和媒体的关注。该校舞蹈团的卓越成绩离不开C教师的辛勤付出和努力，她用至高无上的爱，让孩子们爱上舞蹈，爱上艺术，爱上生活，用爱舞育人生。

C教师所具有的卓越特质：

1. 把学生一生的发展和终身幸福作为她的教育目标。把中华优秀传统文化关于对人格塑造的核心——自律、修身、养成——作为舞蹈教育理念。

2. 用爱让孩子们爱上舞蹈并享受艺术之美，让孩子们在人生的路途上收获满满。她用至高无上的爱，让孩子们爱上艺术，爱上生活。

3. "亦师亦母"。既是严师，又是慈母。

第六章

卓越教师的典型特质

在教育发展史上，能够称得上教育家的人，必是拥有渊博学识、具备自己独特的教育思想与教育方法、为这一时代的教育发展做出贡献的人。正如《教育大辞典》对教育家的阐释："教育家（educator）是在教育思想、理论或实践上有创见、有贡献、有影响的杰出人物。"① 成为这些教育家型的人物正是教师群体追求的目标。这些卓越教师所具备的典型特质是在教师专业素养基础之上凝聚、升华而成的一种更为高级、更具专业独特性的素养与品质，它既生成于专业素养又超越专业素养，是全体卓越教师共同具备和呈现的专业特质，也是他们成就卓越的基础素质，具体表现在弘道追求、知识更新、能力独到三个方面。

第一节　弘道追求

一、大爱情怀

"教育情怀是成就一名教育家的核心价值品质，它是教育家从事教育事业的源动力，也是教育家对教育执着追求而具有的不可动摇的信念。"② 正所谓传道授业解惑，教师对学生的影响是巨大的，这种影响不仅体现在学业、知识、技能等方面，而且体现在情感态度上，因而教育当中的大爱，是一名教师教育事业的核心所在，也是教育教学工作开展的前提。心中有教育的大爱与大情怀，是一名卓越教师人格的特质。这种大爱与大情怀并非一般意义上单向度的爱，而是一种建立在平等师生关系上的双向度对话——既是对自我教育事业的认同，又在于关注学生的生命情感。所谓生命情感，即"个体对自我生命的体认、肯定、接纳、珍爱，对生命意义的自觉、欣悦、沉浸，以及对他者生命乃至整个生命世界的同情、关怀与钟爱"③，这种大爱情怀，是卓越教师在与外界交往中对自我生命的回眸关照，亦是对他者生命意义的积极探寻。

卓越教师人格特质中的大爱情怀，主要是对教育事业的积极态度与热爱。

---

① 顾明远. 教育大辞典 [M]. 上海：上海教育出版社，1998：755.
② 魏宏聚. 教育家核心价值：超越世俗的教育情怀 [J]. 中国教育学刊，2013（1）：8-10.
③ 刘铁芳. 生命情感与教育关怀 [J]. 湖南师范大学社会科学学报，2000（5）：65-72.

斯蒂芬·茨威格（Stefan Zweig）曾说：一个人生命中的最大幸运，莫过于在他的人生中途，即在他年富力强时发现了自己的人生使命。卓越教师普遍对自己身为一名教师的职业认同感十分强烈。对职业的忠诚度使得卓越教师们总是将自己的岗位职责和教育事业摆在最前面，废寝忘食地加班工作，"舍小家，为大家"。他们坚守自己的职业操守，勇敢承担艰巨、繁重的工作任务，推动自己所在学校、学科或地方的教育事业快速发展。

教育情怀是让一个人坚持下去的直接动力。当你选择成为老师，你的生命中就会有很多影响你的关键事件。这些关键事件可能会激发你的教育情怀，坚定你的教育信仰。或者本来你没有那么崇高的信仰，当你站在那个位置时，对这份职业的坚守，也是一个束缚自我的存在。想要收获学生的认同、家长的认同和社会的认同，就要不断地调整自己的想法，不断地去突破自我、追求卓越。（Y老师）（来自访谈）

用爱心传递舞蹈艺术，培育更多孩子，是我一直以来的信念。舞蹈是我挚爱的事业，教书育人是需要时间投入的。的确，我为了这些热爱舞蹈的孩子，付出了很多时间和精力。同时，我能够做到新岗年轻教师的每节课必听必评，并且格外注重年轻教师的品质素养。（C老师）（来自访谈）

荷兰教育学者弗雷德·柯瑟根（Fred Korthagen）在对教师专业发展的个案研究中发现，教师对身份认同和使命感的反思，不仅能够改变教师对待教学苦难的态度，更能获得实现创造性教学变革的机会。[①] 教师对教育事业的热爱与奉献，既源于教师自身的反思，又受客观环境制约。当教师对自己的身份和使命有了深刻的认识，面对教学中的困难，更易以积极态度应对。反思身份认同和使命感，会促使教师更加重视专业发展，持续提升教学技能和知识水平。

卓越教师人格特质当中所具备的大爱情怀，还包括对学生的关爱与无私奉献。卓越教师是学生成长路上的明灯，在学生成长发展的不同阶段，充当了重要的角色，一名卓越教师对学生的大爱，从课堂和学校延伸到学生的日常生活，作用于学生的生命，形成良好的互动关系，影响学生的终身成长和人生道路。对于中小学阶段的教育者来说，拥有高超的育人能力首先要求的

---

① Korthagen F A J, Vasalos A. Going to the core: Deepening reflection by connecting the person to the profession [J]. Handbook of reflection and reflective inquiry: Mapping a way of knowing for professional reflective inquiry, 2010: 529-552.

就是善于运用爱的力量，能够将爱作为最好的育人资源和育人方式，以爱育人。① 因而，身为师者的情怀大爱更是一种教育教学的良好方式方法。这一点在卓越教师，即本书所面向的群体——深圳市"年度教师"——的身上得到了很好的体现。这些优秀教师将自己的一腔热爱投注到教育教学事业当中，投注到每一个接受教育的孩子身上，用大爱情怀感染他们、激发他们、调动他们，从而使得他们能够在卓越教师的感召和指引下，完成自己在受教育阶段的学习，并为之后的漫长人生奠基。

在遭遇质疑继而痛苦自省之后，我渐渐明白，爱一份职业并不同时意味着可以做好一份职业，再"铁心"的"道"也需要通过科学有效的"术"才能完全实现。只有与学生真正平等地相处，关心、尊重和信任他们，设身处地为他们着想，并正确地予以教导，我的"爱"才有通向孩子内心的可能。从这个起点出发，我开始注重对自身情感的培养与监控，无论是课堂上的言行举止，还是课下与学生的交流，我都给予学生真诚的赞扬和尽可能多的鼓励。我克服顽固的"自我中心"倾向，学会倾听孩子们的心声，更多关注他们的想法和感受，用心发现每一个孩子身上值得肯定的优点。（X老师）（来自访谈）

回来之后，我主动要求负责指导一些基础稍微薄弱的学生，但作为教师，我个人的能力是有限的，而且期望能让所有学生都发生翻天覆地的变化是不切实际的。尽管如此，至少我可以让这些孩子感受到被关注。这种感受很重要，因为它让这些孩子明白他们不会被边缘化或被忽视。有的时候老师会有意无意地说出："只要你不闹事，哪怕你上课睡觉也没关系，不要搞乱课堂就行。"给学生的感觉可能就是自己被放弃了。（Y老师）（来自访谈）

新时代的教育家要具备乐教爱生、甘于奉献的仁爱之心。正如孔子所言："仁者爱人"。"爱人"是一种仁人的博大情怀，师爱的最高境界是仁爱。这种对学生的关爱与无私奉献正是仁爱之心的表现。"爱生"方能"乐教"，才能对教育工作永葆热情。这种大爱以尊重、包容、信任为基础，是一种尊重人格之爱和对真善美的执着追求。② 卓越教师人格特质当中所具备的大爱情怀是支撑他们学为人师和传道授业解惑的精神动力，他们用自身的人格修养陶冶学生，用仁爱之心照亮学生的内心。

---

① 柳士彬. 中小学教育家素质标准体系构建研究［J］. 教育研究，2017，38（12）：96-103＋118.
② 柳海民，满莹. 深入理解中国特有的教育家精神［N］. 中国教育报，2023-09-21（8）.

情感属性在教师专业身份中扮演了重要角色。[①] 教师是学生成长道路上的引路人，卓越教师在与学生的交往过程当中，要做到给予他们关心和理解，并适时给予关怀和鼓励，要与学生之间建立互信的良好师生关系，成为学生的良师益友，及时地察觉学生的学习、心理、身体等的状态，及时地发现问题并给予帮助。这些良好教育效果的达成，与卓越教师丰富的情感是分不开的，因而卓越教师在成长发展的过程当中，情感丰富不仅仅是其人格品性的体现，更重要的是一种教育手段和教育方法。如果为教师提供的学习只关注他们的教学能力与教学行为，则会隐性地排斥教师其他方面的价值，他们的价值观、信念、身份认同、情感和个人生活。[②] 教师作为完整的、有血有肉的人，除了具备教书育人这一专业技能外，还具备作为一个普通人的情感。教育活动亦是情感劳动，需要教师投入身心，更需要教师投入情感。

2011年，我在喀什市支教时发起了爱心书屋公益项目，这个项目的发起非常偶然。那年4月，我们学校有4个孩子成了孤儿，当切身感受到生命很脆弱的时候，才能体会到：世界上最可怕的不是贫穷，而是绝望。孩子们绝望的神情刺痛了我。什么能够温暖孩子们的心？什么才能为灰色的记忆染上色彩？我想起了我的童年，想起了我的肖老师。对，阅读能疗伤，阅读能给孩子们插上快乐的翅膀。在喀什，学生几乎每天都去我的网络空间留言，说：老师，在那些离别的日子里，我想和你在一起。我要感谢缘分，让我遇到了你。（Y老师）（来自访谈）

身体上的缺陷是显而易见的，但有一种缺陷隐藏在内心，如自卑，尤其是那种深深的自卑，会把人重重地包裹起来，捆住人的手脚，抑制人的成长！我就遇到了这样一个男孩。平日里，你几乎感觉不到他的存在，因为他上课基本不发言，下课基本不交流。我从他的周记中看到有几句话写得还挺有见地。于是，他的周记被我作为范文拿到班级宣读了。读完后，少不了一通夸赞。他呢，默不作声，仍然低着头。后来，他的周记越来越长，语言越来越生动。自然，被宣读的次数也越来越多。渐渐地，他的面部肌肉放松了，和同学的交流多了。发现一个优点，可以使人找到自信。有人把人心比作土壤，土壤可以接受各种各样的种子，只要园丁不缺乏信心、耐心和爱心，每一颗

[①] 赵晓光，马云鹏. 卓越教师培养背景下的师范生学科教学知识发展［J］. 黑龙江高教研究，2015（2）：91-93.

[②] 陈向明. 从教师"专业发展"到教师"专业学习"［J］. 教育发展研究，2013，33（8）：1-7.

种子都能生根发芽，抽枝长叶，或高耸入云，或摇曳生姿。我们的学生正像一粒粒蕴含着各种希望的种子！愿每一粒种子，都长成他们最美的模样！（T老师）（来自访谈）

卓越教师身上所体现的丰富情感首先源于其强大的共情能力，感情足够细腻、丰富才能够理解每一种行为背后所蕴藏的情感密码。能够体察他人情感的人，才能够及时发现问题，解决问题，尤其卓越教师面向的群体是学生，正处于孩童时期或青春期的学生在描述自己的情况及进行情感表达方面有所欠缺，这就要求教师有强大的洞察力和共情力，能够切实深入学生的内心，帮助学生共同面对生活和学习当中的问题，成为学生坚强的后盾和港湾。

卓越教师首先是强动力、高动能、厚情感的教师，是对教育事业始终保持着充沛热情与执着追求的教师，强大精神能量是铸就卓越教师辉煌发展前景的原动力。① 随着信息社会的发展，学生可通过丰富的渠道获取全方位的资讯与信息，传道授业解惑的工作内容已变得不再单一，所谓言传身教，即教师的言行、举动、情感表达等都是培育学生健康成长的重要方式，学生对于情感关怀的需求是敏感、强烈而隐蔽的，教师的情感表达，会在学生身上形成投射，热烈的感情和丰富的性情能够给学生心灵带来光与热。情感丰富是深圳市"年度教师"这个群体的典型特征之一，他们将学生视为生命中重要的一部分，并以耐心、细心和情感关怀引领了一批又一批学生成长，以卓越塑造卓越，深圳市"年度教师"群体在追求卓越、成为卓越的道路上，也以丰富的情感之源，浇灌了祖国栋梁。

二、教育梦想

陶行知先生讲，三种人并不是真正的教育家，即政客"教育家"、书生"教育家"与盲行盲动"教育家"。② 并不是所有人都能够成为完整意义上的教育家，但是他们可以成为一般优秀教师之上的"先行者"，在一定程度上起到示范作用。真正的教育家型教师应当具备超越世俗的教育追求和教育梦想。随着当今社会与时代的发展，人们可以获取资源及财富的方式和手段越来越丰富，抵御外界的干扰，坚持长期从教的意向，是卓越教师的一个显著特征，

---

① 龙宝新.卓越教师的独特素质及其养成之道［J］.湖南师范大学教育科学学报，2017，16(1)：90-96+102.

② 方明.陶行知教育名篇［M］.北京：教育科学出版社，2005：4-5.

卓越：教师专业成长的向上力量

在教育领域深耕、精耕，实现自己的教育梦想，是每一位卓越教师一生的执着追求。

每个人都有梦想，而我的梦想在深圳市落地开花，我通过舞蹈团帮助很多孩子的梦想落地。深圳市高级中学成立了舞蹈团之后，让很多喜欢舞蹈的孩子找到了让自己梦想成真的舞台，同时她们知道了什么是舞蹈，她们的中学生活，也因为一次次起舞、一次次掌声变得充实，变得不同寻常。我希望孩子们能享受艺术之美，在人生的路途上收获满满、每一个孩子都能健康快乐地成长！（C老师）（来自访谈）

我曾经是一个成绩不太好的学生，经常感到自卑和无助。但是我的数学老师发现了我对数学的热爱和天赋，并给予了我很多支持和鼓励。这让我感受到了教育的力量，也让我对教育事业产生了向往。成为老师以后，我也遇到了很多挑战和困难。比如，学生的学习差异性问题、家长的期望压力以及教育资源的不足等。有时候也会感到困惑和无力，但是这些都没有让我放弃我的梦想。我相信只要坚持努力，克服困难，最终一定能够实现自己的教育梦想。（Y老师）（来自访谈）

我知道，教师脚下虽然只有三尺讲台，但这个三尺讲台却延伸向学生的一生，做一个深受学生认可和爱戴的老师，承载了我全部的光荣和梦想，也是我终生追求的教育理想。这是一种对自身职业价值的追寻，同时也是家族传承最朴素的表达。（S老师）（来自访谈）

十年树木，百年树人。教育是一项需要传承的事业，许多卓越教师拥有深厚的家学渊源，并代代相承，因而在教育领域的成就由个人的梦想上升为家族的荣誉，在这种家庭背景之下成长起来的卓越教师，在职业发展道路上不断寻求突破，成就他人的同时，也成就自我。拥有梦想的人，也就拥有了内心的使命，在使命感的驱动之下，帮助学生成长、钻研学科教学、潜心教育研究等就成了卓越教师成长路上的必修课，追梦的过程中，卓越教师形成了很好的示范，所谓教育，是"一棵树摇动另一棵树，一朵云推动另一朵云，一个灵魂唤醒另一个灵魂"，教师对于梦想的执着追求，定会帮助学生走上坚实的追梦之路。

总之，教师的教育梦想是其职业发展的重要基础，也是他们在教育教学领域追求卓越的重要动力。在卓越教师发展的道路上，教师的教育梦想指引着教师的行为行动和目标决策，激发着他们对教育的热情与创造力，使他们对学生的成长与发展产生强烈的责任感与使命感，不断探索新的教育理念和方法。教育梦想，既是教师职业发展的起点，又是教师在职业发展方面的最终归宿。教师要以终为始、以始为终地坚定信念与理想，最终取得教育教学事业上的巨大成功。

三、形象塑造

良好的职业形象是不可估量的隐形资源。现代教育呼唤教师根据现实需要，继承创新，散发教师新魅力。教师在职业生涯中所展现的形象，是其教育教学行为方式、工作生活状态及整体精神风貌的综合体现，是教师职业的内在精神及其价值追求的客观展现，也是教师职业素质的体现。其可概括表述为：教师道德与文化形象、人格与体貌形象。教师面向的群体是学生与家长，良好的职业形象不仅能体现教师对职业的尊重，而且能够增进家长和社会对教师的信任，给学生带来良好的审美教育。卓越教师在自我修炼和提升的过程中会对自己的职业形象不断进行完善，良好的职业形象是外界对卓越教师这一群体的整体认知及卓越教师对自己的内在要求。

道德与文化形象。道德形象是教师职业形象的基本要求，要求教师遵守职业道德，严格遵守教育法规，以身作则，为学生树立良好的道德榜样。而文化形象则是教师职业形象的核心，要求教师具备广博的文化知识和教育教学技能，能够为学生提供优质的教育教学服务。教师作为知识的传播者，其文化素养和教育教学能力对学生的成长至关重要。"学高为师，身正为范"是教师文化形象的真实写照。教师不仅要有扎实的学科知识，而且要具备跨学科的视野和与时俱进的教育理念。同时，教师也应注重自身修养，通过不断学习和实践提高自己的文化素养和教育能力。

从教经历使我深刻认识到教师的职业形象对学生的影响。在教育教学过程中，我始终秉持着尊重、关爱、公正和民主的原则，关注每一个学生的成长和进步。同时，我也十分注重自身文化素养的提高，不断学习和更新教育理念，以更好地服务于学生和教育事业。（C老师）（来自访谈）

人格与体貌形象。人格形象是教师职业形象的最高层次，要求教师具有高尚的人格，以自己的言行举止影响和塑造学生的人生观和价值观。教师注重教育教学质量的提高，致力于学生的全面发展，不仅关注学生对知识的掌握，而且注重培养学生的素质和能力。他们不断探索新的教育理念和方法，

卓越：教师专业成长的向上力量

勇于尝试新的教学方式和手段，注重培养学生的创新思维和实践能力。在教师的职业形象塑造中，仪表、仪容、仪态也颇为关键，其不仅包括教师个人的先天外形条件，而且包括日常的打扮以及外形修饰，是教师个人的文化水平、审美情趣、生活品位等的集中外现。教师的职业形象是教师良好精神风貌的重要表现。教师是带领学生追寻真善美的主体，教师美好的仪容是美的重要体现，同时也是实现美育的重要桥梁。

在工作中，女教师以淡妆为宜，口红、眼影等的颜色不宜过于夸张，应与服饰颜色统一，以令人观之舒适恰当、赏心悦目为最佳，发型应简单利落，所用香氛应淡雅幽香。卓越教师在个人的仪容方面都十分讲究，其在待人接物方面的言语、动作等都会对学生产生潜移默化的影响。教师的一颦一笑、一举手一投足，都应让学生感到如沐春风，教育的效果也就产生于其中。（C 老师）（来自访谈）

服饰的选择也是仪表的关键部分，卓越教师的职业形象，重点在其着装的规范上，着装风格宜正式，布料要考究，一般为挺阔有质感的布料，同时衣服的样式宜偏素雅，剪裁简约大方，不要繁复夸张，同时颜色应素净，若有花纹，一般也为稳重端庄的花纹、图案样式，着装不宜过分暴露，尺寸应当合理，衣物宜经常熨烫，保持美观、平整，可辅以恰当的配饰来增添色彩。（C 老师）（来自访谈）

良好的教师职业形象不仅能较大程度地提高教育教学质量，而且能更好地促进教师专业发展。在某种程度上，教师是学生的审美对象，无时无刻不在影响着学生。在知识经济时代，教师已不再仅是传统意义上的传道授业者，更是新时代的言传身教者。当代教师要具有先进的教育观念与全球视野，树立以人为本的育人观、学生观和教育教学观，不要拘泥于传统的教育观念和个人经验，要敢于打破教育陈规，大胆创新教育教学方法[①]，身体力行地成为学生学习与生活的引导者。

第二节　知识更新

知识是教师从事教育教学工作的基础。关于教师的知识，大体由通识性

---

① 熊曼曼. 新型教师形象的塑造 [J]. 教育观察，2018，7（8）：35-36.

知识、本体性知识、条件性知识以及实践性知识组成。① 作为一名卓越教师，应当具备完整的知识结构与完备的理论深度，其知识结构在数量与质量上都与普通教师有显著的不同。为促进中学教师专业发展，建设高素质中学教师队伍，我国于2012年制定并颁布了《中学教师专业标准（试行）》（以下简称《专业标准》）。《专业标准》从专业理念与师德、专业知识、专业能力三个维度分别给出了教师专业标准，其中专业知识维度又分为教育知识、学科知识、学科教学知识以及通识性知识四个方面。在对卓越教师访谈的过程中，通过对访谈资料、自述文字等编码后，发现卓越教师在知识特质方面突出表现为迭代教育知识、厚植学科知识、拓展通识知识。

一、迭代教育知识

教育理论知识是指关于教育的理论知识，包括教育学、教育心理学和应用教育学的知识。迭代这些知识，卓越教师就能够更好地掌握学生成才的一般规律及了解学生认知发展与人格发展的一般规律，在教育教学的过程中更好地因势利导、因材施教，他们更清楚教育的任务不仅仅是传递"已经打开的盒子"里面的内容，更应当培养学生对"尚未打开的盒子"和"即将打开的盒子"里面内容的好奇心。②

卓越教师熟知学生不同阶段的发展心理，往往能够怀有更加宽容的胸怀，甄别不同学生的优势与特长，尊重学生的人格、包容学生的差异、激发学生的潜能，制订符合学生个性的成长目标与路径。卓越教师拓宽了人才发展的路径，将不同的学生带到适合他们的目的地，并在通往成才的道路上带领学生拓展知识、增长才干、领略美好。这一切离不开卓越教师扎实的教育理论知识。

正如深圳中学的Y老师，从教37年，特别关注"后三分之一"这一在课堂上容易被忽略的学生群体。他借助自己扎实的教育理论知识，遵循学生的发展规律，有的放矢，调整课程设置；注重培养学生的能力，开展大量的实践探索活动。他真正地放低姿态，体察学生，努力将台阶变为斜坡：零起点，缓坡度，上高度。

要培养学生的自学能力，可以带学生参加参观活动，使学生获得各种各样的感知信息，因为这些感知信息是学生的知识根基。人认知的基本规律就

---

① 张洁平. 中小学卓越教师专业成长特质研究 [D]. 锦州：渤海大学，2015：26.
② 戴维·珀金斯. 为未知而教，为未来而学 [M]. 杭州：浙江人民出版社，2015：18.

是从第一信号系统发展到第二信号系统,从感性发展到理性,且是不会随着时代的进步而改变的。人的认识直接跳跃到理性是不可能的,一定是从感性到理性的。这是孩子成长过程中的自然规律,是思维发展的规律,突飞猛进相对来讲是不切实际的。(Y老师)(来自访谈)

卓越教师不仅要具备扎实的理论功底,而且要具备灵活运用知识的能力。正如有学者讲:二至三年的教师,靠技能;五至八年的教师,靠经验;十几年以后,得靠艺术①。能够迭代教育理论知识并应用于教学实践也不失为一种教育艺术。这种艺术,不仅体现了卓越教师的专业素养与教育智慧,更展现了其对学生的热爱与对教育事业的执着追求。

二、厚植学科知识

教师知识的积累是他们向外展示知识和能力的基石,对教师知识积累的重视是推动教师专业成长的关键一环。教师知识的积累可以分为两大类:一类是实践性知识的积累,这包括情境性知识和体验性知识等;另一类是非实践性知识的积累,这主要体现在对学科知识的掌握上。②《美国优秀教师专业教学标准》将教师的学科内容知识规定为:优秀教师利用他们的学科知识为学生设立目标,帮助学生学习本学科课程以及跨学科课程的知识。③ 学科知识也包含两大方面,一方面指教师本人所教学科的内容,教师要理解所教学科的知识体系、基本思想与方法,了解所教学科与其他学科的关联等,以保证教学活动脉络清晰、重点突出,让学生感悟学科知识的本质;另一方面指学科教学知识,教师要掌握针对具体学科内容进行教学的方法与策略,并能够在实际教学中将一般教育知识与学科知识有机结合。

厚植学科知识和学科教学知识是教师做好课堂教学工作的前提。随着信息时代的发展,学生接触的信息呈爆炸式增长,知识更新换代速度远超于前。卓越教师在备课时必须对自己提出更高的要求。例如,全国语文名师窦桂梅在每次上课前都会阅读相关文本解读文献、选篇原文、原书,甚至译文50篇以上,这些知识远在课本之外,但又与课本内容息息相关。同时,教师的

---

① 杨卫东. 为什么是他们:来自名师的教育智慧[M]. 北京:高等教育出版社,2010:234.
② 张兆芹,张丽霞,钟淑林. 卓越教师的七大特质及影响因素探究:基于深圳市"年度教师"及相关人员的访谈分析[J]. 教师教育学报,2022,9(3):45-56.
③ 陈德云. 美国优秀教师专业教学标准及其认证[M]. 北京:北京师范大学出版社,2012:80.

"备"与学生的"学"不能简单同一,心有万言,但磅礴而下、奔泻而出只会让没有知识储备的学生"望洋兴叹"。因此,卓越教师在将"备"转化为学生"学"的过程中更要灵活地掌握学科教学知识,包括教学设计、课堂提问、教学互动、情景设置等相关知识。故窦桂梅老师在阅读之后到最终上课之前经常十易其稿,最终呈现的可能是"窦十一稿"。著名语文教师肖培东的理念是:"我就想浅浅地教语文",丰厚的内容要选择恰当的呈现方式,深入浅出,真正让学生学会、学到、学懂。

Y老师在上课时,能够灵活运用自身丰厚的学科文化知识,能够将抽象的理论知识与实际生活相结合,帮助学生更好地理解和掌握所学内容。他展示了深厚的学科功底与教学能力,以多样的教学形式赢得了学生的喜爱和认可。

在教学电流发热时,我到外面买来2B铅笔芯,再准备两节干电池,然后用两个夹子夹着铅笔芯,学生一摸感到烫手,就真切地感受到电流发热了。这不是凭空想象的,而是他真实的感受。那个地方是发热的,他会通过亲身感受学到电流发热的知识。这就是感性认识,自己的手被烫得缩回来的那种感觉是真实的感受。(Y老师)(来自访谈)

学习不仅包括知识、技能的学习,而且包括观念的更新、思维的发展。[①] 卓越教师更注重先进教育理念与教学实践的融通,注重不断更新、调整和充实自己的知识结构。以深圳市近年来涌现的三十余位卓越教师为例,他们积极适应信息社会对学生素养需求的新变化,紧密围绕育人的实际需求来调整教学内容,并据此不断更新个人的知识结构,以更好地满足教学需求的发展。同时,这些获奖的卓越教师还非常注重教学艺术的提升和专业技能的强化。他们通过广泛阅读专业期刊,增加备课投入,依据学情灵活调整授课内容,以及邀请同行听课并接受其批判性建议等方式,不断提高自己的教学能力,实现了从"站稳讲台"到"站好讲台"的飞跃。这些卓越教师中更有多位获奖教师在坚持教学工作的同时,利用课余时间提升自己的学历,在提升学历的过程中提高自己的教育理论水平,进而引领学科教学的发展。如S老师在获得2016年深圳市"年度教师"等一系列殊荣之后并没有停止对专业领域知

---

① 张兆芹,张丽霞,钟淑林.卓越教师的七大特质及影响因素探究:基于深圳市"年度教师"及相关人员的访谈分析[J].教师教育学报,2022,9(3):45-56.

识的学习，他主动考取了 D 师范大学的博士研究生，向山峰更高处攀登，不断提高自己的知识水平。

三、拓展通识知识

卓越教师除了迭代教育知识、厚植学科知识外，更要拓展通识知识。通识知识涵盖了社会、文化、历史、经济等多个领域，通过拓展通识知识，教师能够更好地接触和了解社会，以便更好地引导学生面对现实世界中的各种复杂问题。《专业标准》对教师应具备的通识知识做出表述，具有相应的自然科学和人文社会科学知识；了解中国教育的基本情况；具有相应的艺术欣赏与表现知识；具有适应教育内容、教学手段和方法的现代化信息技术知识。其中"具有相应的自然科学和人文社会科学知识"以及"具有相应的艺术欣赏与表现知识"的要求一方面是保证了中学教师在教学活动中关注学生的全面成长，体现了育人为本的教育理念，另一方面在素养方面促进了教师专业发展。

拥有丰实的社会通识知识的教师能够更好地与其他学科教师进行交流与合作，为学生提供更加全面、综合的教育。传统分科教师易形成"我是语文老师""我是数学老师"这样的思维定式，不仅窄化了自己的知识视野，而且不利于帮助学生掌握综合知识。而卓越教师往往强调将多个学科的知识进行综合，把关于生活与世界的完整知识传授给学生。以培养了 33 名"小院士"的深圳语文教师 D 为例，她关注的知识从不局限于语文课堂。她带领孩子们进行科普阅读。为了给孩子们提供更为专业科学的解答，她从家庭、社区、高校等渠道挖掘教育资源，探索"图书馆阅读＋实验室写作"的跨学科培养模式，努力点燃学生创新思维的火花，提升学生的人文、科学素养。教她所带班级的其他学科老师坦言："没有足够的知识储备，会被学生问得下不了台！"D 老师引导学生从教室"小课堂"走向社会、自然"大课堂"，指导学生共撰写 1600 余篇小论文。

S 老师亦是如此。经过多年潜心探索、反复打磨，S 老师提炼出了"3I"教学模式。该模式符合学科特征、学习规律和学生学情，充分激活每个学生的好奇本能和探究欲望，打造出鲜活灵动、趣味十足的百分百课堂。S 老师说："学校没有围墙，课堂没有边界，教师应该为学生的未来而教。"于是，她带领孩子走出课堂、走出校园、走向大自然、走向实验室、走近科学家。

她培养了数个"小院士",指导学生获奖数次,创新专利成果若干。

综上所述,知识更新是卓越教师典型特质的核心,教师只有具备深厚的教育理论知识、学科文化知识,并能够与时俱进地将理论知识与教学实践相结合,提供深入浅出的讲解和指导,才能将学科知识与现实生活相联系,开阔学生的视野,激发他们的求知欲。在培养优秀教师的过程中,我们应该注重培养和提升这一特质核心,让教师具备全面的素质和能力,更好地发挥他们的作用。同时,我们也应该关注教师的心理健康和生活质量,为他们提供良好的工作环境和条件,激发他们的工作热情和创造力,促使他们为教育事业做出更大的贡献。

第三节 能力独到

有学者指出,卓越教师的理想规格应当包括专业精神朴实高尚、专业知识融会贯通、专业能力卓越出色几个方面。[①] 卓越意味着优秀超越,无论是内在教学基本功还是各项实践性外在能力,都要超越一般教师。卓越教师之所以卓越,"能力"是一个非常关键的方面。心理学将能力看作人的心理特征,认为能力必须通过活动或任务的完成来体现。哲学上将能力视为人确立对象关系与对象化的过程、手段与结果。[②] 能力作为个体或组织高效完成既定任务的必备条件,包括人的特质、做事态度、专业知识、专业技能等。卓越教师以其独特的专业素养和教育智慧,在教育教学中展现出非凡的能力特质,为学生的成长和发展提供了坚实的支持。卓越教师具备敏锐的发现力,能够在未知领域中寻找新事物、新机会,帮助学生发现自己的兴趣、才能和潜力,同时也能够帮助其他教师发现学生的学习需求和问题,从而更好地指导学生学习。卓越教师具备解决问题的设计力,能够有效完成教育教学任务,面对和解决一线的教育难题,同时能够大胆创新,推进教学改革。卓越教师具备强大的展现力,能够将计划或想法付诸实践,展示教学能力,提高教学效果。

---

① 柳海民,谢桂新. 质量工程框架下的卓越教师培养与课程设计 [J]. 课程·教材·教法,2011,31(11):96-101.

② 杨炼. 特殊教育卓越教师能力架构与发展研究 [D]. 长沙:湖南农业大学,2016.

一、敏锐洞察的"发现力"

主体在不断认知客体的过程中，揭示了客体的存在。若没有这一发现过程，主体便无法深入理解客体。所谓"发现力"，即善于发现新鲜事物、揭示事物内在规律的能力。作为卓越教师能力特质之一的发现力体现为教师在教学过程中能够注意到学生的学习需求、问题、困难与潜力，并且采取适当的措施来满足需求、解决问题、克服困难并激发潜力。这一点在 D 老师和 X 老师身上体现得极为明显。

"这个人工湿地能否'搬'到农村处理污水呢？"在公园游玩时，深圳南山实验教育集团南头小学的学生发现，人工湿地有净化污水的作用。在 D 老师的指导帮助下，孩子们专门回到湖南老家六合围村采集水样，并挨家挨户调查走访。孩子们还到相关高新企业借阅文献，采访高级工程师。半年后，一份包括"搬迁"人工湿地可行性等内容的详细倡议书被送到当地镇政府。相关研究成果获得中国少年科学院"小院士"课题研究成果全国展示交流活动一等奖。

我善于发现学生的闪光点，每个孩子都有优点，我们可以从他的言语、行为中发现他的优点。我会对不同的孩子因材施教，因材施教是教育的基本要求。（D 老师）（来自访谈）

在我看来，每一个学生都是值得我们尊重爱护的独特个体。因此，我认为每一个学生身上都有潜能和闪光点。当秉持着这样的学生观，再加上细致的观察、真情的沟通、专业的教育知识、智慧的教育方法，我们就一定可以发现学生的闪光点，并通过闪光点唤醒学生的潜能，帮助学生成长。比如，我曾教过的学生小渊，在初二上学期突然由活泼开朗变得沉默内向，为了更好地了解问题出现的原因，我采用了焦点解决技术与他交流。"小渊，你能告诉老师怎样才能帮助你找回原来的自己吗？""小渊，你想成为怎样的自己？"当我们交流的重点由问题产生的原因转移到正面导向时，我发现小渊渐渐向我敞开了心扉，在深入交流中我发现了他的闪光点，再利用他的闪光点搭建平台，用体验成功的教育方式帮助他发现自我、实现成长。发现学生的闪光点，让每一个学生都能"抬头"，教育才有了真正的魅力和价值。（X 老师）（来自访谈）

我们将这些卓越教师共有的"发现力"能力特质进行深度整合、分析、提取，认为卓越教师共性的、集体性的发现力表征为思维拓展能力、信息处理能力、分析整合能力、换位思考能力与终身学习能力，具体维度及表征如表6.1。

表6.1 能力特质"发现力"的维度及表征

维度	表征
思维拓展能力	在这个快速变化的时代，卓越教师需要具备学习和适应的能力，要敢于突破思维瓶颈，积极拥抱新的思维方式，并通过创新的教学方法与手段帮助学生发展思维能力。通过关联性思维帮助学生建立不同学科之间的联系，促进跨学科的学习和理解，以发现不同学科间的联系和共同点，培养学生的综合素质。通过批判性思维教会学生如何批判性地分析和评价信息，识别其中的优点和不足，并做出独立的判断和决策，进而形成自己的观点和态度，以更好地应对复杂多变的社会环境。 通过结构性思维更好地组织和呈现知识，将知识进行体系化和结构化，将复杂知识简单化，帮助学生建立清晰的学习路径和知识框架，从而提高学生的学习效果。通过颠覆式思维来挑战传统的教学方法和观念，以新的教学方式和手段满足学生不断变化的学习需求，鼓励学生发挥创造力，尝试新的方法和思路，从而推动教育的不断发展和进步。
信息处理能力	卓越教师的信息处理能力表现为能够精准分析各类信息、科学处理各项数据，在信息浪潮中明晰自身的定位，识别问题的核心，把握事物的内在规律，捕捉教育的关键时机。他们利用数据驱动的决策方法，将教育实践与教育研究相结合，从大量的数据中提取有价值的信息，以更好地理解学生、改进教学策略、评估教育效果，为制定更有效的教育政策提供依据。 同时，卓越教师还善于利用数据分析工具和技能，深入挖掘数据的潜力，将数据转化为具有可操作性的洞察力，来识别学生的学习模式和趋势，理解学生的需求和偏好，以及预测学生在未来的学习和职业发展中的可能路径。此外，卓越教师基于数据驱动的教育创新，通过与同事、教育专家和研究人员合作，利用数据分析的结果来改进教学方法、内容和评估方式，推动教育的变革和创新。

续 表

维度	表征
分析整合能力	卓越教师的分析整合能力是有效地分析、整合和管理教学内容、方法和资源的关键能力之一。首先，卓越教师的分析整合能力体现为敏锐的观察和分析能力，他们能够准确地分析学生的需求、兴趣、特点和优势，从而为学生提供个性化的教学方案。他们能够深入了解学科的知识体系和教学重点，并能够将其与学生的实际情况相结合，制订符合学生实际需求的教学计划。其次，卓越教师具备灵活的教学方法和策略，能够根据不同的教学内容和教学目标，选择合适的教学方法和手段，以达到最佳的教学效果。他们能够灵活运用各种教学资源，包括教材、教辅、多媒体、网络资源等，将其进行整合，形成丰富多样的教学内容和形式。最后，卓越教师具备高度的组织和管理能力，能够有效地管理教学进程和教学资源，确保教学计划的顺利实施。他们能够合理安排教学时间、组织教学内容、管理学生纪律等，以确保教学的质量和效果。
换位思考能力	教育是一项涉及全人类、关乎每个人的重要事业。卓越教师的换位思考能力是指他们能够从学生的角度出发，理解学生的需求、兴趣和困难，从而为他们提供更加贴心和有效的教育服务。首先，卓越教师具备换位思考的意识，能够充分认识学生是教育的主体，充分认识学生的需求和兴趣是教育的重要考虑因素。他们能够从学生的角度出发，了解学生的学习方式、认知特点和生活经验，从而更好地设计和实施教学活动。其次，卓越教师具备换位思考的能力，能够深入了解学生的需求和困难，并能够以适当的方式和方法给予学生帮助和支持。他们能够理解学生的情感和心理状态，关注学生的个体差异和特殊需要，并提供个性化的教学方案，以帮助学生克服困难并取得进步。最后，卓越教师具备换位思考的方法，能够以积极的方式与学生进行沟通和交流。他们能够尊重学生的意见和感受，倾听学生的需求和想法，并以温暖、耐心和支持的态度与学生建立良好的关系。通过换位思考，卓越教师能够更好地理解学生的需求和困难，并提供更加贴心和有效的教育服务。教育不仅关乎知识的传授，更关乎人类智慧的传承。卓越教师不仅关注学生的知识掌握，还注重培养学生的思维能力和创新精神。他们鼓励学生独立思考、勇于探索，以激发学生的内在潜力，培养学生成为具有独立思考能力和社会责任感的未来公民。

续 表

维度	表征
终身学习能力	卓越教师的终身学习能力是指他们在职业生涯中持续不断地学习、更新知识和技能，以适应教育改革和发展的需要，为学生提供更高质量的教育服务。在信息时代，终身学习将成为整个生活的重要内容和律令，成为人们的一种生活方式，而教师职业又注定在这方面的要求要高于一般人。终身学习既是一种品质，又是一种能力。首先，卓越教师具有强烈的学习意识和自我发展意识。他们能够认识到教育是一个不断发展和变化的过程，为了更好地适应教育改革和满足学生的需求，他们需要不断地学习和自我更新。其次，卓越教师具备多样化的学习方式和技能。他们能够通过阅读专业书籍、参加培训课程、参与研讨会、观摩其他教师的教学实践等方式，获取新知识、技能和经验。最后，卓越教师具备持续学习的动力和毅力。他们能够克服困难和挑战，坚持学习、实践和创新，保持对教育的热情和专注。他们还善于与他人合作、交流和分享，共同促进教育的发展和进步。卓越教师不仅关注自身的专业发展，而且关注自身的全面成长。他们将终身学习的理念传递给学生，引导学生树立正确的学习观念，培养学生的自主学习能力和创新精神。他们鼓励学生探索未知领域，尝试新事物，挑战自我，以培养他们的批判性思维和解决问题的能力。在这个终身学习的时代，卓越教师以自身的榜样力量，带动更多人参与到终身学习的行列中去。

二、解决问题的"设计力"

教师的"设计力"是教师综合素质的体现，是教师能够有效完成教学任务、高效解决问题和提高学生学业成绩的关键因素。在"大课程观"背景下，教学工作的特殊性要求教师遵循教学的原则与逻辑，善于构建和设计形式多样、内涵丰富的课程或课程体系，以教学智慧面对和处理各方面问题，具备强大的教学设计力是前提性保障。"设计力"这一能力特质在 Y 老师的身上体现得尤为明显。

在长期的教育教学中，Y 老师发现无论是怎样的学校，都会存在"后三分之一"这样的学生。面对这个容易被忽略的群体，教师不仅要关注他们，而且要大胆探索一种适合这些学生，也能适应现行教育教学体制的方法。

正如 Y 老师所讲：教育是有规律可循的，是有路可走的，学生学会了自

学，学习成绩自然会大幅度提升。（来自访谈）

为了改变这些学生学习的被动局面，Y老师有的放矢，微调课程设置，培养学生的学习能力。他对初中生物、地理、历史、物理、化学等学科内部结构进行微调，让学生重新构建对学科的认知，明确到底学什么。在各学科之间进行整合，突出共同能力的培养。同时，针对学生基础能力差的情况，Y老师安排了各种培养学习能力的活动，不是简单地降难度、放台阶，而是将台阶变为斜坡：零起点、缓坡度、上高度。在课堂教学上，突出自学能力的培养，一步一步地教，所有学科都设计"提问卡"，让学生带着问题学，留着问题想。同时，Y老师还会带领学生开展各类实践活动。

我们将这些卓越教师共有的"设计力"特质进行深度整合、分析、提取，认为卓越教师作为共性的、集体的"设计力"表征为团队协作能力、教学设计能力、创新教学能力、合理评价能力与问题处理能力。具体维度表征如表6.2所示。

表6.2 能力特质"设计力"的维度及表征

维度	表征
团队协作能力	卓越教师的团队协作能力是一种综合性能力，不仅包括个体的沟通协调能力，而且包括明确团队目标、确定角色分工、具备自我管理能力等方面。具体指教师之间能够通过有效的沟通、协调、合作，共同完成教育任务、促进学生的全面发展。首先，卓越教师能够与其他教师、学生和家长建立良好的合作关系，共同探讨教育问题，分享经验和资源。其次，卓越教师能够明确团队的目标和任务，积极参与团队的各项工作，进行有效的沟通、协调和合作，及时解决各种问题，确保教育工作的顺利进行。同时，关注团队的发展和进步，积极参与团队建设活动，为团队的发展贡献力量。最后，教师能够分享自己的资源和经验，为团队提供支持和帮助，通过借鉴他人的优势和经验，不断提高自己的教学水平。
教学设计能力	卓越教师的教学设计能力是在教学中表现出来的一种专业能力，是提高教学质量和效果的关键因素之一。通过科学合理的教学设计和规划，卓越教师可以更好地满足学生的学习需求，提高教学效果，同时也可以促进自身的专业发展和教育水平的提高，包括对教学目标、教学内容、教学策略、教学资源等方面的规划和设计，以及对学生的学习需求和特点的关注和分析。首先，卓越教师能够根据学生的实际情况和学科要求，确定合理

续 表

维度	表征
教学设计能力	的教学目标，并在教学过程中始终围绕目标展开教学。其次，卓越教师能够深入分析教学内容，把握知识结构和内在联系，根据教学目标和学生需求，选择合适的教学内容并进行合理地组织，开发合适的教学资源，包括教材、课件、案例、实验设备等，以支持教学活动的开展。再次，卓越教师能够根据教学内容和教学目标，设计合适的教学策略，包括教学方法、教学顺序、教学形式等，以激发学生的学习兴趣和提高教学效果。最后，卓越教师能够关注学生的需求和特点，了解学生的认知风格、学习兴趣、学习困难等方面的差异，并根据不同学生的特点，采取不同的教学策略和教学方法。
创新教学能力	卓越教师的创新教学能力指的是在教学过程中，教师能够发挥自身的创造精神，创新教学方法和手段，以更好地实现教学目标的能力。首先，在教学内容上，卓越教师能够更新和组合教学内容，设计课程最优方案；选择新的思维角度，对原有教学内容进行再认识或者修正、补充乃至重新组合教材、优化知识体系等。其次，在教学方法上，卓越教师善于借鉴先进的教学方法和手段，将其应用到自己的教学实践中；利用现代信息技术手段，开发新的教学工具和资源。他们能够熟练应用各种教学软件、多媒体技术等，将它们融入教学过程，提高教学效果和学生的学习体验。最后，在教学理念上，卓越教师能够不断更新教学理念和价值观，以更好地适应时代和社会的发展。他们关注教育改革的动态和发展趋势，积极学习和实践新的教学理念和价值观，为学生的成长和发展提供更好的支持和帮助。
合理评价能力	卓越教师的合理评价能力指的是在教学过程中，教师能够对学生的学业表现进行全面、客观、准确的评价，以更好地指导学生的学习和促进学生的发展。首先，卓越教师能够根据教学目标和学生的实际情况，确定合理的评价标准，包括评价内容、评价方式、评价标准等，以确保评价的公正性和准确性。其次，卓越教师能够关注学生的全面发展，不仅关注学生的知识掌握情况，而且关注学生的能力、情感、态度等方面的表现和发展；根据学生的实际情况和学科特点，灵活运用不同的评价方法，以更好地了解学生的学习情况和需求。最后，卓越教师能够及时将评价结果反馈给学生和家长，并针对学生的不同情况给予相应的建议和指导。他们能够让学生和家长了解学生的学习情况和进步情况，以更好地促进学生的学习和发展。

卓越：教师专业成长的向上力量

续　表

维度	表征
问题处理能力	卓越教师的问题处理能力指的是教师在面对教学过程中出现的问题时，能够迅速、准确地分析问题，并采取有效的措施解决问题的能力。首先，当遇到问题时，卓越教师能够保持冷静，不慌乱，沉着分析问题的本质和原因，以便更好地采取有效措施。其次，卓越教师能够与相关人员进行有效沟通，包括学生、家长、同事等，以便更好地了解问题的情况和相关需求，并协调各方共同解决问题；针对不同的问题和情况，能够灵活应变，采取不同的措施和方法进行解决，而不是固守经验或教条。最后，卓越教师能够以创新思维的方式看待问题，从不同的角度思考解决问题的方法，以更好地推动问题的解决。在解决问题后，卓越教师能够及时总结经验教训，反思问题出现的原因和解决方法的有效性，以便在今后的教学中更好地避免类似问题的再次出现。

三、丰富多彩的"展现力"

"真正好的教学来自教师的自我认同和自身完整。"① 卓越教师在教学实践中更加注重对客观性教学元素的准备而忽视了自身在课程中的主观性元素。教师在客观教学元素与教学效果之间的距离即课堂的"展现力"，即卓越教师在教学过程中能够通过不同的方式与手段来展示教学能力，来激发学生的学习兴趣和提高教学效果，能够清晰、逻辑严密且连贯地呈现教学内容。

"展现力"这一能力特质在S老师身上体现得尤为明显。作为与深圳特区同龄的一代人，S老师是深圳教育的亲历者、建设者、见证者。作为深圳的"劳模"代表，她在全国开展巡讲、支教活动120余场，她的教育故事及成长经历振奋和鼓舞了一批又一批青年教师；作为中国工会全国十八大代表、"劳模"讲师团成员、人大代表，她始终致力于为公平而有质量的教育奔走；作为深圳薄弱片区九年一贯制学校的校长、在读博士，S老师思考最多的是：如何为更多孩子播下探索真理、创新未来的种子，如何培养和影响更多的青年教师成为教育的行家里手，如何为新时代实现公平而有质量的教育做出更有价值的贡献。就这样，S老师演绎和诠释着特区教师的精彩人生，她努力书写着教育新征程上的奋进华章。

---

① 帕克·帕尔默.教学勇气：漫步教师心灵［M］.吴国珍，等译.上海：华东师范大学出版社，2005：11.

我的课堂风格可以概括为情感型。我以饱满的热情和激情进行教学,将我对科学文化的热爱和追求融入对学生的关爱和期望之中。我深信,教育不仅仅是知识的传授,更是人格和情感的陶冶。在我的课堂上,我注重营造一种热烈的学习氛围,激发学生的情感共鸣,让他们感受到对知识的渴求和探索真理的热情。我努力以情绪高涨、慷慨激昂的讲解方式,引导学生进入最佳的学习状态。我的教学风格能够体现我的个性特点和我在教育过程中独特的技巧和方法。这种风格的成熟标志着我作为教师在教学艺术上的进步和发展。我相信,通过不断的努力和探索,我可以进一步提高自己的教学水平,为学生提供更优质的教育体验。

我认为一节优质课堂教学的呈现要包含以下 5 个维度:(1)清晰的课堂教学结构;(2)促进学习的课堂气氛;(3)创建有意义的师生交流;(4)促进学生个体发展;(5)明确的学习成果期望。这 5 个维度的高质量呈现,需要教师对学科及课堂教学有深入的理解。(S 老师)(来自访谈)

我们将这些卓越教师共有的"展现力"特质进行深度整合、分析、提取,认为卓越教师作为共性的、集体的"展现力"表征为课堂演绎能力、沟通交流能力、审美创造能力、数字素养能力与逻辑塑造能力。具体维度表征如表 6.3 所示。

表 6.3 能力特质"展现力"的维度及表征

维度	表征
课堂演绎能力	卓越教师的课堂演绎能力是指教师在课堂上通过讲解、演示和实验等方式,帮助学生理解知识、掌握技能和培养思维能力的能力。首先,教师能够用简洁、准确的语言解释概念、原理和知识点,让学生能够理解并掌握。同时,他们也能够根据学生的实际情况和学科特点,灵活运用不同的讲解方法,如案例讲解、类比讲解等。其次,教师能够通过实物、模型、实验等手段,将知识点生动形象地展示给学生,帮助学生更好地理解知识。同时,他们也能够根据学生的实际情况和学科特点,选择合适的演示方法,如实验演示、多媒体演示等。再次,教师能够积极地与学生进行互动,引导学生思考和讨论,激发学生的学习兴趣和动力。同时,他们也能够根据学生的实际情况和学科特点,采用不同的互动方式,如提问、讨论、小组合作等。最后,教师能够关注学生的情感需求,给予学生必要的情感支持,帮助学生建立自信心,激发他们的学习兴趣。

续　表

维度	表征
沟通交流能力	卓越教师的沟通交流能力是指教师在教育教学过程中，与学生、家长、同事等进行有效沟通，传递信息、表达情感、协调关系，以实现教育目标的能力。在语言表达能力上，教师能够清晰、准确地表达自己的观点和意见，并且能够使用简单易懂的语言解释复杂的概念，以便学生能够更好地理解和接受所教授的内容。在人际交往能力上，教师能够与学生、家长、同事等进行有效沟通，建立良好的人际关系，以促进教育教学工作的顺利进行。在情绪管理能力上，教师能够控制自己的情绪，避免因情绪波动而影响教育教学工作，同时能够引导学生正确处理情感问题。在适应能力与创新能力上，卓越教师能够适应不同场景和对象，灵活运用不同的沟通方式和方法，以达到良好的沟通效果。同时，教师能够不断探索新的沟通方式和手段，创新教育方法和策略，以更好地满足学生的需求和实现教育目标。
审美创造能力	卓越教师的审美创造能力是指教师在教育教学过程中，通过审美的方式，创造美的艺术形象和氛围，让学生在感受美的过程中培养审美情趣和创造力，以促进学生的全面发展。其一，表现为艺术表现能力，教师具备扎实的艺术表现技巧和良好的艺术修养，能够通过绘画、音乐、舞蹈、戏剧等多种艺术形式展现美的魅力。其二，表现为审美感受能力，教师能够敏锐地感受和欣赏自然美、艺术美、社会美等不同形式的美，并能够将这种感受力融入教育教学，引导学生感受和理解美的内涵。其三，表现为审美鉴赏能力，教师具备较高的审美鉴赏力，能够鉴别和评价不同形式的美，引导学生正确认识和理解美的本质和价值。其四，表现为审美创造能力，教师能够在教育过程中，通过审美的方式，创造美的艺术形象和氛围，让学生在感受美的过程中培养审美情趣和创造力。
数字素养能力	卓越教师的数字素养能力是指教师使用数字技术，获取、加工、使用、管理和评价数字信息和资源，发现、分析和解决教育教学问题，优化、创新和变革教育教学活动的能力。首先，卓越教师具备数字化意识，能够认识数字技术在教育教学中的重要作用，并能够积极应用数字技术提高教学质量和效果。其次，卓越教师具备数字技术的基本知识和技能，包括计算机操作、网络使用、多媒体制作等，能够熟练应用数字技术进行教学。卓越教师能够将数字技术应用到教育教学中，包括数字化教学设计、数字化教学资源开发、网络教学、信息管理、信息安全等，提高教学效果和学生的学习体验。最后，卓越教师能够通过专业发展提高自己的数字素养能力，包括参加培训、研究和实践等，不断优化和创新教育教学活动。

续　表

维度	表征
逻辑塑造能力	卓越教师的逻辑塑造能力是指教师在教学过程中，通过引导学生理解知识、分析问题、解决问题和创造新知等方面，培养学生的逻辑思维能力，帮助学生形成严谨、条理清晰的思维方式的能力。首先，体现为知识理解能力，卓越教师能够深入理解所教授的知识，掌握其内在的逻辑和规律，并能用简洁明了的语言解释概念、原理和知识点，帮助学生理解并掌握这些知识。其次，体现为问题分析能力，卓越教师能够引导学生对问题进行分析，通过分解问题、找出关键因素和相关条件等步骤，培养学生的分析能力和问题解决能力。再次，体现为解决问题的能力，教师能够引导学生运用所学知识，通过推理、判断、归纳等方法，解决实际问题，培养学生的解决问题能力。最后，体现为创新思维能力，卓越教师能够引导学生通过逻辑思考和创新思维，发现新问题、提出新观点、更新知识，培养学生的创新思维能力。

　　卓越教师所具备的独到的能力是其顺利完成教育教学活动的关键，直接影响着教育教学活动的效率。通过对教师们的深度访谈，提取出作为卓越教师共有的典型独到能力，即发现力、设计力与展现力。这些能力从独有的内在维度，勾勒出卓越教师在教育教学实践情境中通过不断实践与反思而形成的、超越一般教师的突出能力特质。分析可知，这些独到能力主要体现出三个典型特征：一是高效性，能够敏锐地发现教学问题、理解问题，并能够看到问题的本质，通过实践智慧运用相关教育基本原理和规律来解释并解决问题。二是创造性，能够对教学、对知识有自己独到的见解，能够有针对性地进行教学设计，不断学习并尝试不同的教学方式和方法，使自己的教学环节充满创意。三是可持续性，能够通过终身学习建立起与学生共同进步的纽带，在教学中不断反思，通过观察、分析、调整自己的教学观念与行为，不断重组自身知识与经验，在经验中学习与反思，进而生成新的实践知识。

第七章

卓越教师成长路径

探寻教师何以卓越是深入了解卓越教师群体特征，深描每位"年度教师"个案的终极旨归。探寻卓越教师专业成长过程中的共性特征，归纳教师何以成为卓越教师的成长路径，能够为教师群体的专业成长发展提供可模仿可借鉴的范例。卓越教师的专业成长是内外部诸多因素共同作用的结果，总的来说，卓越教师成长路径可以概括为：文化滋养、环境孵化、制度催生、专家引领与个体自觉。

第一节　文化滋养：卓越教师的成长根柢和价值引领

人是文化生态的存在者，人的发展不是单纯的生理性成长，而是在一定的精神价值文化体系浸润下携带着文化基因的成长。纵观卓越教师的成长路径，其专业发展离不开优秀传统文化的涵养和先进区域文化的引领。

一、优秀传统文化涵养卓越教师成长根柢

中华民族五千多年的文化传承是新时代"以文化人"的支撑。中华优秀传统文化蕴藏着浩瀚丰富的精神内涵，无论是以爱国主义为核心的民族精神，还是以仁义礼智信为核心的人文美德，历经千年的岁月洗礼，已淬炼得愈加耀眼夺目。党的十九大报告强调，要"深入挖掘中华优秀传统文化蕴含的思想观念、人文精神、道德规范，结合时代要求继承创新，让中华文化展现出永久魅力和时代风采"。中华优秀传统文化也以其丰裕的精神内涵，涵养着师道自知，激发为师自尊，滋养教师的精神世界，增强其文化自信。

中华优秀传统文化涵养师道自知。师道自知是教师对自身职业责任的认知，教师建构起正确的师道认知，是教师走向卓越的基础性认知条件。韩愈在《师说》开篇澄明了教师的职业责任，即"师者，所以传道受业解惑也"，也明确了教师职业责任的核心任务。《礼记·学记》载："君子既知教之所由兴，又知教之所由废，然后可以为人师也。故君子之教喻也，道而弗牵，强而弗抑，开而弗达。""君子知至学之难易，而知其美恶，然后能博喻；能博喻然后能为师"，明确了如何能为人师。清代廖燕认为"师莫重乎道，其次必识高而学博"[1]，强调教师要重道传道，同时要有渊博的学识。从稷下学宫到

---

[1] 廖燕. 廖燕全集［M］. 上海：上海古籍出版社，2005：247.

私学兴盛，诸子百家的形象在历史长河中熠熠生辉，影响后世。被称为"至圣先师"的孔子，主张"兼爱""非攻"的墨子，推崇"仁者爱人"的孟子，都可谓古代"名师"，至今对教师专业发展仍有重要影响。访谈中 X 教师在回忆中表示传统文化涵养了他对教师职业的理解：我出生在一个教师世家，已经是家里第四代以教师为职业的人了。我从小阅读《论语》时便常想象循循善诱的夫子形象，孔夫子的形象建构起了我对理想教师形象的最初认知，高考填报志愿时我从未想过除师范院校外的其他选择，我希望可以学为人师，"师者，所以传道、授业、解惑也。"（X 老师）（来自访谈）传统文化中的孔夫子、孟夫子等鲜明的夫子形象建构了卓越教师对教师职业的最初认知，传统经典中关于为学、为人、为师的诸多论述，无一不是启发教师师道的重要论述。

中华优秀传统文化激发为师自尊。中华民族文化系统下历来推崇"师道尊严"，强调尊师重教。优秀传统文化赋予了教师学为人师的职业自尊。《礼记·学记》有云："凡学之道，严师为难。师严然后道尊，道尊然后民知敬学"。《荀子·大略》云："国将兴，必贵师而重傅……贵师而重傅，则法度存"。《荀子·礼论》云："君师者，治之本也"。传统文化中将尊师及国家兴衰与国民发展紧密相连，与天地君亲相并列，赋予了教师崇高的社会地位，赋予了教师极高的职业尊严。教师职业自尊本质上是教师对职业的认同感和对职业价值的肯定，有利于激发教师职业责任感和职业荣誉感，是推动教师追求专业发展和不断追求卓越的心理动力。传统文化赋予了为人师者的职业自尊，这种职业自尊是滋养众多教师选择学为人师的重要文化因素，同时也是鞭策教师不断律己修身、传承师道的精神源泉。教师在传承师道的过程中博学、审问、慎思、明辨、笃行，以行为世范的高标准要求自身，不断提升自身综合素养，不断以自身的渊博学识与高尚品德维护师道尊严。

中华优秀传统文化滋养着教师的精神世界，增强了教师的文化自信。中华优秀传统文化为教师丰富精神体验、滋养精神世界提供了宝贵的资源。中华优秀传统文化是几千年来中华民族智慧的结晶，蕴含着丰富的人文精神和智慧哲思。教师能从中华优秀传统文化中汲取智慧，提升自身的人文修养，陶冶情操，提升审美情趣，这种滋养能够丰富教师的精神世界，为教师的教育实践走向卓越积淀深厚的文化底蕴。教师的文化自信源于对自身所承载的文化传统、文化基因和文化特质的深刻理解和认同。教师通过对优秀传统文化哲学思想、道德观念、审美价值、人文精神的传承和发扬，能够增强对自身文化身份的认同，提高文化自信。教师在专业发展过程中肩负着对中华优秀传统文化选择、传承与创新的使命，而文化自信也以其独有的精神意蕴，塑造着教师专业发展。文化自信坚实了教师专业发展的文化根基，影响着教师的教育信念与整体精神风貌。卓越教师在专业发展历程中无一不深受优秀传统文化的浸润，形成了坚定的文化自信与文化自觉，在教育实践中应用传统文化带来的精神给养，不断以文化人，坚定地完成教育立德树人的根本任务，同时实现自身的专业发展。

二、先进区域文化引领卓越教师价值追求

区域文化是引领一方教师成长的外部文化生态。文化生态学强调不同的区域文化生态会孕育出不同的社会实践互动方式。深圳市的区域文化生态对卓越教师的价值观念、行为方式也产生了重要影响。

深圳市作为中国经济改革开放的前沿阵地，在改革发展中生成了"敢闯敢试、开放包容、务实尚法、追求卓越"的新时代深圳精神。深圳精神融入了深圳市社会发展、经济建设的各个方面，也深深融入了深圳市的教育中，成为深圳教育不断追求高质量发展的文化底色。2019 年，深圳市委市政府发布了《关于推进教育高质量发展的意见》，锚定促进深圳教育高质量发展，对打造与城市地位相匹配、中国一流、世界先进的现代教育的宏观目标进行顶层设计，后又发布了《深圳市建设中国特色社会主义先行示范区的行动方案（2019—2025 年）》，深圳市教育局在此基础上，接连制定并发布《深圳市教育发展"十四五"规划》《基于先行示范区的深圳基础教育信息化发展策略研究报告》《智慧教育"云端行动计划"（2020—2025 年）》等深圳市教育发展纲领性文件，系统谋划今后一个时期深圳市教育先行示范的思路、目标和举措，明确深圳市教育改革与发展路径。追求卓越的深圳精神带动着深圳人在教育领域不断谋划与深耕，立足当前，着眼未来，锚定教育改革的关键问题不断创新，精益求精，不断追求质量超越，推动教育规模和质量的"双提升"，形成追求教育高质量发展的"深圳模式"。

深圳市南山区地处粤港澳大湾区腹地，是全国经济大区、科技强区、创新高地，在大湾区的发展中发挥着核心引擎作用。在城区高速发展的过程中，南山教育持续用"软实力"筑强经济社会发展"硬支撑"。近年来，南山教育

牢牢把握区域战略定位，围绕中心，服务大局，开启全面建设中国特色社会主义先行示范区基础教育先锋城区新征程，把"成为校长和教师专业化成长的先锋城区"作为关键目标，坚持高规格引才，高标准育才，高效能用才，全力打造一支教育理念先进、专业素养深厚、锐意改革创新的新时代高质量教师队伍，为南山教育高质量发展提供强大的人才支撑。以"深化改革塑造基础教育新样态，精准谋划确立基础教育新目标，系统推进实施基础教育新任务，持续创新提供基础教育新范式"为战略构想，南山教育构建了基础教育高质量发展体系。南山区"敢为天下先"的精神赋予了南山教育创新引领的使命。南山区因此成为深圳教育的领跑者与排头兵，勇于在"无人区"探索，敢于打造向上"捅破天"、向下"扎到根"的教育。在推进"五育"并举落地工作中，南山教育积极构建"德育为先，'五育'融合"的人才培养体系。为提升教师业务素养，促进教师专业发展，南山教育不断为全区教师构建专业发展体系，提供学、训、赛、研、评多维度、全方位专业发展通道，形成"魅力型—智慧型—领军型—功勋型"班主任发展荣誉体系。

深圳精神成为引领教师追求卓越的质量文化，形塑教师教育实践行为。美国现代质量管理学家约瑟夫·M·朱兰提出，质量文化是人们与质量有关的习惯、信念和行为模式，是推动人们不断追求质量超越内生力量。① 深圳精神作为一种敢于创新，不断追求卓越的质量文化，不断影响着教师的工作态度和价值追求。来到深圳，我感受到了一种向上的力量。深圳的人们生活节奏很快，学校的教育教学工作节奏也快，我也逐渐适应了这种快节奏和高质量的工作要求，在日常教学活动和各种比赛中全力以赴，努力追求最好的结果。向上和追求卓越逐渐内化为我的做事风格和教学要求。（D老师）（来自访谈）独特的深圳精神滋养着一代又一代卓越教师锐意进取，务实苦干，攻坚克难，激励着卓越教师时刻奋发图强，形成了高效的工作作风，在教育教学工作中不断追求卓越。

深圳精神激励教师勇于尝试，鼓励教师教育创新。"敢为天下先"的区域精神，开放包容的文化基因，是滋养教师教育创新的沃土。深圳教育对待新理念、新事物更包容、开放，鼓励教师发展创新能力。新时代卓越教师的文化内涵离不开新能力的培养，既需要教师自身的努力，又需要制度保障和

---

① 约瑟夫·M·朱兰，A·布兰顿·戈弗雷. 朱兰质量手册（第五版）[M]. 焦叔斌，等译. 北京：中国人民大学出版社，2003：724.

环境支持。创新需要信息的交流、知识的积累、开放的环境。在深圳精神的浸润下,深圳市的学校形成了教师"自主学习、专家引领、同伴互助"的学习生态环境,促进了教师专业发展和教育创新;学校课堂崇尚教学民主,以学业成绩和综合素质评价学生,但要想与改变传统的教育教学评价相适应,就要改变传统的对教师的评价方式,尤其是改变把学生的考试成绩作为评价教师工作成绩的唯一标准的现状,把目光聚焦在教师是否用先进的理念、科学的教育方法、最少的时间教出高素质的学生;还要把教师的教育教学思想、艺术和技能作为教师评优评先的重要标准,将教师的积极性引导到创造性劳动上来。同时,要充分尊重教师选择教学方法、教学手段的自主权,减少不必要的限制和规定,鼓励教师在课堂教学中有不同的教学风格和特色,激发教师的创新潜能,推动教师走向卓越。

第二节　环境孵化:卓越教师的成长摇篮和支持保障

环境是影响人才发展的关键因素,正如人类发展生态学所强调的基本理念,个体发展是个体与其直接生长于其中的变化着的环境之间相互作用的结果。[①] 卓越教师的专业成长离不开环境生态的孕育和孵化,综合梳理卓越教师成长路径可以发现,政策环境、资源环境和学校环境对卓越教师的成长与发展产生了重要影响。

一、政策环境保障卓越教师成长

国家层面的高质量教育体系建设为卓越教师的专业成长搭建了宏观政策环境。党的十八大以来,以习近平同志为核心的党中央高度重视教育工作,把教育摆在更加突出的优先的发展战略地位,我国教育事业取得历史性成就,教育面貌正在发生格局性变化。党的十八大以来,相关部门相继出台了《教育部关于全面深化课程改革落实立德树人根本任务的意见》《关于深化教育体制机制改革的意见》《关于深化教育教学改革全面提高义务教育质量的意见》等文件,为全面提高教育质量指明了方向。2021年,党的十九届五中全会通

---

① 杨桐桐,张蓓蓓,姚仙竹.论生态学视角下教师专业发展[J].中国成人教育,2017(17):147-149.

过了《中华人民共和国国民经济和社会发展第十四个五年规划和2035年远景目标纲要》（以下简称《纲要》），将"建设高质量教育体系"单列一章，强调了我国教育未来发展的着力点。在《纲要》等政策规划的推动下，中国教育改革与发展开启了崭新的篇章。在百年未有之大变局的背景下，我国中小学教师获得了更加广阔的发展空间，但也迎来了前所未有的挑战。国家重视教师工作的重要意义，出台了一系列政策引领和保障教师专业成长。2018年，《中共中央 国务院关于全面深化新时代教师队伍建设改革的意见》指出"开展中小学教师全员培训，促进教师终身学习和专业发展"，针对中小学教师培训内容与方式、培训管理、培训机构和培训者等方面提出了要求，全面支持教师专业发展。

地区层面"强师提质"的政策环境支持卓越教师专业成长。2021年12月，深圳市人民政府印发《深圳市教育发展"十四五"规划》，加快深圳教育先试先行。其中，对发展环境、推动教育高质量发展、提升教育服务城市发展能力、构建支撑教育先行示范的"四个体系"等问题进行了全面的说明，强调要构建"教育经费保障体系、校长教师发展体系、教育教学研究体系、教育监测评价督导体系"。深圳市政府对教育事业的重视和投入是前所未有的，多措并举为深圳市的教师创造了良好的发展空间，打造了孵化卓越教师的优良环境。为了进一步促进深圳教育事业高质量发展，加强中小学教师队伍建设，近年来深圳市先后发布了系列政策文件。2022年，深圳市人力资源和社会保障局、深圳市教育局印发《深圳市深化中小学教师职称制度改革实施方案》，推进教育综合改革和教师人事制度改革。2022年，深圳市出台了《深圳市校长教师发展体系建设实施方案》，强调加强管理队伍培养，把校长教师队伍建设作为重点工作，提出了2025年深圳市教育队伍发展和建设的愿景和路径。"强师提质"成为深圳市推动教育高质量发展的时代主题。"强师提质"的地方政策环境为卓越教师的成长发展营造了良好的外部政策支持保障环境。

二、资源环境支持卓越教师专业发展

数字资源为卓越教师搭建起发展的"脚手架"。教育数字化的时代背景下，丰富的数字资源拓展了教科研资料库，尤其是以"国家中小学智慧教育平台"的上线为代表的数字化智慧平台的建设，为广大教师提供了强有力的教科研资源支持。支持教师优化课堂教学，为教师优化教学设计、作业设计等提供了参考范本。从深圳市中小学智慧教育平台到南山教育在线，再到学校搭建的数字资源库，这些构成了我专业发展的资料库。不论是文本、图片、音频、还是视频，我都能在教育系统搭建的数字化的平台中搜索到高质量的资源，也能看到更多专家学者、优秀教师的智慧，如大量的学科微课、精品课等，从而在优质资料中找到新的灵感，优化自己的教学方式。（S老师）（来自访谈）此外，数字化平台的建设还为教师提高工作效率提供了数字化技术支持。利用数字资源备课方便快捷，教师可以随时随地用碎片时间书写记录。数字平台能清晰地记录备课过程，将资源分成视频资源、课件资源、学案资源、互动资源、练习评价资源等。数字资源还能支持我将工作生成日计划、周计划，免去纸笔的烦琐，使工作更加清晰有条理。（Y老师）（来自访谈）

我还通过家校联动，利用平台在线收集学生在家里的学习数据，这样方便快捷，能提高教学质量和效率。（G2老师）（来自访谈）

教师可以将学生的学科成绩、德育评价、体检记录、综合表现等存放在数字资源库中，还能对比分析数据的变化，清晰地看到学生的动态发展。（T老师）（来自访谈）

数字资源为教师备课、学生评价、家校联系等都提供了重要的技术支持，成为提升教师工作质量与效率的重要支撑，为教师走向卓越提供了不可或缺的资源。

名师资源助推卓越教师专业发展。教师是教育发展的基础，名师是教育发展的关键，只有充分发挥名师的引领示范作用，才能助推教师更快更好地成长。我国基础教育历经八次重大改革和转型，在这期间，涌现了许多现代教育名师，他们在教育的各个领域都发挥着中流砥柱的作用。名师一般都深耕教育，对教育有着深刻的理解和独到的体会，越是走近名师，越能从他们身上汲取养分和力量。本书的访谈对象中的5位卓越教师均提及了名师在自己专业成长历程中的引领作用。比如，G2老师回忆：2006年，我在上海培训期间，曾和同学一起拜访于漪老师。于老师生活十分简朴。虽然她已经70多岁，却仍然笔耕不辍，为上海的二期"课改"添柴加火。她叮嘱我们，年轻人要甘于寂寞，要默默奉献，不能功利心太强。她的谦逊、勤奋令我深深感动，我立志成为像她一样的平凡、谦虚、伟大的人民教师。（G2老师）（来自访谈）名师的榜样力量和名师的殷殷嘱托都成为卓越教师专业发展的重要动力。目前各地开展的"名师工作室"或实行的"青蓝工程"，也是发挥名师引领带动作用的有效途径，能够以名师辐射教师的专业成长。名师工作室一般以具有发展潜力的骨干教师为培养对象，是培养卓越教师的重要摇篮。名师工作室是由名师牵头形成的跨校的学习型组织，汇聚了来自不同学校的具有发展潜力的青年教师，通过观课、评课、讨论、讲座、课题研究等的各类型学习活动，更高效、更广泛地传递着名师的教学经验与教育智慧，让青年教师能够站在巨人的肩膀上出发。名师的引领为青年教师专业成长提供了宝贵的经验借鉴，为其解决实践困惑提供支持，助推具有发展潜力的教师成为卓越教师

平台资源成为卓越教师历练成长的关键。卓越教师的成长发展也是专业资本不断累积的过程，平台资源常常与教师专业发展过程的社会与文化资本累积紧密相关。访谈中发现，在卓越教师专业成长过程中，各类教学比赛是教师交流学习的重要平台，为卓越教师搭建起成长的阶梯。精英教师选拔赛是南山区培养卓越教师的重要举措，评选从资料初审中选出 20 名优秀教师进行业绩成果展示并现场答辩。这也是我第一次学习在选拔性展示中要阐述的内容：包括自我介绍、教育叙事、教学业绩展示、教学业务竞赛获奖情况、公开课情况、教科研能力与成果等。通过这次经历，我积累了后期比赛的宝贵经验。（S 老师）（来自访谈）比赛不仅是高质量的学习平台，而且是教师专业水平得到展示和权威认证的平台。具有发展潜力的青年教师几乎无一例外地需要通过比赛进行学习，更要通过比赛的结果证明自己的专业能力。在比赛中脱颖而出是教师迈向更高层级专业社群的敲门砖，是教师获得更多校内外资源支持的重要资本。2005 年，我被推选参加第二届宝安区教师技能大赛，并获得了宝安区"十佳教师"称号，因此有机会参加了 2006 年深圳市职工技术运动会。市级比赛内容包括现场教学设计、课件制作和说课，我获得了第三名。在这两个重要比赛中，我的教学基本功被充分认可，这对我后续职业自信的建立起到了很大的作用。经过不断积累，2020 年，我参加深圳市"年度教师"评选，脱颖而出成为宝安区第一位深圳市"年度教师"。（G2 老师）（来自访谈）不断升级的比赛平台本质上也让教师不断累积了人脉、专业学习与发展机会等社会资本和内在专业自信等心理资本，这些都成为卓越教师成长的重要助推资源。

三、学校氛围哺育卓越教师持续发展

学校氛围是教师对学校生活体验的反馈,是教师对学校组织及关系事件的整体感知和心理表述。教师对学校氛围的感知影响教师的认知解释与行动选择,是影响教师专业发展过程的重要组织因素。① 本书访谈发现,同侪合作型的学校氛围和教科研型学校氛围对卓越教师持续发展产生了重要影响。

同侪合作型的学校氛围是支持卓越教师专业发展的重要组织环境因素。教师通过感知和谐互助型的同侪关系,获得社群力量和群体动力,支持卓越教师的专业学习与成长。无论是在日常教学过程中,还是在参加大型比赛的时候,身边的同事们总会无私地分享各自的教学方法。我参加大型比赛时,学校会组建备赛小组,让各有所长的其他学科老师们加入,帮助我共同备赛,融洽的同事关系促使我的专业技能稳步发展。(S老师)(来自访谈)教育从来不是单打独斗,一个人只有把自己放在团队中,和身边的教育同人在教学实践中互相沟通、互相帮助和互相促进,才能实现个人的进步与成长。当教师的协同合作成为一种自发行为时,良好的教育生态也应运而生,也有助于实现优质教育资源共享,推动教育教学质量提高。

学校注重教科研的氛围能支持卓越教师教科研水平持续提升。教科研是有效提升教师专业水平的重要途径,卓越教师专业成长离不开教科研氛围。中小学教师若依靠个人力量单打独斗地开展教科研活动常常缺少持续推进的力量,学校重视教科研的环境氛围是推进教师教科研活动持续深入的重要保障。学校鼓励教师做课题,并提供科研经费。我们借助课题研究,大大提升了科研能力,也因此确立了我的教学主张:小学科学教学重在实践。学校每一周都设置了"生命自觉讲堂",邀请名家来校指导;每个学期末,学校设立教师分享会。我们学科组还确定了共同的研究方向:小学科学主题式体验活动,学科组一起搞教研。在12年间,我们学科组进行了大约100多项主题式体验活动。我们还参加创新型的科技比赛,我们的学生在深圳市获得了一等奖,甚至走进了国家级比赛赛场。学校规范的科研制度和展示平台,就像肥沃的土壤,让我不断成长。(G2老师)(来自访谈)学校氛围对教师个人行为既产生了塑造作用,又形成了保障和支持效应。在支持性的学校氛围下,教

---

① 王双龙. 教师自我意识与学校支持氛围对教师专业发展的影响研究[J]. 教育科学研究,2017(11):74-78.

卓越：教师专业成长的向上力量

师更能从学校和社群团队中获取理性的经验智慧和感性的情感支持，帮助教师突破个人专业发展瓶颈，为教师成长为卓越教师提供组织环境支持。

第三节　制度催生：卓越教师的成长阶梯和历练平台

卓越教师的专业成长离不开制度的引领和激励。构建适合教师专业成长的制度是指整合教师成长的内外部因素，在分析其相互关系的基础上，从教师成长路径、发展平台建设、专业评价认定等方面进行探索与实践。建构适合每一个教师成长的制度，突出针对性和实效性，使其在推动老中青教师发展的过程中，发挥更强大、更持久的积极作用。

一、卓越教师成长制度体系为卓越教师搭建成长阶梯

纵观各国教育发展史，可以发现英、美等发达国家于上个世纪末就开始制定、实施卓越教师成长制度体系。1983年，美国发布了《国家在危机中：教育改革势在必行》，引起了人们对传统教师培养模式的思考，这也成为美国卓越教师培养的开端。1988年，美国国家教学专业标准委员会发表了《教师应该指导什么与能够做到什么》，提出了卓越教师专业标准的五项核心主张，也标志着美国卓越教师计划的正式启动。英国于2005年开始正式实施"卓越教师计划"，与中国不同的是该计划主要由中小学承办，确立了完善的实施过程和详细的评价标准，其目的是让每一位普通教师都能参与。德国政府于2005年提出"卓越计划"，与英国不同的是其卓越教师计划是在大学阶段实行的，目的是吸引人才，从而提高综合国力。

从国内来看，2010年教育部联合行业协会实施了"卓越工程师教育培养计划"，旨在培养创新型高质量工程技术人才，部分高校相继进行试点，实施了"卓越医师""卓越律师"及"卓越教师"三大计划。2014年8月，教育部出台了《教育部关于实施卓越教师培养计划的意见》（教师〔2014〕5号），在第一条内容中明确实施卓越教师培养计划的目标要求，要培养一大批师德高尚、专业基础扎实、教育教学能力和自我发展能力突出的高素质专业化中小学教师。2018年1月，《中共中央　国务院关于全面深化新时代教师队伍建设改革的意见》明确提出建设一支高素质专业化的教师队伍，提高教师培养层次，提升教师培养质量。2018年2月，教育部等五部门联合印发《教师教育

第七章 卓越教师成长路径

振兴行动计划（2018—2022年）》，强调为发展更高质量更加公平的教育提供强有力的师资保障和人才支撑。2018年9月，《教育部关于实施卓越教师培养计划2.0的意见》（教师〔2018〕13号）指出，到2035年，师范生的综合素质、专业化水平和创新能力显著提升，为培养造就数以百万计的骨干教师、数以十万计的卓越教师、数以万计的教育家型教师奠定坚实基础。这些措施增强了教育发展活力和创新活力，促使各院校围绕教育机制、人才培养模式、师资队伍、课程体系等进行改革，以培养一批有理想信念、有道德情操、有扎实学识、有仁爱之心的好教师为目标。

从区域层面来看，深圳市教育局和各区教育局均制订了教师梯队建设方案。例如，深圳市坪山区开启了"先锋计划""领军计划""领航计划"，为名师培养搭建成长阶梯。深圳市坪山区"先锋计划"旨在夯实骨干教师的理论根基，提升基于新课标的教学设计与实施能力，以及校本化课程开发能力，着力打造一批能够实施素质教育、带动区域基础教育课程改革的中坚力量和未来教育家后备教师。"领军计划"目的在于夯实名师教育教学理论基础、凝练名师教育教学思想、创新教育教学模式，着力培养师德高尚、学识扎实、富有教育情怀、教学风格鲜明，能够引领坪山区学科教育改革发展，具有学科教学示范作用的省（市）名师工作室主持人、特级教师、正高级教师等一批有影响力和知名度的教育家型名师。"领航计划"项目是遴选一定数量有培养潜质的校长，全面夯实其政策理论素养、办学思想凝练、实践创新和示范能力等，着力打造一批具有坚定教育信念和使命担当、宽阔格局视野、卓越办学能力、鲜明办学风格，能够示范辐射推动区域基础教育实现高质量发展，在国内有一定影响力和知名度的教育家型校长。通过目标明确、系统化、阶梯式的培训计划，为卓越教师成长发展搭建坚实的阶梯。

深圳市南山区在教师梯队建设上，形成了从"新岗教师""未来教师"到"精英教师""年度教师"的专业成长序列。在学科素养提升方面，建立起了不同级别的赛项晋级制度体系，如集团教学技能大赛、新岗教师教学技能大赛、"百花奖"课堂教学大赛等；在班主任的培养上，专门设有"雏鹰计划"，支持班主任专业发展。深圳市对教师发展的支持力度是巨大的，尤其是我所在的南山区，作为广东省第一个教育强区，"南山教育"已然成为全国一张亮丽的名片，其中一个重要的原因就是非常重视教师的专业成长。我很幸运，我完整地接受了南山区不同梯级的培养，教师的每一个成长阶段，南山区都有对应的培养计划,在这个过程中,我从科组长、教学主任、教科室主任到分管教学的副校长一路走到今天的校长,收获非常多。(S老师)(来自访谈)深圳市从整个区域的层面用制度为每一位教师的专业成长注入多维力量,为卓越教师的诞生创造良好的制度环境。建构适合教师成长的各项制度,搭建利于教师成长的平台,应成为新时代区域层面教育行政部门、教育科研部门以及基层学校的工作重点。

二、深圳市"年度教师"制度催生卓越教师

2015年,深圳市借鉴美国评选国家"年度教师"的经验,结合中国和深圳市的特点,在全国率先开展了"年度教师"的评选表彰工作,引起了各方面的广泛关注。深圳市"年度教师"全方位展示自身的新理念新风采,传递深圳市教师队伍正能量,为14万深圳市中小学教师立标杆、树榜样,推动深圳市现代化、国际化、创新型城市建设,同时为探索建立国家教师荣誉制度积累经验。经过五年多的实践探索,此项工作的目标和评价体系不断发展完善,并在深圳教育界得到了越来越广泛的认可和好评。

"年度教师"制度构建卓越教师标准,引领教师理解卓越。深圳市"年度教师"选拔标准中的每一条都是一个细致而具体的维度,这些维度集合而成的,就是一个完整的学生、家长、学校、社会等对一名卓越教师的描绘:第一,热爱教育,热爱学生,热爱学校,热爱生活;第二,精力充沛,富有激情,忘我投入,无私奉献;第三,学识扎实,理念先进,业务能力强(原为"表达能力强"),综合素养高;第四,勤于学习,善于研究,勇于创新,乐于合作;第五,善于激发学生潜能,教书育人成果突出,深受学生喜爱、家长赞赏、同行认可、社会好评。这些将卓越教师形成具象化,澄明了教师对何为卓越教师的理解,也为普通教师专业发展构建了明确的目标。

"年度教师"制度搭建教师历练平台,助推教师走向卓越。"年度教师"制度形成了一套多轮考评、层层优选的评审体系,所有教师都是由各个学校选拔推荐至区级单位,区级单位再展开评审,优胜人员推荐至市级单位,评审过程要经历多轮考核和评委会投票,具体包括视频展示、自由演讲、教育专题小组讨论以及教学能力展示等比赛环节,会对教师教育教学水平、临场应变能力以及与他人和团队合作的素养进行全方位的综合考评。每一个考评环节都是对教师的一次集中历练,教师准备评审的过程是对自己教育教学的

又一次集中反思，对自己专业知识、专业能力的系统梳理。教师参与评比的过程，是诸多准卓越教师相互借鉴交流的重要机会，也是教师吸纳专业点评实现专业反思与提升的过程。"年度教师"评选，让我在一段时间内深度审视了自己20多年教育生涯历程，并不断自省，更加沉静，在内心为自己提出了更高的要求。（G2老师）（来自访谈）Y老师回忆了自己两次参加"年度教师"评选经历对自己专业成长的历练。2018年，我参加"年度教师"评选，但最终落选了，2019年，我继续参评，成功当选。第一年在市直属学校初选的时候，我就很紧张，5分钟演讲，题目一报出来，第一句话说出来以后，第二句话要讲什么我就忘掉了。第二年，学校仍然推荐了我，我做了很多准备，我太太跟我一起逐字逐句地探讨演讲稿，不断练习口头表达和现场问答，这其实也是很重要的能力提升过程。（来自访谈）

"年度教师"制度赋予权威荣誉，确认教师卓越身份。"年度教师"制度本质上是一种教师荣誉制度，通过给予荣誉赋予卓越教师权威的专业认可与身份确认。深圳市"年度教师"制度所给予荣誉的权威性来自其评审过程的公正性、公开性和评审结果人数的唯一性。"年度教师"评选过程充分公开，评审过程和人选的事迹情况，都通过各种形式在各种渠道公开、展示。多家媒体以不同的形式全程参与，各方代表充分参与、表达意见，全程监督。民众投票在资格人选认定上占30%的权重。在"年度教师"评审的终评环节，采取百人评审团的大评委评审，由电视台现场录播，公证员现场公证。评审结果是优中选优，首次评选最终只产生一名此项殊荣的获得者，评选人数的稀少性更加印证了获奖者专业水平的卓越性。对我个人影响最为巨大的比赛就是深圳市"年度教师"大赛，正是因为有这个平台，才有了我后来的成长和进步。该项大赛作为深圳教师大赛的"奥斯卡"，备受瞩目和关注。经过学校、区、市层层晋级赛，我有机会成为深圳市14万教师中的"唯一"，成为深圳市教师的标杆和代言人之一。从此我有了更高的理想信念、责任担当。作为亲历者、见证者，我越发觉得深圳市"年度教师"的评选活动真的是一个神奇的舞台，它把公众目光引向教师领域，也让深圳教师倍受尊重。（S老师）（来自访谈）

"年度教师"制度确立辐射机制，实现教师卓越成长。深圳市充分发挥"年度教师"带动辐射作用，建立了"'年度教师'巡回演讲报告团"，让"年度教师"及提名"年度教师"不断在全市各区开展巡回演讲。报告团展现了

"年度教师"的教育智慧和情怀,分享着教师专业成长的经历,传递着教师实践智慧与经验,展现着新时代教师的精神风貌和特质。"年度教师"辐射带动的巡回演讲机制,为"年轻教师"树立了学习榜样,带动了一批又一批教师脱颖而出,激励越来越多的一线教师走上"年度教师"的卓越教师成长之路,为教育系统培养出越来越多的优秀领军人才。"年度教师"的巡回演讲会起到示范作用,会把我们多年来积累下的经验智慧传递给年轻老师。(Y 老师)(来自访谈)

深圳市"年度教师"代表着深圳市 14 万教师的教育智慧和情怀,是卓越教师的代表,展现了新时代特区教师的精神风貌和特质,传递了深圳教育的正能量。深圳市"年度教师"评选机制可以说是深圳市卓越教师成长的风向标和信号塔,在深圳市卓越教师培养计划中起着培根铸魂的重要作用,是深圳市卓越教师培养制度中极为重要的一环。

第四节　专家引领:卓越教师的成长帮手和"重要他人"

专家是卓越教师成长过程中的"重要他人",能够对教师走向卓越产生关键影响。"重要他人"是社会学研究中的重要概念,是指在个体成长发展过程中产生关键性影响的具体人物。普通教师成长为卓越教师是从非专业人员或准专业人员成长为成熟的专业人员的过程,专家能够以专业理性帮助教师摆脱经验依赖的成长惯性,通过传递科学教育理念与理论、指导教师教育教学改进与创新、支持教师实践经验理论化和引领教师专业发展规划等方式助推普通教师逐渐成长为卓越教师。

一、专家传递先进的教育理念

教师教育理念的先进性与科学性是教师教育实践保持专业性的先决条件,教育专家具有深厚的教育理论功底和敏锐的教育实践洞察力,能透视教育现象把握教育规律,具有先进科学的教育理念。专家要引领教师形成与国家教育改革方向相契合以及与学生学习发展规律相吻合的教育观、教学观、学生观、教材观以及评价观等,以科学先进的观念引领教师教育实践科学发展,促进教师可持续的专业成长。专家学者通过讲座等方式,将前沿、科学的教育理念传递给教师,帮助教师更新教育观念,激发教师教育智慧。

听了北京大学教育学院尚俊杰院长关于游戏的讲座后,我明白了游戏的重要价值,也意识到游戏与教学的契合点,教学游戏化才能真正提升学生的学习兴趣。于是在新理念的启发下,第二期工作室正式成立,我的研究课题就定为"教学游戏化"。如果说,教学可以是一场游戏,那老师就是游戏规则的制定者、程序的设计者、过程的观察者、流程的优化者。我发现拼音对于一年级学生来说十分抽象,于是我们就从拼音游戏开始,一起研发了一套七彩拼音牌,并设计了一系列游戏及规则,帮助学生以游戏化的方式学习拼音,取得了极好的成效。(T老师)(来自访谈)

专家学者将先进的教育理念传递给教师,将理论研究和政策制定的经验分享给一线教师,能让教师更好地分析解决教育实践中的问题,优化课程教学,提升教育教学效果。专家的理念引领是通过由外而内的方式为学校教师提供换脑思考的机会,对引领教师走向卓越起到了催化作用。

二、专家指导教师教育教学的改进与创新

专家是教师的"重要他人",教师在与专家互动的过程中实现"主我"与"客我"的整合,专家观点会成为教师修正个体教学的重要参照。专家学者可以通过入校指导、听评课、教师培训等多方面的指导,提高教师的教育教学能力,指导教师教育教学实践优化和创新。

专家教授给我的成长提供了很多指导和帮助。比如,广东省初中生物学科专家夏献平,针对我在教学中遇到的问题、成长中的困惑,总能提出建设性的意见和建议。(S老师)(来自访谈)

专家通过自己的专业视角,帮助教师审视教育教学实践中的问题,同时为教师教学的改进与创新提供脚手架,帮助教师走向卓越。

课例研习是专家促进教师教学模式改进和创新的有效手段。课例研习可表现为三种形式:一是上课评课。教师上课,专家评课,专家及听课教师作为旁观者可以更准确、客观地发现授课教师课堂的优缺点,甚至帮助授课教师提炼自己的教学模式。二是观课评课。在观课评课的过程中,教师作为观察者,通过观察与评析,发现自己与专家的差异,制订下一阶段的改进目标,持续努力。三是析课评理。析课评理的焦点在于教学目标、教学内容、教学方法之间的关系。专家作为评析者,跳出课堂,在理论高度给教师以指导,帮助教师实现从经验到"意识"的飞跃,更有助于教师改进自己的教学模式。

与专家对话可激发教师个体反思改进。对话可分为阐释性对话、主体性

对话和反思性对话。其中，主体性对话的对象是人，包括学生及其家长、同事、教育管理者和理论研究者等，而最能促进卓越教师成长的对话对象则是理论研究者。① 与从事理论研究的专家学者对话可以超越教师日常教育实践中细碎的具象化审视，帮助教师从现场现象中抽离出来，使其在更理性和宏观的层面思考具体实践问题，加深教师教学反思的深入性和系统性。

专家的指导不是头痛医头、脚痛医脚，而是进行整体望闻问切，从宏观的层面整体审视一个学校的发展存在哪些问题，看一个教师的教育教学存在的不足，所以提出的问题都相当系统。我从来没有如此系统地审视过自己的教学，王教授的一番话激发了我对自身从理念观念到课程内容组织，再到教学设计与实施的底层逻辑的审视与反思，让我受益颇丰。（W老师）（来自访谈）

主体性对话冲破了教师原有的认知框架，更能激发教师个人的反思性对话。教师不断地对自身教育教学展开反思，以批判性探究的精神不断更新和优化个人教育教学行为，这也是促进专业发展，走向卓越的重要途径。

三、专家支持教师实践经验理论化

中小学教师具有丰富的教育教学实践经验，积累了丰富的实践性知识，但长期沉溺于具体的教育实践问题容易进入探索实践经验的思维舒适区，无形中为自己设置了理论探索的禁区，限制了自身的成长。教师走向卓越就是需要从富有经验的"教书匠"转变为具有理论思维的研究者，专家通过发挥自身理论与研究的优势，可以有效支持教师将实践经验理论化，助推教师走向卓越。

我一直没有科研意识，总是沉浸在具体的教学实践经验积累的过程中。有一次，宝安区组织了"北京师范大学教科研骨干培训班"，时长两周，接地气的专家学者让我意识到"从小问题入手做研究"是一线教师科研的最佳方法，启发我如何将日常实践中遇到的细碎问题提炼为值得研究的、具有一定代表性的问题。（G2老师）（来自访谈）

C老师也分享了她在专家引领下完成的课题研究，即将具体的舞蹈教学经验进行理论提升的过程。我一直在尝试多学科交融的舞蹈教育教学实践，2011年，在教育部和清华大学的专家的指导下，我进行了严谨有序的"中学

---

① 邓小泉，董博文. 对话学者：中小学教育家型教师成长的重要路径：以著名教育家李吉林的成长为例[J]. 教师教育研究，2023，35（5）：16-22.

舞蹈团的教学与管理"课题研究,并完成了广东省普教系统"百千万人才培养工程"省级教育专家高级研修班学业和"舞蹈教学提高人的文化素养的策略研究"等省级科研课题研究。在各位专家的引领下,我终于把多年来关于舞蹈教育教学实践探索的经验进行了系统化梳理,形成了一系列研究成果。我们的研究成果还走进了大山,让恶劣环境中的孩子们也可以享受美的教育。同时,我也意识到实践经验只有理论化才能更好地推广应用。(来自访谈)

专家的理论指导帮助教师从细碎的实践经验中抽离出来,使其将多年来积累的宝贵实践经验以理论和逻辑为线索整合重构形成中层理论。教师实践经验理论化的突破,是普通经验型教师成长为研究型、教育家型卓越教师的关键一步,这一步的跨越离不开专家的引领与支持。

第五节 个体自觉:卓越教师的成长信念和内驱动力

个体自觉是教师基于对教育主客体的认知而发自内心的认同,使其愿意积极投身教育实践,对教育有坚定的执着追求,主动追求卓越创新,坚定完成立德树人的根本任务,朝着教育终极目标持续前行,实现人生价值的行动理念。卓越教师的成长发展是一个长期持续的过程,客观因素和主观因素同时起着关键作用,成长为一名卓越教师,个体自觉起着关键的作用。

一、理想信念的意向性自觉

意向性(intentionality)是主体认识和实践活动的特征表现,是主体达至认识和实践活动自觉的内在诉求。意识的规定就是对某种事件的趋向,意向性自觉由主体意识引领。教师成为卓越教师离不开其意识层面理想信念的方向性引领。在影响卓越教师成长的众多因素中,信念构成促进卓越教师专业成长的主要因素。① 不同的卓越教师成长发展的过程和途径有着很大的不同,但对于教育的更高境界、个人专业发展等方面的执着追求,存在于每一个卓越教师成长的完整体系中,对于更高境界的不断追求,能够使得教师保持不懈进取的动力,从而在翻越一座座高峰,克服一个个困难之后,实现成长与发展。

---

① 赵红霞,刘建清.卓越幼儿教师成长的影响因素研究:基于扎根理论的质性分析[J].教育研究与实验,2022(2):101-106.

卓越：教师专业成长的向上力量

一方面，教师对个人卓越发展有着坚定的理想信念与执着追求。研究发现，卓越教师对自身专业知识和专业能力提升都有自己的执着追求。许多卓越教师在繁忙的工作之余，会选择攻读硕士或博士学位，提高自身的理论构建能力和学术研究的能力，他们也往往善于挑战更有难度的工作内容和工作岗位，不断寻求更大的突破自我的平台。例如，成为专业的名师、名班主任、骨干教师、学科带头人等，在实现自身价值与追求的基础上，带动和引领更多教师走向优秀与卓越。追求卓越发展的理想信念激励教师不断从被动走向主动，超越发展的有限性，克服专业成长的限制和个体的惰性，以实现教师生命价值为追求，实现教师专业发展境界的不断超越。

另一方面，教师拥有对教育事业的坚定信念与执着追求。教师的教育信念是教师在教育教学实践过程中形成的对教育的价值和意义、教育理念的坚定认知，影响着教师对教育事业真挚热爱的情感和无私奉献教育事业的坚定意志。教育是一份伟大的事业，追求卓越的过程中，教师对教育事业的忠诚宛如一盏指路明灯。笃定地坚守为教育事业做贡献的工作原则，才能够使教师在追求卓越的过程中，不被身边纷繁冗杂的声音和现象所迷惑，能够保持明确的发力方向，才能爱岗敬业、默默耕耘，在教育领域散发自己的光与热。

我其实也没有什么绝招，靠的就是真诚付出，用爱与赞许一点点唤醒学生的灵魂，点亮孩子的生命之光！教育现实中经常会出现这样或那样的困境，但陪伴学生、赏识学生、辅助学生，是教师责无旁贷的职业使命。（S老师）（来自访谈）

站上三尺讲台的第一天，我就开始思索：老师到底是干什么的？传道、授业、解惑？教书育人？高中历史，是我的任教科目。身为老师，我的价值何在？经过不断追寻，我确认老师就是帮助学生建筑梦想的人。我看着他们，不停地为他们加油，因为我就是他们的一部分。（W老师）（来自访谈）

尽管因为年轻和意气用事，我也摔过跟头，但我从未怀疑过自己的职业选择，对教育的热爱、执着，与生俱来的责任担当意识是毋庸置疑的，这也许就是我具有"铁"的一面的深层心理因素。（X老师）（来自访谈）

对职业的热爱与坚定的教育信念建构起了教师自觉付出、不断追求卓越的底层信念体系，为教师在专业发展过程中克服重重困难提供了不竭的动力。

二、专业反思的主体性自觉

卓越教师的专业成长是教师从技术理性主义者向反思性实践者过渡的过

程。美国学者舍恩（Donald A. Schon）在其著作《反映的实践者——专业工作者如何在行动中思考》中提出了"反思性实践者"（reflective practitioner）的概念。后来日本教育学博士佐藤学等人进一步丰富了反思性实践者的概念内涵。在卓越教师培养进程中，教师专业化呈现出由技术理性主义者向技术熟练者再向反思性实践者发展的样态，他们不再缺乏对职业的系统认识，而是在反思自身经验和改进教育教学行为的过程中实现专业成长。

反思这一精神活动通常意义上被定义为一种精神层面的自我活动和自我反省的途径，在教师的日常工作和生活中，能够不断地进行自我认知定位，自我剖析与反省，对教师的专业领域发展、教师在工作生活中的多方关系（与同事的关系，与家长的关系，与学生的关系等）都起着至关重要的作用，卓越教师的成长过程中，一定有着长期持续的反思过程以及所养成的反思习惯。

卓越教师身上体现的强烈的反思精神，首先表现在专业知识和专业技能。随着时代的发展，社会对教师这一意义重大的行业也提出了更高的要求，教师需要时时反思，时时更新自己的知识库，才能达到与发展中的世界相接轨，才能够把最前沿的情况、最先进的知识传递给学生，才能够真正培养出适合时代发展的未来人才。同时，教师也需要时时反思自己的教学技能和教学手段是否合理、高效、先进，在新时代背景之下成长起来的学生，视野开阔，对知识的渴求比较多元，因而教师需要通过持续的反思来进行教育思想、教育方式的更新。我习惯于反思，我始终怀着一颗永远渴望学习的心，时刻感到自己还有很多不足之处。这种心态能够激励我们不断成长。作为老师，作为一个社会中的个体，反思成长是至关重要的。（X老师）（来自访谈）

教师走向卓越的反思过程还应包括对自身的价值观和心理建设的反思，教师这一行业是不掺杂功利因素的，现实生活当中的种种社会风气有时会侵入这一领域并发酵滋生一些不良现象，身为教师，应当时时反思自己的职业操守，坚守高尚师德的底线，不被纷繁复杂的乱象遮蔽双眼。同时，教师的职业特殊性导致大量重复性的工作，因而极易产生职业倦怠，此时需要教师进行反思，回顾自己选择这份职业的初衷，并有将此贯穿自己职业生涯的决心，通过反思明确志向与方向，重新向着追求卓越的征途迈进。

教师进行反思所借助的方式和途径也是非常丰富和多样的。例如，撰写教学日志，将自己日常教育工作中积累的经验、遇到的问题、产生的思考等日积月累地保存起来，并通过及时记录的方式进行反思和改进；通过录音录像等方式保留即时性的教育教学过程，并时时回放，进行阶段性的审视、总结和反思；可引入同行评价的方式来促进自身的反思，可以经常向业界的前辈和同事寻求意见和建议，从他们的评价中来反思自己工作中存在的漏洞和不易发现的问题等。从一名普通教师向一名卓越教师成长的过程中，持续反思是必要的路径，同时不断寻求多元的反思途径也至关重要。卓越教师反思性实践特质集中表现为教师对知识、教学、自我的深度反思，并以反思促进自我实践方式的变革，反思性实践是教师认识自我和专业成长的关键手段。

三、教育创新的内驱性自觉

创新精神是卓越教师走向卓越的内驱动力。教育教学本质上是一种创造性的劳动，需要不断地进行探索，我国也将培养创新型人才作为教育事业的一大着力点，想要培养出具有创新能力的学生，教师就要在勇于开拓、敢于创造方面发挥良好的示范引领作用。卓越教师必定拥有强大的创造力和坚定的创新精神，敢为人先，勇于创造。

在教育教学理念层面，成为一名卓越教师，不能迷信权威和课本，应大胆提问和质疑，通过大量的实践经验的积累，形成自己的教育教学理念，并引导学生在学习的过程中保持足够的自信，去完成更多的创造，在这一过程中，教师要有独立的思想，在接受新理念、新思想的同时，保持自己的特色，带着自己的独特眼光进行甄别与吸收，进而实现创造的目的。

课堂是教师实现教育教学目的的主战场，因而，生成性的课堂是能够体现教师创造能力的重要场域。勇于创新的教师，其课堂一定是经过反复锤炼和打磨的，与传统的、僵化的课堂截然不同，是能够呈现与众不同的教学艺术特点的，能够通过激发、调动、引领等方式使得学生真正在其中学得知识，并培养其创新创造精神的高效高质量课堂。

卓越教师的创新精神还体现在其高超的教研能力中，通过多年的教学实践，教师应形成带有个人特色的教育教学知识与技能的框架，能够从理论的高度来理解和组织教学，能够使得其高超的教研能力直接转化为教育教学的生产力，能够将教学的经验凝练为教研方向，同时，教研成果又能够指导和引领日常教学工作。

个体自觉是教师实现成长发展的前提。个体自觉是卓越教师在教育中对自身存在、实践活动和责任担当的把握，理想信念的意向性自觉、专业反思的主体性自觉和教育教学创新的内驱性自觉激发着教师专业成长，从而实现卓越。

探寻教师何以卓越是深入了解卓越教师群体的特征、深描每位"年度教师"个案的终极旨归。探寻卓越教师专业成长过程中的共性特征，归纳教师何以成为卓越教师的成长路径，能够为普通教师群体的专业成长提供可借鉴的范例。

综合分析卓越教师的成长路径可以发现，卓越教师的专业成长是内外部诸多因素共同作用的结果。总的来说，卓越教师成长路径可以概括为：文化滋养、环境孵化、制度催生、专家引领与个体自觉。一是文化滋养，优秀传统文化涵养了卓越教师成长根柢，先进区域文化引领着卓越教师专业成长的价值追求。传统文化与区域文化串联起时空交织的文化脉络，构建滋养卓越教师专业成长的文化生态。二是环境孵化，宏观政策环境、中观资源环境和微观学校氛围构建了孵化卓越教师的摇篮。三是制度催生，卓越教师成长制度体系为卓越教师搭建了成长阶梯，而深圳市"年度教师"制度通过标准引领、比赛磨炼、荣誉身份确认和辐射机制培育卓越教师。四是专家引领，专家是引领教师走向卓越的"重要他人"。专家传递先进的教育理念，指导改进教师教育教学，支持教师实践经验理论化，帮助教师走向卓越。五是个体自觉，理想信念的意向性自觉、专业反思的主体性自觉和教育创新的内驱性自觉是支持卓越教师专业可持续发展的重要内生路径。

参考文献

著作类－中文

[1] 雅斯贝尔斯. 什么是教育 [M]. 邹进，译. 北京：三联书店，1991.

[2] 康德. 论教育学 [M]. 赵鹏等，译. 上海：上海人民出版社，2005.

[3] 赫尔巴特. 普通教育学 [M]. 李其龙，译. 北京：人民教育出版社，2015.

[4] 施瓦布. 第四次工业革命 [M]. 北京：中信出版社，2016.

[5] 斯特劳斯. 忧郁的热带 [M]. 王志明，译. 北京：三联书店，2005.

[6] 卢梭. 爱弥儿 [M]. 李平沤，译. 北京：商务印书馆，1978.

[7] 范梅南. 教学机智：教育智慧的意蕴 [M]. 李树英，译. 北京：教育科学出版社，2001.

[8] 夸美纽斯. 大教学论·教学法解析 [M]. 任钟印，译. 北京：人民教育出版社，2006.

[9] 范梅南. 生活体验研究：人文科学视野中的教育学 [M]. 宋广文，译. 北京：教育科学出版社，2003.

[10] 联合国教科文组织国际教育发展委员会. 学会生存 [M]. 华东师范大学比较教育研究所，译. 北京：教育科学出版社，1996.

[11] 班杜拉. 自我效能（下）[M]. 缪小春，译. 上海：华东师范大学出版社，2003.

[12] 劳蒂. 学校教师的社会学研究 [M]. 饶从满等，译. 北京：人民教育出版社，2011.

[13] 帕尔默. 教学勇气：漫步教师心灵 [M]. 吴国珍，译. 上海：华东师范大学出版社，2014.

［14］杜威. 我们怎样思维：经验与教育［M］. 姜文闵，译. 北京：人民教育出版社，1991.

［15］杜威. 民主主义与教育［M］. 王承绪，译. 北京：人民教育出版社，2001.

［16］巴格莱. 教育与新人［M］. 袁桂林，译. 北京：人民教育出版社，2005.

［17］佐藤学. 学习的快乐：走向对话［M］. 钟启泉，译. 北京：教育科学出版社，2004.

［18］佐藤学. 教师花传书：专家型教师的成长［M］. 陈静静，译. 上海：华东师范大学出版社，2016.

［19］佐藤学. 课程与教师［M］. 钟启泉，译. 北京：教育科学出版社，2003.

［20］苏霍姆林斯基. 给教师的建议［M］. 杜殿坤，译. 北京：教育科学出版社，1984.

［21］苏霍姆林斯基. 和青年校长的谈话［M］. 赵玮，译. 北京：教育科学出版社，2009.

［22］卜玉华. "新基础教育"课堂教学改革的深化研究［M］. 福州：福建教育出版社，2014.

［23］陈向明. 质的研究方法与社会科学研究［M］. 北京：教育科学出版社，2002.

［24］陈向明. 教师如何作质的研究［M］. 北京：教育科学出版社，2001.

［25］陈向明. 在行动中学作质的研究［M］. 北京：教育科学出版社，2003.

［26］陈德云. 美国优秀教师专业教学标准及其认证［M］. 北京：北京师范大学出版社，2012.

［27］王枬. 教师印迹：课堂生活的叙事研究［M］. 北京：教育科学出版社，2008.

［28］冯建军. 生命与教育［M］. 北京：教育科学出版社，2004.

［29］方明. 陶行知教育名篇［M］. 北京：教育科学出版社，2005.

［30］扈中平. 现代教育学［M］. 北京：高等教育出版社，2012.

［31］胡乐乐. 美国人心中最好的老师：美国国家年度教师透视（2005—2016年）［M］. 北京：中国人民大学出版社，2016.

［32］李政涛. 交互生成：教育理论与实践的转化之力［M］. 上海：华东师范大学出版社，2015.

[33] 李政涛. 重建教师的精神宇宙 [M]. 上海：华东师范大学出版社，2014.

[34] 柳海民. 教育原理 [M]. 长春：东北师范大学出版社，2006.

[35] 刘铁芳. 回到原点：时代冲突中的教育理念 [M]. 上海：华东师范大学出版社，2006.

[36] 顾明远. 教育大辞典 [M]. 上海：上海教育出版社，1992.

[37] 叶澜，白益民，王枬，等. 教师角色与教师发展新探 [M]. 北京：教育科学出版社，2001：231.

[38] 陆有铨. 躁动的百年 [M]. 济南：山东教育出版社，1997.

[39] 阮成武. 主体性教师学 [M]. 合肥：安徽大学出版社，2005.

[40] 苏红. 教师专业发展中的关键事件研究 [M]. 北京：北京师范大学出版社，2014.

[41] 石中英. 知识转型与教育改革 [M]. 北京：教育科学出版社，2001.

[42] 王逢贤. 优教与忧思 [M]. 北京：人民教育出版社，2004.

[43] 吴康宁. 教育社会学 [M]. 北京：人民教育出版社，1998.

[44] 杨兆山. 教育学：培养人的科学与艺术 [M]. 长春：东北师范大学出版社，2006.

[45] 于伟. 理性与教育 [M]. 合肥：安徽教育出版社，2009.

[46] 于伟. 现代性的省思：后现代哲学思潮与我国教育基本理论研究 [M]. 北京：教育科学出版社，2014.

[47] 袁振国. 教育政策学 [M]. 南京：江苏教育出版社，2001.

[48] 郑金洲. 教育文化学 [M]. 北京：人民教育出版社，2000.

[49] 朱旭东. 教师专业发展理论研究 [M]. 北京：北京师范大学出版社，2011.

[50] 夏甄陶. 人是什么 [M]. 北京：商务印书馆，2000.

[51] 许慎. 说文解字 [M]. 李伯钦，注. 北京：九州出版社，2012.

[52] 石中英. 教育哲学导论 [M]. 北京：北京师范大学出版社，2002.

[53] 申继亮. 新世纪教师角色重塑：教师发展之本 [M]. 北京：北京师范大学出版社，2006.

[54] 林瑞钦. 师范生任教职志之理论与实证研究 [M]. 高雄：复文图书出版社，1990.

[55] 熊建辉. 教师专业标准的国际经验 [M]. 北京：北京师范大学出版

社，2014.

[56] 陈永明. 现代教师论 [M]. 北京：教育科学出版社，2003.

[57] 中国社会科学院语言研究所词典编辑室. 现代汉语词典 [Z]. 北京：商务印书馆，1996.

[58] 杨小微. 教育研究的原理与方法 [M]. 上海：华东师范大学出版社，2010.

[59] 王枬. 智慧型教师的诞生 [M]. 北京：教育科学出版社，2006.

[60] 施密特. 体验式营销 [M]. 张愉，徐海虹，李书田，译. 北京：中国三峡出版社，2000.

著作类－英文

[1] LF Darling，G Erickson，A Clarke. Collective Improvisation in a Teacher Education Community [M]. Springer Dordrecht，2007.

[2] Breaux，Annette L.，Whitaker，Todd. Making Good Teaching Great：Everyday Strategies for Teaching with Impact [M]. New York：Routledge，2012.

论文类－中文

[1] 陈向明. 实践性知识：教师专业发展的知识基础 [J]. 北京大学教育评论，2003（1）：104-112.

[2] 王枬. 教育叙事研究的兴起、推广及争辩 [J]. 教育研究，2006（10）：13-17.

[3] 丁钢. 教育经验的理论方式 [J]. 教育研究，2003（2）：22-27.

[4] 刘良华. 教育叙事研究：是什么与怎么做 [J]. 教育研究，2007（7）：84-88.

[5] 连榕. 教师教学专长发展的心理历程 [J]. 教育研究，2008（2）：15-20.

[6] 张希希. 教育叙事研究是什么 [J]. 教育研究，2006（2）：54-59.

[7] 何菊玲. 教师专业成长的现象学旨趣 [J]. 教育研究，2010（11）：88-94.

[8] 杜亚丽，丁娟. 优质均衡发展视域下城乡教师专业成长的三重困境与路径突破 [J]. 中国教育学刊，2021（2）：93-97.

［9］尧新瑜，朱银萍. 自我发展力：教师专业成长的内核动力［J］. 教育发展研究，2015，35（Z2）：113-116.

［10］龙宝新. 论教师专业成长力［J］. 教育发展研究，2011，31（8）：39-46.

［11］鲍银霞，等. 学科教学知识的发展策略：克那克（Kinach）五要素认知策略评析［J］. 教育导刊，2014（12）：61-64.

［12］蔡慧英，顾小清. 设计学习技术支持STEM课堂教学的案例分析研究［J］. 电化教育研究，2016，37（3）：93-100.

［13］蔡其勇. 科学哲学的文化转向及其对科学教育的影响［J］. 教育研究，2008（6）：47-51+77.

［14］陈嘉映. 实践/操劳与理论［J］. 同济大学学报（社会科学版），2014，25（1）：15-23.

［15］陈向明. 对教师实践性知识构成要素的探讨［J］. 教育研究，2009，30（10）：66-73.

［16］陈向明. 范式探索：实践—反思的教育质性研究［J］. 北京大学教育评论，2010，8（4）：40-54+188.

［17］程良宏，孟凡丽. 生成性教学：作为教学哲学的机理结构与内在依据［J］. 课程·教材·教法，2016，36（9）：73-79.

［18］程岭，王嘉毅. 初任教师的自我认同探究：基于吉登斯的现代性自我认同理论［J］. 教育理论与实践，2013，33（13）：36-40.

［19］程玮. 大学生择业需要层次实证分析：基于马斯洛需求层次理论［J］. 高教探索，2014（1）：163-167.

［20］崔允漷. 课程实施的新取向：基于课程标准的教学［J］. 教育研究，2009（1）：74-79+110.

［21］崔允漷，雷浩. 教—学—评一致性三因素理论模型的建构［J］. 华东师范大学学报（教育科学版），2015，33（4）：15-22.

［22］戴锐. 新教师职业适应不良及其防范［J］. 教育探索，2002（4）：95-97.

［23］丁邦平. 科学观与科学教育改革：跨学科的视角［J］. 教育研究，2002（1）：37-43.

［24］董静. 中小学教师职业规划的现状分析［J］. 教育科学研究，2010（8）：46-49.

［25］冯加渔. 论非结构化教学［J］. 课程·教材·教法，2013，33（4）：

39-43.

[26] 崔杨，蒋亦华. 中小学教师专业成长的阶段划分及相应标准建构［J］. 湖南师范大学教育科学学报，2020，19（3）：80-86.

[27] 胡艳，廖伟，刘佳，等. 生命历程理论视角下特级教师成长路径及影响因素研究［J］. 教育学报，2023，19（3）：126-139.

[28] 高旺蓉. 骨干教师成长的支持性因素：生态学分析［J］. 教育发展研究，2007（Z2）：72-76.

[29] 熊焰. 学校中教师的专业成长与发展［J］. 课程·教材·教法，2004（4）：63-67.

[30] 洪早清. 教师专业成长：认同、养成、生发［J］. 课程·教材·教法，2013，33（12）：99-105.

[31] 董惠军. 基于教师合作的教师专业发展途径探索［J］. 中国教育学刊，2018（S1）：202-204.

[32] 魏会廷. 教师学习共同体：实现教师专业发展的有效途径［J］. 继续教育研究，2015（7）：83-85.

[33] 吕立杰，荆鹏. 以教师教育现代化培养卓越教师，助力人才强国［J］. 教育科学，2023，39（4）：12-15＋18.

[34] 柳海民，谢桂新. 质量工程框架下的卓越教师培养与课程设计［J］. 课程·教材·教法，2011，31（11）：96-101.

[35] 汪明帅. 发现"教育天赋"：改进教师教育的另一种视角［J］. 教育发展研究，2014（15-16）：61-67.

[36] 李定仁，赵昌木. 教师及其成长研究：回顾与前瞻［J］. 教育理论与实践，2003（6）：34-38.

[37] 殷玉新，王德晓. 优秀教师的基本特质：透视美国"年度教师"的秘密［J］. 比较教育研究，2016，38（1）：45-51.

[38] 赵振红，于兰. 如何使教师卓越？美国的经验与启示［J］. 教育科学，2021，37（5）：64-71.

[39] 姜丽娟，刘义兵. "欧洲教育区"背景下欧盟教师教育政策的新动向及其启示［J］. 全球教育展望，2021，50（5）：81-91.

[40] 于喆，曲铁华. 德国"卓越教师教育计划"推进项目发展与评价研究［J］. 东北师大学报（哲学社会科学版），2020（1）：184-189.

[41] 逯长春. 德国教师教育政策新动向："卓越教师教育计划"：推行与展望[J]. 教师教育研究，2013（4）：92-96.

[42] 梅雪，蒋亦华. 我国卓越教师政策的演变特征与未来进路[J]. 教育研究与实验，2021（6）：80-83.

[43] 徐琼. 培养卓越教师的理念与实践：基于英属哥伦比亚大学CITE教师教育项目的个案分析[J]. 外国教育研究，2020，47（5）：14-26.

[44] 孙玉红，李广. 工作坊：培养职前卓越教师的第三空间：基于东北师范大学培养小学卓越教师的实践[J]. 教育理论与实践，2018，38（2）：27-29.

[45] 王晓莉，赵兰. 卓越教师适应性专长发展的叙事研究[J]. 全球教育展望，2021，50（9）：108-119.

[46] 项建英，孙炳海. "身体"转向的省属师范大学研究生层次卓越教师养成新路径：基于具身认知理论的视角[J]. 学位与研究生教育，2022（1）：36-41.

[47] 王爽，刘善槐. 荣誉何以提升农村教师的地位认同：基于混合研究设计的分析[J]. 复旦教育论坛，2021，19（5）：65-72.

[48] 冯铁山. 卓越教师"教育成长故事"讲述的文艺学解构[J]. 教育科学研究，2019（10）：87-91.

[49] 李伟彬. 教师职业形象隐喻的嬗变与现代重塑[J]. 教育科学论坛，2009（9）：40-42.

[50] 罗明煜. 美、英、新加坡国家教师荣誉制度的共性研究[J]. 教师教育研究，2014，26（5）：107-112.

[51] 程红兵. 以卓越教师引领教师团队走向卓越[J]. 中小学管理，2022（10）：60.

[52] 梅雪，蒋亦华. 我国卓越教师政策的演变特征与未来进路[J]. 教育研究与实验，2021（6）：80-83.

[53] 卢新伟，程天君. "卓越教师"话语：流变·分殊·融合[J]. 教育学报，2020，16（4）：46-53.

[54] 崔宇，石艳. 新中国成立以来教师教育培养目标的嬗变[J]. 课程·教材·教法，2020，40（9）：125-131.

[55] 张伟，李帆. 现代化卓越教师队伍建设的目标、任务与评价[J]. 中国

高等教育，2019（21）：48-50.

[56] 周晔. 西北农村地区中小学教师队伍结构失衡问题与破解政策体系［J］. 教育科学研究，2018（11）：93-96.

[57] 周晔. 农村小规模学校教师队伍专业水平结构的问题与对策：基于甘肃省X县的调研［J］. 教育研究，2017，38（3）：147-153.

[58] 程建平，张志勇. 高质量基础教育教师队伍建设的任务和路径［J］. 教育研究，2022，43（4）：132-136.

[59] 靳伟，廖伟. 论教育家型教师的内涵与成长路径［J］. 教师教育研究，2019，31（4）：53-59.

[60] 宋萑，胡馨. 为未来而教：教师专业发展的时代命题［J］. 中小学管理，2022（9）：10-14.

[61] 崔杨，蒋亦华. 中小学教师专业成长的阶段划分及相应标准建构［J］. 湖南师范大学教育科学学报，2020，19（3）：80-86.

[62] 杨鸿，周永平，朱德全. 适应与超越：教师专业发展的梯度与理路［J］. 课程·教材·教法，2017，37（6）：86-93.

[63] 李长伟. 谁是教育者：柏拉图《法义》解析［J］. 现代大学教育，2023，39（4）：48-55.

[64] 汪明帅，张帅. 好教师形象的百年变迁：基于课程价值观念变迁的考察［J］. 教育发展研究，2020，40（2）：77-84.

[65] 尹坚勤，田燕，陈华. "反思性实践者"：新时期学前教师教育特征解构与路径探讨［J］. 江苏高教，2019，37（12）：49-54.

[66] 柳海民，杨宇轩，张晓梅. 优质均衡：义务教育发展的时代转换、学理阐释与现实指向［J］. 现代教育管理，2023（10）：1-11.

[67] 蒋立兵，季春晓. 反思性实践视域下教师工作坊研修过程模型研究［J］. 中国电化教育，2018（11）：39-45.

[68] 胡乐乐. 从个人生活史揭秘美国"国家年度教师"之卓越教学：基于对2009—2017年6位美国"国家年度教师"的质性研究［J］. 福建师范大学学报（哲学社会科学版），2018（4）：156-167＋172-173.

[69] 付淑琼. 美国卓越教师教育奖研究［J］. 比较教育研究，2016，38（8）：50-56.

[70] 王钢. 当代中国卓越教师标准之建构［J］. 教育研究与实验，2020，

(6)：75-79.

[71] 邓祯钰，易凯谕，钟志贤. 卓越教师特征画像研究：质性分析的视角 [J]. 中国远程教育，2022 (5)：64-75.

[72] 郑星媛. 学为"人师"：儒家教育经典的"为师"话语之析与传统教师发展之道 [J]. 中国人民大学教育学刊，2023 (5)：168-180.

[73] 赵虹元. 论教师的善性伦理及其实现 [J]. 教师教育研究，2019，31 (3)：13-19.

[74] 施雨丹，卢晓中. 论卓越教师的素质构成：基于广州市中小学教师的访谈分析 [J]. 中国教育学刊，2015 (9)：92-96.

[75] 刘润锌，王洁. 全球卓越教师有何特质：透视"全球教师奖"获奖者的秘密 [J]. 上海教育科研，2021 (11)：22-27.

[76] 胡睿，朱梦华，宁波. 社会角色理论视角下的卓越教师角色定位：基于"全球教师奖"候选人的扎根理论编码分析 [J]. 教师教育学报，2023，10 (6)：30-38.

[77] 王志广. 谈卓越教师评价指标体系的构建 [J]. 教育理论与实践，2013，33 (32)：28-31.

[78] 陈志利. 愿景型领导者：新时代卓越教师的角色本质 [J]. 教师发展研究，2018，2 (3)：53-58.

[79] 陈志利. 国外学校愿景型领导研究分析 [J]. 比较教育研究，2015，37 (3)：65-69.

[80] 程红艳，卢迎丽. 教师能否成为教育变革的主体：基于结构化理论视角的质性研究 [J/OL]. 民族教育研究，2023 (4)：1-9 [2023-10-30]. https://doi.org/10.15946/j.cnki.1001-7178.20230825.005.

[81] 程红艳，陈银河. 教师成为教育变革者：中国卓越教师培育的应有之义 [J]. 山西师大学报（社会科学版），2020，47 (2)：88-94.

[82] 刘远杰. 学校教育变革的历史逻辑：教师的力量 [J]. 教育学术月刊，2020 (5)：22-31.

[83] 刘佳. 乡村振兴时代的卓越乡村教师：角色与素质能力 [J]. 教师教育研究，2022，34 (3)：68-76.

[84] 周明星，荆婷. 乡村小学卓越教师特质及其影响因素：基于湖南省43所乡村小学的调查 [J]. 教育研究与实验，2018 (4)：62-69.

[85] 王伟, 唐文静. 乡村教师何以坚守且卓越: 基于四位乡村卓越教师的叙事分析 [J]. 教师教育研究, 2023, 35 (2): 69-76.

[86] 任友群, 杨晓哲. 数字化胜任力: 信息时代不可或缺的能力 [J]. 中小学数字化教学, 2017 (1): 22-24.

[87] 郑旭东, 李荣辉, 万昆. 略论基础教育教师队伍数字化转型 [J]. 中国电化教育, 2023, (2): 60-66.

[88] 李广平. 新时代创新型教师: 内涵、特征与培养 [J]. 东北师大学报(哲学社会科学版), 2022 (2): 135-140.

[89] 张兆芹, 张丽霞, 钟淑林. 卓越教师的七大特质及影响因素探究: 基于深圳市"年度教师"及相关人员的访谈分析 [J]. 教师教育学报, 2022, 9 (3): 45-56.

[90] 范雪贞, 陈晓凤, 邹小丽. 卓越教师的专业成长研究: 环境、特质与路径: 基于粤西卓越教师的调查 [J]. 课程教学研究, 2015 (2): 16-22.

[91] 尹坚勤, 田燕, 陈华. "反思性实践者": 新时期学前教师教育特征解构与路径探讨 [J]. 江苏高教, 2019 (12): 49-54.

[92] 苟顺明, 王艳玲. 论教师成为"反思性实践者" [J]. 学术探索, 2013 (4): 135-139.

[93] 申仁洪, 黄甫全. 创新性成长模式: 教师教育的实现样式 [J]. 教师教育研究, 2004 (3): 12-16.

[94] 郝晓东, 朱永新. 互联网时代教师自主成长的模式研究 [J]. 国家教育行政学院学报, 2022 (4): 88-95.

[95] 白益民. 教师的自我更新: 背景、机制与建议 [J]. 华东师范大学学报(教育科学版), 2002 (4): 28-38.

[96] 张伟, 张茂聪. 论新时代教师的成长及其向度 [J]. 山东师范大学学报(社会科学版), 2021, 66 (4): 141-148.

[97] 赵昌木. 教师成长: 角色扮演与社会化 [J]. 课程·教材·教法, 2004 (4): 57-62.

[98] 陈德云. 教师专业发展的"危机阶段"关注 [J]. 上海教育科研, 2003 (9): 9-12.

[99] 赵红霞, 刘建清. 卓越幼儿教师成长的影响因素研究: 基于扎根理论的质性分析 [J]. 教育研究与实验, 2022 (2): 101-106.

[100] 陆道坤. 卓越教师是怎么炼成的：基于密歇根州立大学教师准备项目的研究 [J]. 大学教育科学，2020（6）：79-85.

[101] 徐鹏，王以宁. 整合技术的卓越教师知识能力结构研究 [J]. 中国电化教育，2020（2）：89-93+101.

[102] 赵凌云，胡中波. 数字化：为智能时代教师队伍建设赋能 [J]. 教育研究，2022，43（4）：151-155.

[103] 伍雪辉，罗忠清. 卓越教师评价标准比较及启示 [J]. 重庆师范大学学报（社会科学版），2023，43（4）：13-22.

[104] 柳海民，杨宇轩，柳欣源. 中国师范生：政策演进、现实态势与发展未来 [J]. 华南师范大学学报（社会科学版），2023（5）：119-133+243-244.

[105] 柳海民，谢桂新. 质量工程框架下的卓越教师培养与课程设计 [J]. 课程·教材·教法，2011，31（11）：96-101.

[106] 刘志军，李桂荣，姚松. "一体四式"卓越教师培养模式探索 [J]. 中国大学教学，2021（11）：19-27.

[107] 刘义兵，屠明将，姜丽娟. 论卓越教师校地合作培养模式的实践与反思 [J]. 教育科学，2022，38（3）：23-29.

[108] 朱旭东，廖伟，靳伟，刘淼. 论卓越教师培训课程的构建 [J]. 课程·教材·教法，2021，41（8）：23-31.

[109] 张伶俐，张文娟. 基于关键事件的云共同体群体情感连接研究 [J]. 外语电化教学，2022（6）：21-25+104.

[110] 宋维玉，秦玉友. 教师发展研究中关键事件的三重内涵 [J]. 现代教育管理，2016（12）：40-45.

[111] 陈飞，李广. "关键事件"何以助力实习教师专业成长 [J]. 现代教育管理，2017（9）：75-80.

[112] 苏红. 关键事件：抵及教师专业发展的核心 [J]. 教育科学研究，2011（11）：67-70.

[113] 史宁中，柳海民. 教师职业专业化：21世纪高师教育持续发展的生命力 [J]. 高等师范教育研究，2002（5）：28-34.

[114] 胡云飞. 教师发展路向的批判话语分析 [J]. 教育发展研究，2005（7）：70-73.

[115] 王凤英，柳海民. 走向以"情"为根基的教师专业发展 [J]. 教师教育

研究，2012，24（3）：22-25+16.

[116] 郝丽. 教学效能感视角下教师专业阶段发展路径研究［J］. 教育理论与实践，2015，35（13）：38-41.

[117] 董辉，饶从满. 时域：教师发展的视域［J］. 黑龙江高教研究，2014（12）：75-77.

[118] 乐国安，赖凯声，姚琦，薛婷，陈浩. 理性行动：社会认同整合性集体行动模型［J］. 心理学探新，2014，34（2）：158-165.

[119] 陈世平，崔鑫. 从社会认同理论视角看内外群体偏爱的发展［J］. 心理与行为研究，2015，13（3）：422-427.

[120] 赵月，黄峥. 积极心理健康教育视角下特殊教育教师职业倦怠应对策略研究［J］. 中国特殊教育，2017（5）：15-18.

[121] 李志厚，刘兴然. 论教学临界点的研究价值［J］. 教育理论与实践，2008（25）：44-47.

[122] 魏宏聚. 教育家核心价值：超越世俗的教育情怀［J］. 中国教育学刊，2013（1）：8-10.

[123] 刘铁芳. 生命情感与教育关怀［J］. 湖南师范大学社会科学学报，2000（5）：65-72.

[124] 柳士彬. 中小学教育家素质标准体系构建研究［J］. 教育研究，2017，38（12）：96-103+118.

[125] 赵晓光，马云鹏. 卓越教师培养背景下的师范生学科教学知识发展［J］. 黑龙江高教研究，2015（2）：91-93.

[126] 陈向明. 从教师"专业发展"到教师"专业学习"［J］. 教育发展研究，2013，33（8）：1-7.

[127] 龙宝新. 卓越教师的独特素质及其养成之道［J］. 湖南师范大学教育科学学报，2017，16（1）：90-96+102.

[128] 熊曼曼. 新型教师形象的塑造［J］. 教育观察，2018，7（8）：35-36.

[129] 杨桐桐，张蓓蓓，姚仙竹. 论生态学视角下教师专业发展［J］. 中国成人教育，2017（17）：147-149.

[130] 王双龙. 教师自我意识与学校支持氛围对教师专业发展的影响研究［J］. 教育科学研究，2017（11）：74-78.

[131] 邓小泉，董博文. 对话学者：中小学教育家型教师成长的重要路径：以著名教育家李吉林的成长为例［J］. 教师教育研究，2023，35（5）：

16-22.

[132] 邹逸. 渐摄与融构：初任科学教师专业成长叙事研究 [D]. 上海：华东师范大学，2020.

[133] 张妮妮. 在耕耘中守望：乡村幼儿教师专业生活的叙事研究 [D]. 长春：东北师范大学，2013.

[134] 蓝日模. 教育叙事：一位民族地区校长在学校文化重塑中成长 [D]. 武汉：华中师范大学，2017.

[135] 韩玉. 德育的关怀：迈向教师的意义世界 [D]. 重庆：西南大学，2010.

[136] 赵昌木. 教师成长研究 [D]. 兰州：西北师范大学，2003.

[137] 司丽娟. 小学语文优秀教师专业成长研究 [D]. 长春：东北师范大学，2013.

[138] 王峰. 从新手教师到优秀教师 [D]. 山东：山东师范大学，2007.

论文类－英文

[1] Fuller, F. F. Concerns of Teachers：A Developmental Conceptualization [J]. American Educational Research Journal，1969，6（2）：207-226.

[2] Brown, Vincent A. Anfara, Jr.. Paving the Way for Change：Visionary Leadership in Action at the Middle Level [J]. NASSP Bulletin，2003，87（635）：16-33.

[3] FAJ Korthagen, A Vasalos. Going to the core：Deepening Reflection by Connecting the Person to the Profession [J]. Handbook of Reflection and Reflective Inquiry，2010：529-552.

报纸及电子文献类

[1] 中华人民共和国教育部. 教育部关于实施卓越教师培养计划的意见 [EB/OL].（2014-08-19）[2023-10-23]. http://www.moe.gov.cn/srcsite/A10/s7011/201408/t20140819_174307.html.

[2] 中华人民共和国教育部. 教育部关于实施卓越教师培养计划2.0的意见 [EB/OL].（2018-10-11）[2023-10-23]. http://www.moe.gov.cn/jyb_xwfb/s5147/201810/t20181011_351107.html.

[3] 中华人民共和国中央人民政府. 国家中长期教育改革和发展规划纲要

（2010—2020年）[EB/OL].（2010-07-29）[2023-10-31]. https：//www. gov. cn/jrzg/2010-07/29/content_1667143. html.

[4] 中共中央、国务院. 中共中央 国务院关于全面深化新时代教师队伍建设改革的意见 [EB/OL].（2018-1-20）[2023-7-19］. http：/www. moe. gov. cn/jyb_xxgk/moe_1777/moe_1778/201801/t20180131_326144. html.

[5] 中华人民共和国教育部等五部门. 教师教育振兴行动计划（2018—2022年）[EB/OL].（2018-3-22）[2023-7-19］. http：//www. moe. gov. cn/srcsite/A10/s7034/201803/t20180323_331063. html.

[6] 中共中央、国务院. 中共中央 国务院关于深化教育教学改革全面提高义务教育质量的意见 [EB/OL].（2019-6-23）[2023-7-19］. http：//www. moe. gov. cn/jyb_xxgk/moe_1777/moe_1778/201907/t20190708_389416. html.

[7] 中华人民共和国教育部等八部门. 新时代基础教育强师计划 [EB/OL].（2022-4-11）[2023-7-19］. http：//www. moe. gov. cn/srcsite/A10/s7034/202204/t20220413_616644. html? from＝timeline＆isappinstalled＝0.

[8] Dale P. Scannell. Models of Teacher Education [R]. Report to the American Council on Education Presidents'Task Force on Teacher Education，2005.

[9] 柳海民，满莹. 深入理解中国特有的教育家精神 [N]. 中国教育报，2023-09-21（8）.

致　谢

节气，是中国人的时间哲学，致谢，是学术人独有的浪漫。

"微雨众卉新，一雷惊蛰始。"提笔之际，正值惊蛰，惊蛰过后，万物皆新。作为一名学海中的"撑篙人"，从选择研究教师专业成长开始，到今天书写"致谢"，在平凡的人生中，我选择去完成这件不平凡的事，脚下是终点亦是起点。

学术研究需要极致的毅力和不懈的坚守，需要"昨夜西风凋碧树，独上高楼，望断天涯路"的孤勇，作为一名博士研究生，工作二十余年来，从新手教师，到全市14万教师中脱颖而出的"年度教师"，再到校长、书记，一路走来，因为身份的转变，需要我独当一面的时候越来越多，工作占用生活的时间也越来越多，我的学术研究大多集中在凌晨、节假日、寒暑假。我曾因迷茫而焦虑，也曾无数次辗转难眠，最终明白，唯有热爱，可抵御酷暑与严霜。如今想来，却也无比感谢当初做出选择的自己，更感谢我生命中遇到的真诚温暖的人们。

"古之学者必有师。"从选择做研究开始，我便重新成了一名学子，有了遮风挡雨的港湾，有了在迷茫中拉我一把的人，正因如此，专著才得以顺利完成，在这里，我要特别感谢我的导师柳海民教授，感谢导师的指导，让我有机会在大学毕业20余年后，反思并梳理自己的教育教学实践。柳教授学识渊博、治学严谨，无论是学术上的研究还是教育管理中的睿智，都以其强大的人格魅力影响着我，塑造着一个更优秀的我。每当我遇到困难和挫折时，柳教授总是及时给予我指导和帮助，使我能够坚定信心、克服困难。作为国家级名师，柳教授严谨的学术态度和深厚的学术造诣，使我终身受益。我与柳门的师兄师姐们共同交流探讨，度过了许多难忘美好的学术研究时光。你们的陪伴和帮助，让我感受到了学术研究的力量和温暖。

父母恩重，家人情深。"一手捧可读之书，一手牵可爱之人。"我要特别感谢家人对我的爱护,在我书写这部专著的几年时间里,家人始终是我最坚实的后盾,他们在我遇到困难时无条件地给予我支持和鼓励,使我能够全身心地投入学习和研究中。家人承担了大大小小的烦琐家务,尤其是为我默默付出的父母、上善若水的伴侣、乖巧懂事的女儿。谢谢你们,让我有前程可奔赴,亦有岁月可回首。

高山流水,与友长兮。最后,我还要感谢我的领导和同事,在工作中,我有一支得力的干部队伍,不怕事,敢扛事,能做事,协助我处理、解决了许多日常管理中的问题,让我有更充足的精力投入学术研究中。

康德说,我们越是忙碌越能强烈地感到我们是活着的,越能意识到我们生命的存在。在写作的过程中,我深刻地体会到了学术研究的艰辛与乐趣。未来,我将继续努力、不断进取,为教育的高质量发展贡献自己的力量。再次感谢所有支持我、帮助我、鼓励我的人!